礼赢天下：中华与世界

美洲国家礼仪

名家手笔， 打造最权威的礼仪百科！
深入浅出， 成就举手投足间的魅力！

美洲各国，其形成国家的历史较短，而且多为新大陆发现后由欧洲各国移民后所建国。因此在礼仪规范中，不可避免地会受到所移民国家的文化影响。移民国家文化在与当地文化的融洽中，形成了别具一格、色彩丰富的礼仪文化。本书从多维视角，对南北美洲各国的礼仪文化和民俗风情做了全面的展示和介绍。内容包括日常生活礼俗、社交活动礼仪、商务活动礼仪、节庆礼仪和婚丧礼俗等。了解美洲国家礼仪，对于我们密切与美洲各国人民的友好往来，增进中美文化交流，具有重要实用价值。

舒静庐 主编

ETIQUETTE OF AMERICAN COUNTRIES

羡慕别人有魅力？
《中华与世界礼仪全览》助你一臂之力！

涵盖日常、商务、职场方方面面，高端大气上档次的礼仪百科！

以礼赢人心，以礼赢天下，展中华之传统，扬世界之精华

《中华与世界礼仪全览》让你一览礼仪之天下

上海三联书店

图书在版编目（CIP）数据

美洲国家礼仪/舒静庐主编 . —上海：
上海三联书店，2014.10
ISBN 978-7-5426-4956-0

Ⅰ.①美…　Ⅱ.①舒…　Ⅲ.①礼仪—介绍—美洲
Ⅳ.①K897.026

中国版本图书馆 CIP 数据核字（2014）第 226373 号

美洲国家礼仪

主　　编/舒静庐

责任编辑/陈启甸

特约编辑/田凤兰　袁　梅

监　　制/吴　昊

出版发行/上海三联书店

　　　　　（201199）中国上海市都市路 4855 号 2 座 10 楼

　　　　　http://www.sjpc1932.com

印　　刷/三河市天润建兴印务有限公司

版　　次/2015 年 1 月第 1 版

印　　次/2015 年 1 月第 1 次印刷

开　　本/787×1092　1/16

字　　数/272.32 千字

印　　张/19.00

ISBN 978-7-5426-4956-0/G.1360

定　价：33.00 元

❋ 绪章　古老热土，文化多元 ❋

❋ 第一章　美国的礼仪 ❋

目　录

❋ 第二章　加拿大的礼仪 ❋

✽ 第三章　墨西哥的礼仪 ✽

✳ 第四章　巴西的礼仪 ✳

✳ 第五章　阿根廷的礼仪 ✳

一、阿根廷概况

❋ 第六章　古巴的礼仪 ❋

目　录

❉ 第七章　智利的礼仪 ❉

一、智利概况

❋ 第八章　玻利维亚的礼仪 ❋

�֍ 第九章　中美洲有关国家的礼仪 �֍

✳ 第十章　南美洲有关国家的礼仪 ✳

目　录

美洲国家礼仪

古老热土，文化多元

——美 洲 概 览

美洲位于西半球，处于大西洋与太平洋之间，北濒北冰洋，南与南极洲隔德雷克海峡相望。美洲面积约为4219万平方公里，约占世界陆地总面积的28.2%。

美洲人中欧洲移民后代、印欧混血种人、黑白混血种人占多数，还有黑人、日本人、华人和原居民印第安人、因纽特人等。美洲人信仰基督教的人比较多。

美洲现有35个独立国家。截至目前，与中国建立了正式外交关系的美洲国家数目为23个。

美洲按地理位置划分为北美洲和南美洲两大部分，以巴拿马运河为界。北美洲是北亚美利加洲的简称，为世界第三大洲。南美洲北濒加勒比海，南隔德雷克海峡与南极洲相望，一般以巴拿马运河为界，同北美洲分开，人口约3.02亿人。在政治地理上，也有把南美洲、中美洲和加勒比海地区（西印度群岛），即美国以南的美洲地区称为拉丁美洲。

一、美洲的地理与气候

　　美洲的全称叫"亚美利加洲"，得名于意大利人亚美利加·维斯普奇。他于 1502 年继哥伦布之后到达南美，并肯定他所到之处为"新大陆"。美洲东临大西洋，西濒太平洋，西北面和东北面分别隔白令海峡、丹麦海峡与非洲、欧洲相望，南隔德雷克海峡与南极洲相望。面积总和为 4219.8 万平方千米，占世界陆地面积的 30%。

1. 美洲的地理及地形差异

　　美洲大陆从东向西分为三个南北纵列带：东部是久经侵蚀的山地和高原，巴西高原是世界上面积最大的高原；西部为高峻山地，属美洲科迪勒拉山系；东西部之间是广阔的大平原，北美中部大平原和亚马孙平原都是世界上著名的平原。美洲还拥有世界第一大岛格陵兰岛、流域面积最广的亚马逊河和最大的淡水湖苏必利尔湖。

　　北美洲的地形明显分为三个区：西部山地和高原区，东部山地和高原区，以及中部平原区。山脉南北走向，与海岸平行。西侧为科迪勒拉山系，含三个平行的山地：东为落基山脉；中为阿拉斯加山脉、加拿大海岸山脉和美国内华达山脉。阿拉斯加山脉中的麦金利山海拔 6194 米，是北美洲第一高峰；西为从美国沿海起向北入海形成的加拿大西部沿海岛屿，东侧为阿巴拉契亚山脉。

　　北美洲的河流多为外流河，以落基山脉为分水岭，东面的河流流入大西洋和北冰洋，西面的流入太平洋。密西西比河是北美最长的河流。河流多瀑布，尼亚加拉瀑布是北美最大的瀑布。

　　北美洲是世界湖泊最多的大陆，有著名的五大湖：苏必利尔湖、休伦湖、密歇根湖、伊利湖和安大略湖。

　　南美洲地形可分为三个南北方向的纵列带：西部为狭长的安第斯山

脉，中部为广阔平坦的平原低地，东部为波状起伏的高原。安第斯山脉是世界最长的山脉，全长 9000 千米。阿空加瓜山海拔 6960 米，是南美洲第一高峰。东部的巴西高原面积达 500 万平方千米，是世界上最大的高原。中部的亚马孙平原面积 560 万平方千米，是世界上最大的冲积平原。

礼仪提醒 北美洲地跨热、温、寒三带，气候复杂多样。但大陆中部的广大地区位于温带，宜于作物生长和人类生存。因此，农业较为发达，人口较为集中。

2. 美洲的气候特点

美洲的气候多种多样，北美洲以温带大陆性气候为主，北美洲大陆北部和往北的岛屿是寒冷的北极气候。墨西哥湾沿岸属亚热带气候、中美洲和西印度群岛为热带气候。赤道横穿南美大陆，南美洲热带雨林气候面积广大，雨水充沛，是世界最湿润的地区。美洲总的气候特点是冬季寒冷，平均气温在 0℃ 以下，格陵兰岛中部低于 -44℃。中美和西部群岛气温较高，达 24℃，等温线分布较密，南北温差大，近 70℃。夏季炎热，北美洲大部分地区较为暖热，一般为 10℃ ~ 30℃。格陵兰岛中部仍很寒冷，为 -12℃。极端高温区出现在西南部沙漠地区，约 32℃。等温线分布显著稀疏，南北温差较小，约为 40℃。太平洋沿岸地区南北温差很小，而山间高原盆地比同纬度太平洋沿岸气温高。

美洲降水分布特点以落基山为界，东、西部降水分布差异很大。落基山以东，年降水量自西北向东南渐增，从 500 毫米增至 1500 毫米以上，落基山以西，年降水量多在 500 毫米以下，西南部大盆地和科罗拉多高原降水量少，不足 100 毫米；北纬在 50° ~ 60° 之间的太平洋沿岸，以及中美和西印度群岛迎风坡地区，是北美多雨地带，年降水量可达 2000 毫米。降水的季节分配规律为：落基山以西多冬雨，以东多夏雨。

二、美洲的民族与主权国家

1. 美洲的民族与种族

美洲的土著居民是印第安人、因纽特人和阿留申人（阿留申岛的居民），都为蒙古人种。大约 3 万年前，印第安人从东北亚开始迁入北美洲，随后扩散到南美洲。稍后，因纽特人也从亚洲迁到北美洲。

15 世纪末，哥伦布发现美洲后，欧洲殖民者纷至沓来。他们征服了印第安人，并将他们大肆屠杀。今天，美洲地区的印第安人即劫后余生者的后代。不久，欧洲殖民者又从非洲贩运来大批黑人奴隶；再后来，又从亚洲运来部分契约劳工。这样，世界三大人种均在美洲落户，其中，白人占绝大多数。

美洲绝大多数民族为新兴民族，即近一二百年间所形成。欧洲殖民者对美洲地区的压迫剥削，引起了美洲当地的土生白人、黑人、印第安人的强烈反抗。从 18 世纪后半期到 19 世纪后半期，在反抗宗主国统治的过程中，美洲各地的土生白人、黑人和印第安人拿起武器进行独立战争。在战争过程中，这些共同区域、共同语言、不同肤色的人们形成了共同的民族心理。独立战争后，这些新兴民族基本形成。主要有美利坚人、墨西哥人、危地马拉人、巴西人、阿根廷人、秘鲁人、智利人等 22 个民族。

美洲是个移民地区。除新兴民族、印第安人、因纽特人、阿留申人外，美洲还有相当一部分未被主体民族所同化的民族，如犹太人、德意志人、波兰人、华人、日本人、印度人等。

就种族而言，南美洲有印第安人、白人、黑人及各种不同的混血型，白人最多，其次是印欧混血型和印第安人，黑人最少。从哥伦比亚南部到智利北部的安第斯山，绝大多数为安第斯印第安人。在圭亚那高地、亚马孙流域以及巴西北部和西北部高地则有其他印第安族。安第斯印第安人主要是印加帝国的后裔，以务农为生。在南美洲其他地方，印第安人主要以狩猎为生，有些则以游牧为生。种族的区别已愈来愈模糊。委内瑞拉、哥伦比亚、厄瓜多尔、秘鲁和巴拉圭都是混血人种的国家。阿根廷、智利和乌拉圭居民则主要为欧洲人。由于19和20世纪移入大量的印度契约工人，因此东印度人血统在圭亚那及苏里南占了很大的比重。

礼仪提醒　美洲民族特别是新兴民族的形成有着自己的特点：一是民族形成过程相对短；二是种族成分的多样性；三是民族文化的混合性。

2. 美洲的主权国家

北美洲是指巴拿马运河以南的美洲地区，现有23个独立国家：加拿大、美国、墨西哥、危地马拉、伯利兹、萨尔瓦多、洪都拉斯、尼加拉瓜、哥斯达黎加、巴拿马、巴哈马、古巴、牙买加、海地、多米尼加、圣基茨和尼维斯、安提瓜和巴布达、多米尼克、圣卢西亚、圣文森特和格林纳丁斯、巴巴多斯、格林纳达、特立尼达和多巴哥。此外还有十几个地区包括属于丹麦的格陵兰，属于荷兰的阿鲁巴、库拉索，属于英国的安圭拉、百慕大、蒙特塞拉特、特克斯和凯科斯群岛、维尔京群岛和开曼群岛、法国海外省瓜德罗普、马提尼克和海外集体领地圣皮埃尔和密克隆，美国联邦领地波多黎各，美属维尔京群岛等。

南美洲是南亚美利加洲的简称，是指巴拿马运河以南的美洲地区。东面是大西洋，西面是太平洋，北面是北美洲，南面隔海与南极洲相望。面积1785万平方千米（含附近岛屿），占世界陆地总面积的12%。人口38900万，占世界总人口的5.69%。

南美洲共有12个独立国家：哥伦比亚、厄瓜多尔、委内瑞拉、圭亚那、苏里南、秘鲁、玻利维亚、巴拉圭、巴西、智利、阿根廷和乌拉圭。另外还有法属圭亚那和马尔维纳斯群岛（英国与阿根廷争议地，英国称福克兰群岛，现由英国控制）。

延伸阅读：

北美洲和拉丁美洲

在政治区划上，美洲又可分为北美洲和拉丁美洲。从自然地理上说，北美洲的范围在历史上曾经包括墨西哥以及其以南直到巴拿马的中美洲各国和加勒比海地区的岛屿等。后来，由于形成了拉丁美洲的概念，因此墨西哥、中美洲和西印度群岛就被列入了拉丁美洲，这样北美洲实际上只包括加拿大和美国2个国家及格陵兰岛、百慕大群岛、法属圣皮埃尔和密克隆群岛。

拉丁美洲在地理上通常分为墨西哥、中美洲、西印度群岛和南美洲4个地区，在中美洲、西印度群岛和南美洲之间的海叫加勒比海，这个地区习惯上称为加勒比海地区。到1994年底，拉丁美洲共有33个独立国家：墨西哥（地处北美洲），危地马拉、伯利兹、洪都拉斯、萨尔瓦多、尼加拉瓜、哥斯达黎加、巴拿马（属中美洲）；巴哈马、古巴、海地、多米尼加共和国、多米尼克、牙买加、巴巴多斯、格林纳达、特立尼达和多巴哥、安提瓜和巴布达、圣卢西亚、圣文森特和格林纳丁斯、圣克里斯托和尼维斯联邦（属西印度群岛）；哥伦比亚、委内瑞拉、圭亚那、苏里南、巴西、厄瓜多尔、秘鲁、玻利维亚、巴拉圭、智利、阿根廷、乌拉圭（属南美洲）。此外，散布在加勒比海和南美洲东北部的十几个地区至今仍为美、英、法、荷等国所占有。

三、 美洲的语言文化与宗教

1. 美洲的语言文化

美洲民族的主体是新兴民族，从文化上看，他们绝大多数都以欧洲文化为基础，并不同程度地吸收了印第安人和黑人的文化成分和因素，从而形成了各具特色的民族文化。在语言上，美洲绝大多数新兴民族的语言分属印欧语的两大语族：即拉丁语族和日耳曼语族。

在美洲，50多个国家和地区的官方语言中有英语、法语、西班牙语、葡萄牙语、荷兰语、丹麦语，以及印第安语中的克丘亚语、艾马拉语、爱斯基摩语。其中，以英语为官方语言的国家和地区有23个，以西班牙语为官方语言的国家有18个，以法语为官方语言的国家有5个。有些国家的官方语言有两种或两种以上。如秘鲁的官方语言是西班牙语和克丘亚语；波多黎各的官方语言是西班牙语和英语；加拿大的官方语言为英语和法语；玻利维亚的官方语言有西班牙语、克丘亚语和艾马拉语；格陵兰岛的官方语言为丹麦语和爱斯基摩语。由于长期的民族混合和大量的不同民族的移民到来，美洲民族的语言中都混有一些其他语言的词汇。如美国英语与英国英语有一定差别，拉丁美洲的西班牙语和葡萄牙语也不同于以前宗主国的语言，而是含有大量的印第安人和非洲语言的借词和成语。

从民族来看，讲英语的民族主要有美利坚人、英裔加拿大人、百慕大人、牙买加人、圭亚那人等10多个民族，人口将近3亿。讲法语的民族主要有法裔加拿大人、海地人、马提尼克人、瓜德罗普人和法属圭亚那人等。讲荷兰语的有苏里南人。在美洲民族中，讲西班牙的民族最多，有墨西哥人、危地马拉人、古巴人、哥伦比亚人、智利人和阿根廷人等20多个民族，人口总计有3亿。讲葡萄牙语的只有巴西人。

有关美洲土著民族的语言，印第安语言是土著民族中使用人数最多的语言，共有200多种，有的学者划分为19个语系。其中使用人数较多的有克丘亚语、艾马拉语、马雅—索克语系、阿兹特克—塔诺语系等。

此外，在美洲移民集团的语言也达100多种，这主要是在一些本民族移民比较集中的地区。如日语主要分布在巴西及北美一些日本人集中的城市；德语和意大利语主要集中在巴西、玻利维亚、巴拉圭和阿根廷；犹太人所讲的希伯来语主要集中在美国、巴西和阿根廷；汉语主要集中在北美一些主要城市，以及墨西哥、古巴、巴拿马等地。

美洲各民族在文化语言上欧洲成分占绝对优势，这主要是因为殖民地时期欧洲白人作为统治者，他们的文化语言也占有统治地位。

2. 美洲的宗教信仰

在欧洲殖民者来到以前，土著居民大多信仰各种原始宗教。随着欧洲殖民者的到来，他们所信仰的基督教也在美洲大陆传播开来，并成为占主要地位的宗教。后来，亚洲、非洲等地的移民到来，也带来本民族原先所信奉的宗教。

基督教是美洲大陆最主要的宗教。其中又分为新教徒和天主教徒。在加拿大，两派教徒人数差不多相等。在美国，新教徒约占 2/3，天主教徒约占 1/4 以上。在拉丁美洲，天主教徒占绝大多数。据统计，拉美共有天主教徒 3.6 亿人（1990 年），约占拉美总人口的 80% 以上。而以英语为官方语言的国家和地区居民多为新教徒，约有 1500 万。

在苏里南、圭亚那、法属圭亚那以及特里尼达和多巴哥这些印度移民较集中的地区，居民多数信仰印度教和伊斯兰教。在犹太人较集中的地区多信奉犹太教，这主要在美国、加拿大等。亚洲移民特别是华人、东南亚移民多信佛教。

除此以外，在美洲一些印第安人比较集中的地区，还存在着原始宗教；也有部分印第安人信奉天主教及其他宗教。**信奉原始宗教的印第安人中间，普遍存在着万物有灵观念、巫术观念、图腾崇拜、自然崇拜、祖先崇拜等。**

第 一 章

美国的礼仪

美国是个移民国家，建国历史并不长。近300年来，先是欧洲各国大量向美洲大陆移民拓殖，而后是世界各国的人们不断迁移到美国逐渐形成了被称为是世界民族大融合的美利坚民族，形成了深受欧洲文化影响但具有浓郁本土特色的美国文化。20世纪，人类社会曾经遭遇了两次世界大战的重创，独有美国成了世界上唯一的受益国。今日的美国，无论政治、军事，还是经济、文化都已称雄于全球。

随着全球化的迅速发展与中美两国交谈的日益扩大。学习美国文化，了解美国礼仪，已成为对外交流的必修课。

一、美国概况

美国，全称为美利坚合众国。位于北美大陆中部，东濒大西洋，西濒太平洋，北与加拿大为邻，南靠墨西哥和墨西哥湾。领土面积为 962 万平方公里（其中陆地面积 915 万平方公里），本土东西长 4500 公里，南北宽2700 公里。全国共分为 50 个州和 1 个直辖特区。除本土大陆的 48 个州以外，美国还有两个海外州——位于北美大陆西北角的阿拉斯加州和位于大平洋中部的夏威夷州。

1. 美国的历史沿革

美国虽然是当今世界上头号强国，但立国的年代并不久远。300 多年前北美洲原始居民为印第安人。16 – 18 世纪，正在进行资本原始积累的西欧各国相继入侵北美洲。法国人建立了新法兰西（包括圣劳伦斯流域下游大潮区、密西西比河流域等处）；西班牙人建立了新西班牙（包括墨西哥和美国西南部的广大地区）。1607 年，英国建立了第一个殖民据点——詹姆士城，此后在大西洋沿岸陆续建立了 13 个殖民地。欧洲殖民者残暴地屠杀印第安人、贩卖黑奴以及强迫白人奴隶服苦役。英国政府对北美殖民地进行盘剥和压榨，严重地限制和扼杀了这里经济的发展，北美殖民地人民忍无可忍，决心摆脱奴役的羁绊。1775 年，北美殖民地爆发了举世闻名的美国独立战争，1776 年 7 月 4 日，13 个州代表在费城通过了由杰斐逊起草的《独立宣言》，宣告美国脱离英国而独立，乔治·华盛顿当选第一任美国总统。1783 **年，英国被迫承认美国独立，美利坚合众国由此正式成立。**

独立后，美国北方资本主义经济获得了迅速发展，而南方保持了奴隶制农业经济。1861 年反对黑奴制度的林肯就任美国总统，南部发生了叛乱，爆发了南北战争。1865 年战争以北方胜利而告终，从而为资本主义在全国的迅速发展扫清了道路。

在 1776 年后的 100 年内，美国不断进行领土扩张和拓殖，从 13 个州扩大到 50 个州，扩张了 10 倍，逐渐形成了今天的版图，最后的两个州——阿拉斯加和夏威夷到 1959 年才加入联邦。

美国虽然只有二百多年的历史，但美国却是一个重视历史、尊重文化遗产的国家，有关历史的遗迹都被精心地保护起来，不但众多的历史文物古迹保存完好，而且建有许多国家历史、文化、艺术、美术、科技博物馆，为旅游业的发展提供了十分有利的条件。

领土的西扩和西部开发对美国政治、经济以及对美国的民族精神和美国人的性格锻炼都具有重大意义。开发是艰辛的，也是血腥的，原来居住在那里的广大印第安人遭到被"赶尽杀绝"的命运。

第一次世界大战初期，美国采取中立立场，胜利可见分晓时，对德宣战，得以参与列强对殖民地的重新瓜分。第二次世界大战期间，美国加入反法西斯同盟。战争期间，经济实力增长，最终登上了资本主义世界霸主的宝座。

第二次世界大战后，美国与前苏联搞"冷战"，争霸世界。前苏联解体后，美国成为唯一的超级大国。但由于多极化趋势的发展，唯一超级大国的地位日益受到挑战。

延伸阅读：

中美关系恢复正常

1972 年 2 月，时任美国总统尼克松访华，中美双发发表了《中美联合公报》（《上海公报》），标志着中美两国 20 多年相互隔绝状态的结束。1978 年 2 月，中美两国发表《中美建交公报》。1979 年 1 月，经过历时半年多的外交谈判，中美两国正式建立大使级外交关系。1982 年 8 月，中美发表《八一七公报》，对美国向我国台湾出售武器作出了分步骤直至最后解决的规定。这一公报连同《上海公报》和《中美建交公报》一起，即通常所称的"中美三个联合公报"，构成中美关系的基础。

2. 美国的地理与气候

美国本土的地形特征是两侧高，中间低，没有东西走向的山脉。本土大体可以分为三个地形区：东部为阿巴拉契亚山脉和大西洋低地。阿巴拉契亚山脉与大西洋海岸间有狭窄的山麓和沿海低下的平原，称为大西洋沿岸低地，该地区是美国工业最发达的地区。西部属科迪勒拉山系，它纵贯北美洲西部，在美国境内宽达 1700 公里。该山系由东部的落基山脉，西部的喀斯喀特山脉、内华达山脉和太平洋沿岸的海岸山脉组成。**落基山脉是北美最大的分水岭，美国所有的大河都发源于此。**海岸山脉间肥沃的加利福尼亚谷地是美国西部重要的农业区。中部是地势平坦、土地肥沃的大平原，它位于阿巴拉契亚山和落基山脉之间，从北到南贯穿整个美国中部，约占美国全部土地面积的 1/2，是美国重要的农业区。

美国大部分地区属于温带大陆性气候，大陆南部属亚热带气候，东部沿海地区分布有温带海洋性气候和地中海气候，阿拉斯加属于极圈内寒冷气候区，而夏威夷群岛和波多黎各群岛位于北回归线以南，属于热带气候区。

美国有庞大而完整的水系。总体上分为三大水系：位于落基山以东的大西洋水系，主要有密西西比河、康涅狄格河和哈德逊河，其中密西西比河全长 6020 千米，居世界第四位；太平洋水系主要有科罗拉多河、哥伦比亚河、育空河等；北美洲中东部的大湖群，包括苏必利尔湖、密歇根湖、休伦湖、伊利湖和安大略湖，属冰川湖，为世界最大的淡水水域，素有"北美地中海"之称，其中密歇根湖属美国。其余四湖为美国和加拿大共有。苏必利尔湖为世界最大的淡水湖，面积在世界湖泊中仅次于里海而居世界第二位。

美国自然资源丰富多样。耕地、草原、森林资源均居世界前列。**矿产种类多、储量大，煤、铁、石油、天然气、铜、铅、锌、钒、硫黄和磷酸盐等储景居世界前列。**森林覆盖率达 33%，用材林蓄积量 200 多亿立方米，水力资源也很丰富。

延伸阅读：

美国的 10 大地区和 50 个州

美国共有 10 大地区：新英格兰地区、中央地区、中大西洋地区、西南地区、阿巴拉契亚山地区、高山地区、东南地区、太平洋沿岸地区、大湖地区和阿拉斯加与夏威夷。全国分为 50 个州和首都所在地华盛顿哥伦比亚特区，共有 3042 个县，其中阿拉斯加州与夏威夷州分别位于北美洲东北部和中太平洋北部，与美国本土相分离。此外，美国还有关岛、美属萨摩亚群岛、美属维尔京群岛等海外领地；联邦领地包括波多黎各和北马里亚纳。

美国的 50 个州是：亚拉巴马、阿拉斯加、亚利桑那、阿肯色、加利福尼亚、科罗拉多、康涅狄格、特拉华、佛罗里达、佐治亚、夏威夷、爱达荷、伊利诺伊、印第安纳、艾奥瓦、堪萨斯、肯塔基、路易斯安那、缅因、马里兰、马萨诸塞、密歇根、明尼苏达、密西西比、密苏里、蒙大拿、内布拉斯加、内华达、新罕布什尔、新泽西、新墨西哥、纽约、北卡罗来纳、北达科他、俄亥俄、俄克拉何马、俄勒冈、宾夕法尼亚、罗得岛、南卡罗来纳、南达科他、田纳西、得克萨斯、犹他、佛蒙特、弗吉尼亚、华盛顿、西弗吉尼亚、威斯康星、怀俄明。

3. 美国的人口与民族

美国现有人口 30700 万，仅次于中国、印度，居世界第三位。人口密度每平方千米约 33 人。美国的人口分布很不平衡。落基山以东特别是东北部的大西洋沿岸和五大湖南岸地区面积只占全国 12%，却集中了全国近 50% 的人口。**落基山以西人口密度较小。全国大部分人口居住在城市里，城市人口占全国总人数的 77%**。超过 100 万人口的城市有 33 个，其中 12 个特大城市集中了全国 30% 的人口。

美国是世界上首屈一指的移民国家，它吸收了近代半数以上的国际移民，有"民族熔炉"之称。绝大多数为白人，约占总人口的 75%。拉美裔占 12.5%，黑人占 12.3%，亚裔占 3.6%，华人占 0.9%。再次为印第安人。美国民族构成独特，不像其他国家那样，由一个主要民族和若干少数民族构成。也就是说，在美国，民族问题远没有种族问题那样突出。这种现象是历史造成的。美洲大陆被发现后，欧洲便向这里移民，掠夺、冒险、逃避迫害，形形色色的人群潮水般向这里涌来。美国独立后，来自世界各地的移民仍源源不绝。

美国黑人最早是作为奴隶被卖到这里的。南北战争之前，他们一直处于奴隶地位。**《解放宣言》之后，黑人在法律上摆脱了奴隶地位。然而，种族歧视在美国始终没有根除。**黑人大多集居于纽约、芝加哥、洛杉矶、费城、底特律和华盛顿等城市，而且居住相对集中。

印第安人属于蒙古人种，黄皮肤，直头发，黑眼睛，是美洲最早的居民，一万多年前他们从西伯利亚经白令海峡到达美洲。15 世纪末，印第安人有 100 多万，而到 1890 年，印第安人只剩下不到 25 万。400 年间，他们丧失了 3/4 的人口。现在，美国境内大约有 1367 万印第安人。他们大多居住在亚利桑那、俄克拉何马、新墨西哥等州的印第安人保护区，大多以畜牧为生。

亚洲移民，其中包括华人，为了保护自己的传统习惯，便于本民族相互交往，抗拒社会压迫，往往在某一地区集中居住，形成"中国城"、"越南街"等。

美式英语为通用语。有些民族仍讲本族语言，如部分印第安人讲印第安语、墨西哥人讲西班牙语、华人讲汉语等，各国移民的后裔也有少数人讲其祖先的语言。**美国有宗教信仰自由，有基督教、天主教、犹太教、东正教等，基督教派别多达 250 多个。**其中 51.3% 的居民信奉基督教新教，23.9% 信奉天主教，1.7% 信奉犹太教，信奉其他宗教的占 4%，不属于任何教派的占 12%。

礼仪提醒

美国民族虽然庞杂，但是不论是哪一民族的人，都无一例外地宣称自己是美国人，在他们身上既流淌着从祖辈那里承袭下来的血液，保留着故土的某些色彩，又完全按照典型的美国方式生活。

4. 美国的政治与经济

在当今西方各国，美国是最典型的实行分权制衡的国家。

美国为联邦制共和国政治体制，实行三权分立，国会、总统、法院分别行使立法、行政、司法权，相互制约。各州拥有较大的自主权。总统为国家元首、政府首脑和武装部队总司令，拥有很大的权力，不对国会负责。政府内阁由各部部长和总统指定的其他成员组成，内阁实际上只起总统助手和顾问团的作用，没有集体决策的权力。**国会为最高立法机构，由参议院和众议院联合组成。**设联邦最高法院、联邦法院、州法院及一些特别法院。联邦最高法院由首席大法官和大法官组成，终身任职。联邦最高法院有权宣布联邦和各州的任何法律无效。主要政党有共和党和民主党。

美国采用两党制。**美国宪法虽然没有规定政党地位，但政党是美国政治制度的重要组成部分，其影响渗透于其他各种政治制度。**两党制在美国成立联邦初期就已萌芽，到南北战争后，两党制正式形成。垄断资产阶级通过两大政党控制整个国家政治机构，操纵全国政治生活。两党的主要职能是操纵和包办选举，特别是总统选举。民主党和共和党两党长期轮流执政。美国政党除两大党外，还有其他一些政党，但它们都无法影响两大党轮流执政的地位。

美国宪法和法律条文规定，政府的权力来自人民，最终属于人民；政府的权力不是绝对的，而是受宪法和法律限制的。联邦宪法和法律一方面规定公民享有人身保护、言论、出版、集会、宗教信仰自由，私有财产权和选举权等权利；另一方面规定，国会不得制定剥夺公民的言论、出版、和平集会和请愿等自由的法律，公民的人身、住宅、文件和财产不受非法的搜查或扣押，非依法定正当程序，不得剥夺任何人的生命、自由或财产。此外，各州宪法和法律对公民的权利也有规定。实际上公民的权利受制于个人拥有的财产，享有充分自由权利的只能是资产阶级。

美国具有全球性的经济、政治和军事影响力，其外交政策走向一直是世界关注和讨论的焦点。第二次世界大战后，美国经济、政治和军事实力空前增长。成为世界超级大国，妄图称霸全球。随着苏联解体和世界多极化格局的形成，美国外交策略亦随之改变。近年来，美国继续将反恐、防核扩散和遏制伊斯兰极端主义作为安全战略的首要目标，同时着眼应对大国潜在"挑战"，美国努力修补与欧洲盟国的关系，重视俄在反恐、防核扩散领域的地位与作用，加紧谋划亚太战略格局，提升日本在美国全球战略中的地位，深化美印（度）战略伙伴关系，密切同加拿大的政治经济关系。重视外交谈判和多边合作，利用救灾、援助等活动，加强公共外交，改善自身外交形象。截至 1998 年 12 月，美国与 184 个国家建立了正式外交关系。

美国的首都华盛顿全称"华盛顿哥伦比亚特区"，位于马里兰与弗吉尼亚州之间、波托马克河与阿纳科斯蒂亚河的汇合处。面积 178 平方公里，人口 59 万。特区不属于任何一州，由联邦政府直辖，由总统任命的特区委员会管理。特区建于 1790 年，1800 年正式使用。**为了纪念开国元勋华盛顿总统，遂以华盛顿为首都命名。美国国会大厦、白宫、国务院、五角大楼、最高法院等国家办公机构都建在华盛顿。**华盛顿纪念碑、林肯纪念堂、杰斐逊纪念堂、国会图书馆等都矗立在华盛顿各地。

延伸阅读：

美国的国旗、国徽与国歌

◇ 国旗。美国的国旗呈横长方形，长与宽之比为 19：10。旗面左上角为蓝色长方形星区。其中分 9 排横列着 50 颗白色五角星，50 颗五角星代表美利坚合众国的 50 个州。星区以外是由 13 道红白相间的条纹组成，7 道红条，6 道白条，代表组成合众国的最初 13 个州。红色象征强大和勇气，白色代表纯洁和清白，蓝色象征警惕、坚忍不拔和正义。

◇ 国徽。美国的国徽主体为一只胸前带有盾形图案的白头海雕（秃鹰）。白头海雕是美国的国鸟，它是力量、勇气、自由和不朽的象征。盾面上半部为蓝色横长方形，下半部为红白相间的竖条，寓意同国旗。鹰之上的顶冠象征在世界的主权国家中又诞生一个新的独立国家——美利坚合众国；顶冠内有 13 颗白色五角星，代表美国最初的 13 个州。鹰的两爪分别抓着橄榄枝和箭，象征和平和武力。鹰嘴叼着的黄色绶带上用拉丁文写着"合众为一",意为美利坚合众国由很多州组成,是一个完整的国家。

◇ 国歌。1916年美国总统威尔逊宣布将《星条旗之歌》定为国歌。

美国是世界上最发达的资本主义国家,经济发展水平居世界领先地位,国民经济总产值占世界首位。

美国具有高度发达的现代市场经济,其劳动生产率、国内生产总值和对外贸易额均居世界首位,有较为完善的国民经济宏观体制。在市场经济条件下,各公司享有完全的自主经营权,国家通过市场向各公司购买所它需要的产品。与西欧和日本竞争伙伴相比,美国公司在扩大产业投资、裁减剩余人员及开发新产品上享有更多的灵活性和自主权。

美国工业以技术先进、门类齐全、资源丰富、生产实力雄厚、劳动生产率高而著称于世。第二次世界大战后,美国工业生长取得巨大进展,工业设备能力与生产规模都大大超过世界其他国家,成为世界上最大的工业国家。目前,美国的主要工业产品,如石油、天然气、电力、铜、铝、硫酸、乙烯、汽车、飞机等的产量,以及微电子工业、计算机技术、激光技术、宇航技术、生物工程技术、核能利用和新材料的研制与开发等方面,在世界上均居领先地位。然而,在小型轿车、家用电器、通信及办公自动化设备、电子计算机芯片等技术密集型产品方面,则在近年落到了日本、德国等国后面。

美国农业为典型的现代化资本主义大农业,主要农产品如小麦、玉米、大豆、棉花等产量都居资本主义国家第一位,粮食产量占世界总产量的20%,农产品出口外汇收入每年达400亿美元,为美国外汇收入最大的一个项目。

美国畜牧业以养牛为主,居世界前列。第二个主要畜产资源为猪,此外鸡和火鸡的饲养发展也很迅速。**美国畜牧业的机械化程度和专业化程度都居于世界领先水平。**

美国是世界上第一大进口国和第三大出口国,是世界上最大的商品和服务贸易国,对外贸易额居世界首位。2008年,美国商品和服务贸易总额为43631亿美元,其中出口额18430亿美元,进口额25201亿美元。

美国对外贸易十分发达,美国对外贸易的主要伙伴是加拿大、日本、墨西哥、欧共体各国与亚洲新兴工业国家和地区。2009 年美国前五大货物贸易伙伴为加拿大、中国、墨西哥、日本和德国。主要出口商品是机器、运输设备、农产品、化工产品、高技术产品、军火等。主要进口商品也是机器、运输设备、还包括石油、稀有金属等战略物资和化工产品、家电产品及轻纺产品。**尽管美国贸易进出口总额在世界上的地位相对下降了很多，美元的比价仍在攀升，显示了较强的国际竞争能力。**

美国服务业高度发达，2008 年服务业创造的产值占国内生产总值的79.2%。各项服务行业就业人数约 1.18 亿，占总就业人数的 76.8%。

美国金融体系主要由 3 部分组成：联邦储备银行系统、商业银行系统和非银行金融机构。随着第一、二产业的迅速发展，金融业也发展很快。

延伸阅读：

美元——国际流通货币

美国的货币称美元，美元不但在美国通用，而且已经成为国际流通货币。分硬币和纸币两种。

◇ 硬币

硬币分为 1 分、5 分、1 角、2 角 5 分、5 角和 1 元六种。1 分的硬币是铜币。5 分、1 角、2 角 5 分、5 角、1 元的硬币都是镍币。

1 分的硬币，正面铸有林肯像以及"我们信仰上帝"和"自由"的英文字样，还有年号，背面标有面额"1 分"和"美利坚合众国"的英文字样。

过去 5 分镍币正面是印第安人头部，背面是水牛。现改为正面为托马斯杰斐逊头像，背面是杰斐逊总统在弗吉尼亚州夏洛茨维尔的故居图案。1 角的硬币，正面原为女人头像，现已改为富兰克林罗斯福总统的侧面头像，背面铸有火炬和树，标有面额"1 角"字样。2 角 5 分硬币，正面铸有乔治华盛顿头像，背面是美国的象征—白头鹰图案。5 角的硬币，正面是约翰肯尼迪头像，背面是展开双翅的美国国鸟——白头鹰。1 元的硬币，市场上不多见，原币已停止铸造，现正酝酿铸造新型的 1 元硬币。

硬币在美国被广泛使用。多种服务，如搭乘市内公共汽车，使用公共厕所、电话及自动售货机都必须使用硬币。

◇ 纸币

纸币有 1 元、2 元、5 元、10 元、20 元、50 元、100 元、500 元、1000 元、5000 元及 10000 元面等额。常用的是 100 元以下的纸币。所有钞票的大小和颜色都一样，只是每种所印政治家头像不同：1 元是乔治华盛顿，2 元是托马斯杰斐逊，5 元是亚伯拉罕林肯，10 元是亚历山大汉米尔顿，20 元是安德鲁杰克逊，50 元是尤利西斯格兰特，100 元是本杰明富兰克林，500 元是威廉麦金利，1000 元是格罗弗克利夫兰，5000 元是詹姆斯麦迪逊，10000 元是萨蒙蔡斯。

5. 美国的语言文化与宗教

◇ 美国的语言

美国的官方语言是英语，美利坚民族是最大的英语民族。美国可以说是一个民族大熔炉，来自世界各国不同民族的移民共同融合为美国人，尽管除印第安人外，每个美国人都有其不同的祖籍，但他们都毫无例外地宣称自己是美国人，英语是他们共同的语言。**但由于地理的阻隔、时间的流逝，美英两国语言已产生了很大的差异，演变出具有美国特色的美式英语。**此外，有些地区和民族还使用其他语言，如法语、西班牙语等。

◇ 美国的教育

美国的教育事业十分发达，目前在基础教育方面，绝大多数州已实行 10 年义务教育，少数州实行 11 年或 12 年义务教育。美国的大学很多，高等教育继承了欧洲古老大学如英国的剑桥大学和牛津大学的传统。**美国的平均教育水准极高，联合国的经济指数调查将美国的教育水准列为世界第一，每年不少来自世界各地的留学生慕名前来修学。**除了哈佛、麻省理工等名校外，其他高等学府还有宾夕法尼亚大学、哥伦比亚大学、加利福尼亚大学伯克利分校、芝加哥大学、乔治·华盛顿大学、杜克大学、佐治亚理工学院、赖斯大学、西北大学等。

◇ 美国的文学艺术

美国文学在 19 世纪中期形成独立体系并进入繁荣时期，涌现出一批在世界文坛享有盛誉的文学巨匠，如小说《红字》的作者霍桑，小说《汤姆叔叔的小屋》的作者哈里耶特·比彻·斯托，诗歌《草叶集》的作者惠特曼等。

美术早期受法国影响很深，美国画坛各创流派，异彩纷呈，几乎每个城市都设有美术馆，其中最著名的是华盛顿的国立美术馆。美国的摇滚乐和乡村音乐在世界上颇有知名度；美国的舞蹈艺术也产生了世界知名的艺术家·女舞蹈家邓肯是美国现代舞的先驱。**美国是世界电影事业的摇篮，也是世界最著名的电影王国。**美国是世界体育强国之一，体育设施多，技术先进。

◇ 美国的宗教

美国是一个没有国教的多宗教国家，宗教信仰极为普遍，是一个多民族、多宗教的国家。居民主要信奉基督教新教、天主教等。其中 51.3% 居民信奉基督教新教，23.9% 信奉天主教，信奉犹太教阳其他宗教的约占 5.7%。

二、美国的生活礼俗

美国人自称是汽车轮子上的民族。特殊的地域环境和融合的多民族文化，让美国人形成了追求随意、舒适、便捷的生活方式，形成了美国人在衣食住行中独具特色的礼仪习惯。因此，在美国生活须入乡随俗，尽量去尊重和习惯美国的日常生活的礼仪风俗。

1. 美国的着装礼俗

美国人大多数为欧洲、非洲移民，其生理特征决定了他们在选择服饰时以宽松、肥大、休闲为主。美国人不甚讲究衣着打扮，穿衣宽松、随便，不拘一格。

美国人不过分追求英国人的绅士风度，也没有法国人的浪漫情怀，这一特点从美国人的穿着上就可以看出来。**美国人穿着很随意，他们认为舒适是最重要的，甚至有些不拘小节。**崇尚自然，偏爱宽松，讲究着装体现个性，是美国人穿着打扮的基本特征。在日常生活中，美国人大多是宽衣大裤，追求舒适，平时穿着无拘无束、十分随便，T恤、夹克衫、运动衫和牛仔服都是深受人们喜爱的服装。

美国人在着装方面虽较为随便，但并不等于说，他们一点讲究也没有，只不过是相对而言少一些罢了。

美国人认定：一个人的着装，必须因其所处的具体场合，或是所扮演的具体角色而定。在美国人看来，一个人穿着西装，打着领带去轧马路、逛公园、游迪斯尼乐园，与穿着夹克、T恤、短裤、健美裤赴宴或出席音乐会一样，都是极不得体的。在美国若不了解此类讲究，往往就会被人耻笑。

虽然美国人平时穿衣马马虎虎，但是正式场合的衣着还是颇为讲究的。在政府部门和公司工作的上班族每天均衣冠楚楚：男士是西装革履；女士是各式裙装配以淡妆。若举行舞会，人们的穿着则庄重典雅：男士穿黑色晚礼服；女士则穿深色长裙。**少数年轻人喜欢奇装异服，如下身穿一条臀部有两个破洞的牛仔裤，露出内裤。**有时还能看到一些年轻人把牛仔裤撕破，露出膝盖。但是老年妇女仍重传统，穿裙装的多于穿长裤的。

因此，跟美国人打交道时，应注意对方在穿着打扮上的下列讲究，免得让对方产生不良印象。

其一，美国人非常注意服装的整洁。在一般情况下，他们的衬衣、袜子、领带必然每天一换。**穿肮脏、打皱、有异味的衣服，美国人是看不起的。**

其二，美国人十分重视着装的细节。在美国人看来，穿深色西装套装时穿白色袜子，或是让袜口露出自己的裙摆之外，都是缺乏基本的着装常识。

其三，在美国，女性最好不要穿黑色皮裙。不然的话，就会被美国人视为并非"良家妇女"。

其四，在美国，一位女士要是随随便便地在男士面前脱下自己的鞋子，或者撩动自己裙子的下摆，往往会令人产生成心引诱对方之嫌。

其五，穿着睡衣、拖鞋会客，或是以这身打扮外出，都会被美国人视为失礼。

延伸阅读：

牛仔服

一提到牛仔服，我们便会想到带有英雄主义和神秘色彩的人物——美国西部牛仔。西部牛仔是指18—19世纪在美国西部广袤的土地上的一群热情无畏的开拓者。在美国历史上，他们是开发西部的先锋，富有冒险和吃苦耐劳的精神，因此被美国人称为"马背上的英雄"。牛仔服，是一种代表了典型的个人主义和自由精神的外在装束。

2. 美国的饮食礼俗

在美国这块土地上，有来自世界上许多国家和地方的人和他们的后裔，他们把故乡的风俗、习惯乃至烹调技艺也都带到了这里，逐渐形成美国饮食的特色。

◇ 美国人的一日三餐

美国人的饮食习惯是一日三餐。他们讲究吃得是否科学、营养，讲求效率和方便，一般不在食物精美细致上下工夫。他们的主副食概念与中国完全是颠倒的。其主食是肉鱼菜类，粮食成了副食。早晨吃得很简单，一般是果汁、鸡蛋、牛奶、面包之类。午餐大都在工作单位吃。几片三明治，一只香蕉，或者汉堡包加一杯咖啡就相当不错了。**有些华裔美国人还喜欢带只烘山芋或者两只粽子，也算一顿午饭。**晚餐通常比较丰盛，但也只不过一两道菜，加些点心、水果之类而已。晚餐最常吃的是牛排和猪排。

美国人的食谱通常是：前餐，类似春卷一类的属于此类；生菜和汤；主食，牛肉、猪肉、鸡肉或鱼类海鲜，一般只选其一，然后配上面包、面条或米饭；甜品，蛋糕、冰淇淋或水果；饮料，有各种烈性和软性饮料。多数美国人喜欢饭后吃一道甜食，如蛋糕、家常小馅饼或冰激凌等，最后再喝一杯咖啡。美国多数家庭有在睡觉前吃些小吃的习惯，孩子们通常喝杯牛奶，吃块家常小甜饼，成年人则吃些水果和糖块。

周末或假日，美国的许多家庭只吃两顿饭，他们将早餐和午餐合并为一顿，称为早午餐，一般比较丰富，视作正餐；有的家庭星期天不做饭，全家出去吃便餐，或者在餐馆吃饭；每逢风和日丽的假日，美国家庭常举行野餐和户外烧烤餐，野餐是将烤鸡一类的熟食装在篮子里带到野外去吃；烧烤餐则是在自家庭院或郊外点起炭火，把生食烤熟再吃；有的公园甚至为此专门为游人提供烤肉用的炊具。

◇ 美国的各种餐馆

美国的餐馆主要有下列类型：专营餐馆、旅馆餐厅、快餐店、咖啡馆、自助餐馆、烤肉店、汽车饭店、药房附设的餐馆及供人们喝酒和消遣的酒吧间和鸡尾酒店。一般情况下，旅馆的餐厅几乎总比专营餐馆贵些，而且饭菜质量欠佳。在大多数城镇的餐馆里，吃一顿饭要花4－10美元，不包括酒类或其他饮料。但是，在快餐店或咖啡馆里，只要花2－3美元或稍多些钱就能吃上一顿。快餐店比咖啡馆更便宜些，饭菜也不错，而且吃顿饭花不了多少时间，一般是站在柜台旁吃。在自助餐馆，柜台上摆放着琳琅满目的食品，冷热兼备，顾客要自己动手服侍自己，自己选择所需的饭菜，吃完后再到出纳员处付账。**这种就餐方式对不识英语或不熟悉情况的游客很适宜，而且自助餐馆的食品较便宜，也不必给服务员付小费。**因此，这种自助餐在美国极为风行，特别是午餐。烤肉店通常出售烧烤食品。汽车饭店是新近在美国兴旺起来的一种新颖的道旁企业。在汽车饭店里，驾车人可以在自己的汽车里用餐。

◇ 独具特色的快餐食品

美国食品以其快餐而著称。近几十年来，典型的美国快餐已风靡世界。快餐的种类常有汉堡包、热狗、馅饼、炸面圈及肯德基炸鸡。

汉堡包是一个圆面包，中间夹着烤牛肉末做的肉饼，因而也称牛肉饼，有时也夹鸡肉、火腿或鸡蛋等。

最受美国大众欢迎的食品就是热狗。这种食品实际上是面包夹香肠，据说是从德国传入美国的。美国人吃热狗的数量大得惊人。据美国香肠协会估计，每年大约要吃掉 200 亿支热狗。所以说，美国人人都爱吃热狗。

延伸阅读：

热狗的由来

关于热狗的说法很多。据说，早在 1852 年，德国法兰克福屠宰公会就做出了狗形香肠。1904 年，美国路易斯安娜博览会展出期间，有个叫安东·梅万格的卖香肠的老板卖的香肠又烫又油。为了使顾客能拿，他准备了许多白手套，但还不顶用。于是他灵机一动，用长形面包把香肠夹起来一起卖。这样，颇受顾客青睐的"热狗"就形成了。不过"热狗"这个名字却是几年后一位叫汤姆斯·道格的漫画家在漫画里画了一根会讲话的香肠，取名热狗后，才名扬于世的。热狗，顾名思义，意为"热腾腾的会讲话的狗"。

馅饼又叫做意大利式烘馅饼。这种馅饼的馅大多是用鸡肉、牛肉、火腿、香肠、葱头、蘑菇、奶油等佐料搅拌而成的，经烘烤后皮脆馅香。这种馅饼都是现烤现卖，既节省时间，可选性又强。

美国人都喜欢喝饮料，有含酒精的，有不含酒精的，包括各种果汁。**他们喝饮料时大都喜欢放冰块，如果不喜欢喝放了冰块的，必须事先声明"不放冰"。**含酒精的饮料不是所有人都能喝的。有些州规定，至少要满 21 岁，才能饮用。

近年来，美国人的饮食习惯逐步有所改变，饮用食品的种类也发生了颇大变化。为数不少的美国家庭都喜欢"集中烹饪、避免切割"，因而，市面上应运而生了许多"速冻食品"、"快熟面"、"罐头汤"等。

◇ 美式餐具

美国人常使用的饮食器具有刀（冷盘刀、切鱼刀、主菜刀、切肉刀、水果刀、抹黄油刀等）、叉（冷盘叉、鱼叉、主菜叉、肉叉、水果叉等）、调羹（汤匙、咖啡匙、茶匙）、盘、碟、碗及各种酒杯。

用餐时一般每人有一碗、一大一小两碟、餐刀一把、餐叉两把、调羹两把。碗是喝汤用的，小碟是用来吃生菜的，餐刀用来切割自己盘里的食物，如鱼和肉等。餐叉，放在离碗盆远的是吃生菜用的，近的是吃主食用的。调羹，大的是喝汤用的，小的是吃点心用的。正式场合的饭菜是送到食客面前的，如果到美国人家里做客，一般会有公用的叉勺，客人不可以用自己的刀叉夹菜。

◇ 在美国人家中就餐的礼节

在美国人家里就餐时，如果对吃西餐的礼节不熟悉，那么最好的办法是注意女主人的动作，照她的样子做不会错。在美国人家中做客，听到主人自夸饭菜做得好，不必奇怪，而且应对女主人的手艺夸赞几句。主人第一次为你拨菜，你不必客气推让，否则女主人会以为你是嫌她的菜做得不好。**在餐桌上，女主人是无形中的首脑人物。上菜之后，客人一般要待女主人动手吃后才开始吃**。饭后，也应由女主人领头离席，客人才离席。

到美国人家里做客，哪怕主人招待的东西很不对胃口，说不定你还饿着肚子，但从礼貌的角度，一定要对主人说声饭菜好吃，然后客气地告别。

和美国人吃饭时要注意：不允许替他人取菜；不允许吸烟；不允许向别人劝酒；不允许当众脱衣解带；不允许议论令人作呕之事。

3. 美国的艺术活动礼俗

◇ 音乐

美国人民热爱音乐。爵士乐是最早出现的具有美国特色的音乐。爵士乐中最主要的乐种是布鲁斯音乐，它的节奏性极强，产生于 20 世纪初。**爵士乐最基本的特点是，演奏者本人往往就是作曲者，所以他一般不表达主题，而是利用主题来表达自己的意图**。当今美国的爵士乐影响着各种群众音乐和专业音乐。

摇滚乐产生于20世纪50年代末期，它是一种无拘无束、自由表达情感的艺术表现形式。演唱者大多自编自唱，曲调变化较小，歌声粗犷，伴有节奏强烈的敲击，音乐风格热情奔放，毫无顾忌地发泄着个人的情感。摇滚乐已成为美国人生活中一个不可或缺的组成部分，可以说它是一面镜子，反映着美国人的心理状态和感情变化。当然，美国也有不少古典音乐的忠实爱好者。无论什么音乐，民间的、宗教的、古典的，在美国都十分流行。

◇ 舞蹈

舞蹈也是美国人很喜欢的一种娱乐方式。迪斯科是20世纪70年代风靡世界的一种群众自娱性舞蹈，由美国黑人创造。最初它只流行在美国小城镇的黑人聚居区和拉丁美洲下层社会中，并不为人所注意，甚至被上层社会所不齿。但没多久，它就迅速流传，直至风靡全世界。美国民间舞蹈主要有三种：印第安人的舞蹈、欧洲移民及其后裔的舞蹈、黑人的舞蹈。印第安人的舞蹈包括社交性的、仪式性的、和劳动生活紧密联系的、用于治疗疾病的等，几乎都是逆时针方向进行的圆圈舞。欧洲的移民——英国人、爱尔兰人、法国人、德国人、西班牙人等在涌向北美大陆的同时，带来了各自传统的民间舞蹈、宫廷舞蹈、舞厅舞蹈，他们结合当地新的生活条件把这些舞蹈加以改造，创造出具有美国特点的新舞蹈形式，其中最流行的有方舞、圆舞等。**美国黑人对美国舞蹈的发展和美国舞蹈风格的形成起着重要作用**。黑人舞蹈和白人舞蹈融合交流，创造出新的舞蹈形式，如踢踏舞和爵士舞等。

◇ 电影

电影在美国非常流行。著名的"世界影都"好莱坞就坐落在美国加利福尼州的洛杉矶郊外。彩色电视和磁带录像的发展与普及曾一度危及到电影业的发展。然而，度过了70年代影业危机的美国电影业目前仍是许多人喜爱的娱乐项目。现在美国约有11000多个电影院及大约4000多个露天汽车电影院。汽车电影院是一种在公路边上发展起来的企业。在汽车电影院边上竖起一块巨大的屏幕，一辆辆汽车都对着屏幕排成长列停放。有人通过车窗递进一个电影声响装置，就可以看电影了。电影片有故事片、纪录片、科教片，还有一些非儿童看的影片（标有 R）、色情片（标有 X）及深夜专场影片等，五花八门。

◇ 戏剧

戏剧也是美国人消遣的项目之一。提到戏剧，人们大都会联想到"百老汇"，因为它是纽约市的剧场区。许多新上演的剧目一般都是在百老汇得到认可后，才去其他城镇巡回演出的。除百老汇外，纽约市的林肯表演艺术中心及华盛顿市的肯尼迪表演艺术中心都是由好几座歌舞戏剧及音乐等剧场组成的具有相当规模的文化艺术表演联合体。**据统计，美国有 70 个固定的职业剧团，20000 个非职业剧团，80 个大型歌剧团及 1500 个交响乐团，各城市最少有一个舞蹈学校。**尽管如此，在美国要买戏票也并不容易，因为美国人口的 90% 以上集中在城镇。

延伸阅读：

美国人的偏好和禁忌

美国人普遍爱狗，认为：狗是人类最忠实的朋友。对于那些自称爱吃狗肉的人，美国人是非常厌恶的。在美国人眼里，驴代表坚强，象代表稳重，它们分别是共和党、民主党的标志。蝙蝠被视为吸血鬼与凶神，令美国人最是反感。

美国人最喜爱的色彩是白色。在他们看来，白色象征着纯洁。在此前提下，白猫也成了美国人很喜欢的宠物。在美国，人们喜欢的色彩还有蓝色和黄色。由于黑色在美国主要用于丧葬活动，因此美国人对它比较忌讳。

美国人最讨厌的数字是"13"和"3"。他们不喜欢的日期则是"星期五"。

与美国人打交道时，一般都会发现，他们大都比较喜欢运用手势或其他体态语来表达自己的情感。不过，下列体态语却为美国人所忌用。其一，盯视他人。其二，冲着别人伸舌头。其三，用食指指点交往对象。其四，用食指横在喉头之前。美国人认为，这些体态语都具有侮辱他人之意。

美国人在公共场合和他人面前，绝对不会蹲在地上，或是双腿叉开而坐。这两个动作，均被视为失仪之举。

美国人在跟同性打交道时，有不少的讲究。在美国，成年的同性共居于一室之中，在公共场合携手而行或是勾肩搭背，在舞厅里相邀共舞等，都有同性恋之嫌。

标榜个性独立的美国最忌讳他人打探其个人隐私。在美国，询问他人收入、年龄、婚恋、健康、籍贯、住址、种族等，都是不礼貌的。即使招工时，美国人也极少询问此类问题。美国人大都认定"胖人穷"，"瘦人富"，所以他们听不得别人说自己"长胖了"。与美国黑人交谈时，既要少提"黑"这个词，又不能打听对方的祖居之地。与美国人聊天时，要是谈及政党之争、投票意向与计划生育，肯定会导致双方"话不投机半句多"。在美国街头，千万不要搭理上前"卖药"的人，因为对方极有可能是贩毒者。

不宜送给美国人的礼品有香烟、香水、内衣、药品以及广告用品。

三、美国的社交礼仪

社交是美国人生活中最常见、最重视的礼仪活动。社交礼仪体现着美国本土文化的特色，沿习着传统的当地风俗。与美国人相处或交往时，一定要熟悉遵守其礼仪规范，否则就会成为一个不受欢迎的人。

1. 美国人待人接物的礼仪特点

美国人在待人接物方面，具有下述四个主要的特点。

◇ 随和友善，容易接近

美国人为人诚挚，乐观大方，天性浪漫，好交朋友。用中国人的话来讲，美国人大概属于那种"自来熟"的类型。在交际场合，他们喜欢主动跟别人打招呼，并且乐于主动找人攀谈。如果愿意，美国人是可以跟任何人交上朋友的。

在美国人看来，人缘好，善于结交朋友，是取得个人成功的基本条件之

一。不愿扩大自己的交际范围，甚至拒绝与他人接近的人，不仅个人心理上存在问题，而且对交往对象以及其他所接触的人，也是不够友好和尊重的。

◇ 热情开朗，不拘小节

在日常生活中，美国人主张凡事讲究实效，不搞形式主义。他们不是不讲究礼仪，而是反对过分拘泥于礼仪，过分的矫揉造作。不论在大陆本土还是夏威夷或寒冷的阿拉斯加，美国人都表现出待人热情、开朗大方、易于接近的特点。与英国人的矜持不同，美国人即使对陌生人也往往一见如故，他会对你侃侃而谈，谈到开心处会眉飞色舞，使你毫无拘束之感。但是，要和美国人深交则比较困难。他们注重交往过程中要给对方留下好印象，喜欢多结交朋友，使自己不受到孤立，但朋友之间很难达到可以推心置腹、不分你我的程度，也就是说，在热情的背后保持着距离。总的说来，美国人性格外向、感情直率、热情奔放，这一点在 NBA 赛场上的劲舞女郎身上可见一斑。

◇ 城府不深，喜欢幽默

普通的美国人，大都比较朴实、直率。在待人接物中，他们喜欢在符合礼仪的前提下直来直去。对于"听话听声、锣鼓听音"之类的做法，他不仅不习惯，而且还往往难以接受。**与美国人打交道时，表现得过于委婉、含蓄，或是有话不明讲，旁敲侧击，巧妙地暗示，效果未必能够尽如人意。**

美国人的处世风格，总体上是潇洒浪漫。他们主张充分地享受生活，凡事都要尽可能地去尝试一下。在平时，他们喜欢笑面人生，爱开玩笑。跟美国人相处时，若是不明白这一点，而一味地恪守"喜怒不形于色"的中国古训，无形之中就会使对方与自己拉开距离，甚至会让对方敬而远之。

◇ 自尊心强，好胜心重

美国人一般而论都有很强的好胜心。他们喜欢见异思迁，崇尚开拓，在人际交往中都显得雄心勃勃，做起事情来也会一往无前。受这一风气影响，美国的孩子一旦长大成人，就要自立门户，自己去闯天下，与父母划清经济账。**听凭父母为自己做主，处处依赖父母的美国青年人，会被人们瞧不起。**

在美国，即使是父子、朋友，外出用餐时，往往也会各付各的账。在人际交往中，美国人是不时兴向别人借钱的。他们认为，借钱应该上银行，找个人借钱就是索要的意思。在一个美国人的一生中，不搬上几次家，不换上几回工作，往往是不可思议的。凡此种种，均与美国人的好胜心强存在着因果关系。

在人际交往中，美国人自尊心强，也是出了名的。

延伸阅读：

繁忙而又欠债的美国人

◇ 紧张繁忙，缺少浪漫

任何人到美国去，都会有一个共同的感觉，便是美国生活节奏的紧张。不但大城市如此，小乡镇也是一样；不但工作时间如此，玩乐的时候也是一样。

"使每一个受管辖的人保持忙碌"是每一位主管的责任。在工作时间内，谈天看报是不可想象的，职位低一点的员工，多接几次私人电话，也会受到上级的警告。

美国人工作紧张，休息也紧张。他们所谓休息，不是看紧张的球赛和惊险的西部武打片，就是飞车急驰、爬山、打猎、滑雪，越紧张、节奏越快越够味。

工作的紧张，时间的宝贵，自然也养成了"各人自扫门前雪，莫管他人瓦上霜"的习惯。你要请人做事，必得付钱。"请快一点"，就必须按"快一点"加钱。比如洗衣服一般是两天取件，要快一点取，则加价五成。

◇ 欠债光荣，不求积攒

美国几乎人人欠债，即使是百万、千万、亿万富翁也不例外。一个个美国普通家庭彩电、冰箱、汽车、房子看起来应有尽有，但往往都是向银行借钱——用分期付款的办法买来的。甚至娶妻、生孩子也要先向银行借钱。查查美国人银行存款，常常离零不远，但尽管如此，也年年度假旅游，尽情享受。不过他们往往薪水一发就立刻赶到银行，否则支票退票，信用卡就盖不住了。在美国不欠债是不可思议的事。在他们的观念中，不向银行借钱就是没有信用。欠债的好处很多，不但利息可从所得税中扣下，少缴所得税，就连本金也可赖皮一下，分几十年付清。反正大家把钱都放在银行里转，你用我的，我用你的。大家用大家的钱。

据估计美国平均每人欠私债2000元左右，美国政府则欠了二兆美元的巨额国债！

跟美国人相处时，与之保持适当的距离是必要的。美国人认为，个人空间不容冒犯。因此，在美国碰了别人要及时道歉，坐在他人身边先要征得对方认可，谈话时距对方过近则是失敬于人的。一般而论，与美国人交往时，与之保持50厘米至150厘米之间的距离，才是比较适当的。

2. 美国人的会面礼仪

美国是一个移民国家，它在吸收、融汇外来文化的同时，也逐步形成了自己的文化特色。美国人是"自来熟"，他们为人诚挚、乐观大方、天性浪漫、性格开朗、善于攀谈、喜欢社交，似乎与任何人都能交朋友。他们强调个体独立，平等观念强，尊重妇女。

美国人与人交际时讲究礼仪，但没有过多的客套。在一般情况下，他们很少与人握手，与人打招呼时，仅仅面带微笑地点点头，或者说一声"嗨"，就算是打过招呼了。但是在特别正式的场合，美国人还是会同对方握手，并且与人握手时，他们习惯手握得紧，眼正视对方，他们认为这样才算是礼貌的举止。在非常正式的社交场合，美国人与人握手时，一般根据国际惯例握手，即异性之间握手，要等女性先伸出手来，男士才能伸出手相握。同性之间握手，通常年长人先伸手给年轻人，地位高的伸手给地位低的，主人伸手给客人。美国人一般只会和亲朋好友拥抱、亲吻。

在称呼方面，如果不是正式的社交场合，不分年龄，美国人都喜欢直呼对方名字，他们觉得这样更有亲切感。**大多数美国人都不愿意自己因为年龄或者社会地位的关系而受到人们的特别尊敬，这样他们会很不自在，因为美国人不重视"地位"，尤其是社会地位。**所以称呼时，他们不喜欢称呼对方的官衔等。他们可能会以对方的职称或者学位来称呼对方"博士"、"教授"、"医生"、"法官"等。

3. 美国人的拜访礼仪

约会要周到，赴约要守时，做客时更要彬彬有礼，自然大方。先敲门，征得同意后才进屋。进屋后先脱帽，并问对方是否方便。当对方回答"无妨"时，再办理事情。星期六、日休息，一般在早上 8 点前或晚上 10 点后，除非有急事或要事，一般不要拜访。

送礼最好给夫人。做客时，一般不问厕所，而是自己去找。在主人卧室不坐床上。**未经同意不要随便摆弄屋里任何东西，特别是钢琴。**如果到女人家去拜访，若女主人没让脱大衣。通常是不脱的。

做客时，不要轻易吸烟。如果想吸烟，应该首先问在座的女士们是否介意，并先向其他人敬烟。如果主人主动请你吸烟，那么即使自己有烟，也要接受主人的烟，而不可拒绝对方而吸自己的。否则，主人会认为你是看不起他而感到很不愉快。

美国人在家里宴请客人通常采取两种方式。一种方式是主客大家围坐在一张桌子旁，食品盛在盘中，在每个人手中依次传递或由主人为客人盛食品。另一种是"自助餐"，边交谈边品尝，接受邀请的客人一般在规定时间后的 5～10 分钟内到达，可以送女主人一些花或其他小礼品。喜欢你向他祝酒并表示感谢。

在美国人家中做客的时间不宜太长，以免耽搁主人过多的时间。**但饭后不要立即告辞，应再和主人攀谈一会儿，然后道谢离去。**如果是夫妇一同到别人家去做客，应由妻子先起立告辞。在比较正式的宴会上，如果客人较多，应等年长位高的宾客或重要的女宾先告辞后，自己才告辞。如果客人有事需要先走，应向主人请求原谅后再离去。

如果你与主人不很熟，那么做客后还应给主人打个电话表示谢意，或者写一张"谢谢您"的短柬寄给主人,并随附一件小礼物,如一盒巧克力或一些鲜花等。这样在礼貌上就更为周全了。

美国有些地区还有一些稀奇古怪的礼仪规范。堪萨斯州法律规定星期天公民不准吃蛇肉,违犯者要被处以监禁;印第安纳斯州的威诺纳湖区规定星期天不准在柜台吃冰淇淋;印第安纳斯州的加里规定吃过大蒜以后4小时之内不准乘电车或上影剧院;在新泽西州,如果谁在餐馆里喝汤时发出咕嘟咕嘟的声音,就会被警察拘留;内布拉斯州的活特卢法律规定,上午7时到下午7时,理发师吃洋葱是违法的。

握手时,美国人对对方目视他方很反感,认为这是傲慢和不礼貌的表示,同时忌讳有人在自己面前挖耳朵、抠鼻孔、打喷嚏、伸懒腰、咳嗽等。若喷嚏、咳嗽实在不能控制,则应避开客人,用手帕掩嘴,尽量少发出声响,并要及时向在场人表示歉意。他们还忌讳别人冲自己伸舌头,认为这是污辱人的动作。

4. 美国人的相处礼仪

和美国人相处可以不拘小节。美国是个移民国家,互相之间的交往不要有太多的讲究,反而可以交到更多的朋友。如果在公众场合缩手缩脚,会让自己显得很不合群,美国人当然也并不喜欢沉默寡言的人,那样会很无趣。中国人给美国人的印象就是太拘束、放不开,在东方国家里,这是比较普遍的现象,可是一旦在美国,或与美国人交往,完全可以抛开束缚、充分展现自我,这样的人才是最受美国人喜欢的。

美国人很健谈,与人谈话时,他们喜欢借助肢体语言,边谈边用手势比画。但是他们喜欢习惯双方的身体保持一定的距离,以免碰撞到对方。在正常情况下成年男性从不互相攀肩搭背,在公众场合也从不手拉手而行。在朋友家做客时,打长途电话要经过主人的同意,并在离开的时候留下电话费。如果要登门拜访，必须提前打电话约好。

和美国人交往，千万不要一直赞同，一直点头，他们在论述的时候，欢迎大家随时提出异议进行讨论甚至争论；如果一味地同意，美国人就会认为我们没有观点，会对我们的专业性产生怀疑，事实上，越是与他们争论，他们越会尊重你，因为他们觉得遇到了对手，就会非常兴奋；美国人喜欢挑战，我们提出了不同的观点，大家争论到最后，如果他们赢了，自然非常高兴，即使他们最后输了，他们也很尊敬你，因为他们有了新的收获。**美国人最喜欢在争论中碰撞出新的思想火花。**

要勇于同美国人争执。这里所提到的争执并不是争吵，而是争论、辩论或据理力争。在中国文化中，大家比较谦和，在别人阐述的时候，大多时候都表示赞同或认可，因为要表示出对发言方的尊重，可这一套在美国就不行了。

美国人认为，谦虚是自己最大的敌人。因此，在美国人面前，不要太谦虚，东方国家，谦虚是一种美德，可是在美国则不是这样。**美国人有着超乎寻常的自信心态，让他们无论走到哪里都是那么骄傲。**所以，我们与美国人交往，也要注意别太谦卑，以免被美国人认为我们不自信。殊不知多少中国留学生就是因为太谦虚，影响了自己的学分，多少华裔精英因为过分谦虚而丧失了很多原本应该属于他们的工作岗位。

在美国，成年同性共居于一室之中，在公共场合携手而行或是勾肩搭背，在舞厅里共舞，都有同性恋之嫌。

美国人认为个人空间不可侵犯，所以与美国人相处要保持适当的距离，碰了别人要及时道歉，坐在他人身边应征得其认可，谈话时不要距离对方过近。

美国人注重"隐秘"。他们认为，如果把个人的私事暴露无遗，容易对自己造成不利，因此"襟怀坦白"，"赤诚相见"的态度决非明智行为。1974 年，国会通过《保护隐秘法》，强调个人隐私不受侵犯，对保护个人隐秘做出了种种规定。年龄、收入、信仰、党派都属于保密之列。找工作时，要交个人履历，还要接受面试，但依据法律，有些问题，如婚姻配偶情况、宗教信仰等，可以拒绝回答，雇主提问则属于非法，不仅可以不答，而且可以向有关机关投诉。当然最好的办法是委婉拒绝。

但是由于电脑、无线电话逐渐进入家庭，许多属于个人隐秘的材料，如财产、存款、履历等，可能被窃走，因此，这种保护个人隐秘的传统目前已经受到侵害，舆论界正在议沦要求针对这种新情况通过新法案，以保障隐秘权。

礼仪提醒

在美国人的社交活动中，见女人不问年龄，见男人不问收入，这是起码的礼仪常识。此外，像你从哪儿来，到哪儿去这类话头最好不提。有些病人去看心理和精神病专家，有什么话都跟医生讲，但根据法律医生有责任为病人保守秘密，有些妻子甚至瞒着自己的丈夫。

四、美国的商务礼仪

在以经济头脑著称于世的美国人中，商务活动十分频繁。美国人会根据对象、场所与商务内容，选择对应的礼仪，并希望对方同样重视。这是在和美国人做生意或进行商务交流中务必要注意的。

1. 穿着得体地进行商务活动

在穿衣方面，虽然美国人给人以随和、不正式的印象，但在上班、赴宴会的场合，仍是很正规，穿衣的规矩极多，但以适合时宜为主。在进行商务活动时，尤其要注重穿着。

美国商人很注意着装，穿得端庄、整齐、得体是对别人的尊重，也是对自己的尊重。所以说，穿着西服却搭配旅游鞋，或者穿着皮鞋搭配白色袜子参加正式活动，会让人大跌眼镜；反之，一些休闲活动没必要中规中矩，穿着笔挺西服去游览也是大煞风景的。

礼仪提醒

在任何商务活动场合，都要着正装、系领带、穿皮鞋。质地良好并且干净笔挺的西服会显得自己很有自信，很有精神，这也是你的商务对象愿意看到的。

参加重要活动，应注意请帖上有关的服装规定。如不确定服装要求，可先问问其他参加者，以免尴尬，若请帖上写着"便装"，并不意味可以穿牛仔裤；若写有"半正式装"，也不表示可不打领带，最好先问清楚。**穿西装外套通常只扣上扣，也可全部不扣，切忌全扣**。西装背心最下一个扣通常不扣；深色西装应穿黑色皮鞋、深色袜子，切忌白袜子配黑鞋。

2. 如何同美国商人交往

在与美国商人交往中，注重礼仪十分重要，因此，需要注意以下几个方面。

◇ 先做生意，后交朋友

美国商人做生意非常讲究专业性，一般中国人在初期比较难以和美商打成一片。中国人自古以来是先交朋友，再做生意，大家素不相识，一顿饭或几杯酒就可以打得火热，彼此以朋友或兄弟相称，并且一致认为，今后哪怕在生意上不合作，大家还是朋友。可是，和中国文化正好相反，美国人在和我们做生意之前绝对不会那么快地成为朋友，他们非常看中我们是否具有专业性和诚信，在生意上是否真的可以互惠互利，所以第一个项目的合作非常关键。**只有第一个项目或第一笔生意成功了，大家合作得愉快，才有可能真正交上朋友，并且这个朋友的关系才会长久**。

不要随便跟美国人拍胸脯，如果承诺后做不到，美国人马上就会拂袖而去。

◇ 讲究高效率

与其他国家相比，美国的商业活动节奏很快，决策也很迅速。中层主管通常有相当的决定权，可以决定一些中型规模的交易。律师满目皆是，营造了一种高度诉讼化的商业气氛。对你所作的承诺要谨慎，很多顾问常常用这个来避免问题。如果在谈判中镇定自如，你就可能获得最后的成功。

◇ 避免谈论政治问题

虽然商务活动所接触的不是美国政客，但很多跨国公司都与这些政客有着密切的联系，政客们需要大企业的支撑。**所以千万别以为和美国客商就可以大谈政治，那样会让美商对我们有恐惧感和不信任感。**因为在政治观点上很难看法完全一致，更何况我们应该在商言商，哪怕谈论体育、个人爱好等也要避免谈论政治，以免引起不必要的尴尬。

3. 赠送礼物或鲜花的礼仪

在美国，第一次见面就送商务性礼物是愚蠢的行为。给美国人送礼，要送得有意义，不能随意乱送。否则，对方不仅不会感激，还会疑心你另有所图。女用香水与男人用的古龙香水在作为商务交往中的礼物送给异性时，是适宜的。

商务送礼，一般都在初次的商务会议上。要注意，礼物不能带有本公司的标志（有做广告之嫌），也不能太贵（美国法律规定商务送礼只能送相当于付25美元税的商品）。

在商务交往中，可以在下列两种场合送些并不贵重的礼物以表示祝贺和友好：一是每年12月25日的圣诞节，商务上有联系可送些办公用品，如日记本、日历、笔、纸等或一瓶酒。另一个场合送礼是到达美国或离开美国的日子。最合适的礼物是来自你家乡的东西。男士可送一些有本国特色的东西给美国人的妻子或孩子，不要送不值钱的项链。一般送礼不要在公开场合。

如果实在不知送什么礼，那可以送鲜花。**这在做客或参加宴会时都是得体的，但切忌送白色的百合花。**

五、 美国的节庆礼仪

有人形容美国人一年四季总是在过节。可见节庆是美国人生活中十分常见和普通的活动内容。在这些众多的节庆纪念日中，圣诞节、感恩节、独立日等节日，是最受美国人民重视的节日，也是最讲究其过节礼仪的节日。

1. 圣诞节的礼仪

圣诞节也称耶诞节，是基督教历法的一个传统节日，原是基督徒庆祝耶稣诞生的日子，而现今已发展为流传最广、影响最大的一个世界性的大众节日。

具体的耶稣出生日期，已经被认定为 9 月到 10 月之间。而现在我们庆祝的圣诞节（12 月 25 日）的日期来源自公元后 400 余年的古罗马。

古罗马人敬太阳为神，称之为米特拉神。他们认为阳历 12 月 24 日"冬至"日，是全年中光照时间最短的一天，而 12 月 25 日便被象征性地看做太阳的"生日"。在古罗马各神教内，这一天便为太阳神的节日。到了 4 世纪，由于政治原因罗马皇帝开始扶植基督教，当基督教成为罗马帝国的国教后，为了同时照顾传统民情，便将民间大众所庆祝的太阳神之节（12 月 25 日）与新的国教相结合，把耶稣的出生日定为现在圣诞节的日期。

根据教会史记载，圣诞节的庆祝最早是在公元 336 年的罗马城中举行，后普及至整个帝国境内。 随着基督教势力的扩大与西方文化的广泛传播，圣诞节逐渐成为世界各地重要的民间节日。尤其在欧美各国，圣诞节已经大大超过了新年，成为一年当中最重要、最热闹，也是持续时间最长的节日。

每年 12 月 25 日，全国便沉浸在一派喜气洋洋的节日气氛中。圣诞节的庆祝活动从 12 月 24 日夜间开始，称为圣诞夜，是一个狂欢的夜晚，美国人常常通宵达旦地举行庆祝活动。圣诞夜里，最有趣的活动是"报佳音",它象征天使在伯利恒郊外向牧羊人报告基督降生的喜讯。当深夜来临,教堂里的唱诗班就挨家挨户地来到教徒家门前齐声唱起圣诞颂歌。

延伸阅读:

耶稣的诞生

耶稣出生的故事已经流传了多个世纪,主要根据基督教福音书中的马太福音和路加福音而来。路加福音中描述说,玛丽娅年幼时收到天使加百列的消息,告知身为处女的她将藉由圣灵受孕。当时罗马皇帝奥古斯都下旨,叫天下人民各归各城以进行人口普查,于是玛丽娅和未婚夫约瑟一起离开在加利利的拿撒勒城到犹太去,途经约瑟祖先大卫生活的伯利恒城。此时伯利恒城的乡村旅店里已经没有空房,他们只好寄宿在旅舍外面,到了夜间,玛利娅在外面的马厩里生下了耶稣。

2. 感恩节的礼仪

在美国,每年11月的最后一个星期四是感恩节。感恩节是美国人民独创的节日,也是美国人合家团聚的节日。

感恩节是美国国定假日中最地道、最美式的节日,每逢感恩节这一天,美国举国上下热闹非常。人们按照习俗前往教堂做感恩祈祷,城乡市镇到处举行化装游行、戏剧表演和体育比赛等,学校和商店也都按规定放假休息。孩子们还模仿当年印第安人的模样穿上离奇古怪的服装,画上脸谱或戴上面具到街上唱歌、吹喇叭。

感恩节也是传统的家庭团聚的日子。感恩节期间,散居在他乡外地的家人,都要赶回家中欢聚节日,远离家乡的人也会被所在当地家庭邀请到家中作客。**人们还为那些不幸者送去食物,当地一些机关、学校和教堂先收集食物然后装入食品篮内分发给穷人。**有些商店老板还将火鸡送给雇员和一些老顾客作为感恩节礼物。

美国人一年中最重视的一餐,就是感恩节的晚宴。感恩节的夜晚,家家户户都大办筵席,物品之丰盛,令人咋舌。丰盛的家宴早在几个月之前就开始着手准备。值得一提的是，感恩节的食品极富传统色彩。烤火鸡是感恩节的传统主菜。火鸡原是栖息于北美洲的野禽，后经人们大批饲养，成为美味家禽，每只可重达四五十磅。现在仍有些地方设有火鸡猎场，专供人们在感恩节前射猎，有兴趣的人到猎场花些钱，就能亲自打上几只野火鸡回家，使节日更富有情趣。**火鸡的吃法也有一定讲究。它需要整只烤出，鸡皮烤成深棕色，肚子里还要塞上许多拌好的食物，如碎面包、核桃仁、玉米、香肠、洋葱、葡萄干等等。**端上桌后，由男主人用刀切成薄片分给大家。然后由各人自己浇上卤汁、撒上盐再食用，味道十分鲜美。由于烤火鸡在感恩节的特殊地位，感恩节也被称为"火鸡节"。感恩节的食物除烤火鸡外，还有红莓苔子果酱、甜山芋、玉蜀黍、南瓜饼、沙拉、自己烘烤的面包及各种蔬菜和水果等。这些东西都是感恩节的传统食品。

感恩节期间还有总统特赦火鸡的有趣传统。仪式始于 1947 年杜鲁门总统当政时期，但实际上这个传统仪式可以追溯到美国内战林肯总统当政的时期。1863 年的一天，林肯的儿子泰德突然闯入内阁会议，请求赦免一只名叫杰克的宠物火鸡，因为这只被送进白宫的火鸡，即将成为人们的感恩节大餐。

延伸阅读：

感恩节的由来

感恩节的由来要一直追溯到美国历史的发端。1620 年，著名的"五月花"号船满载 102 名不堪忍受英国国内宗教迫害的清教徒到达美洲。1620 年和 1621 年之交的冬天，他们遇到了难以想象的困难，处在饥寒交迫之中，冬天过去后，活下来的移民只有 50 多人。这时，心地善良的印第安人给移民送来了生活必需品，还特地派人教他们怎样狩猎、捕鱼和种植玉米、南瓜。在印第安人的帮助下，移民们终于获得了丰收。按照宗教传统习俗，移民规定了感谢上帝的日子，并决定为感谢印第安人的真诚帮助，邀请他们一同庆祝节日。

在第一个感恩节的第一天，印第安人和移民欢聚一堂，他们在黎明时鸣放礼炮，列队走进一间用做教堂的屋子，虔诚地向上帝表达谢意，然后点起篝火举行盛大的宴会。第二天和第三天，他们又举行了摔跤、赛跑、唱歌、跳舞等活动。

第一个感恩节举办得非常成功，其中的许多庆祝方式一直流传到今天。最初感恩节没有固定的日期，由各州临时决定，直到美国独立后，感恩节才成为全国性的节日。1863年，林肯总统把感恩节定为法定假日。到1941年，美国国会通过一项法令，把感恩节定在每年11月的第四个星期四。多少年来，庆祝感恩节的习俗代代相传，无论在岩石嶙峋的西海岸，还是在风光旖旎的夏威夷，人们几乎都在以同样的方式欢度感恩节，感恩节是不论何种信仰、何种民族的美国人都庆祝的传统节日。

3. 母亲节的礼仪

在欧美等国家，每年5月的第二个星期日是母亲节。**它是为歌颂世间伟大的母亲，纪念母亲的恩情，发扬孝敬母亲的道德而设立的。**

美国的母亲节始于1907年5月。要求设立这一节日的是费城的安娜·查维斯。她曾亲自在教堂中安排仪式，组织纪念活动，同时要求前来参加者胸前佩戴白色的石竹花。这一活动，引起了不少人的兴趣。随后各地教堂纷纷组织同样的活动。

到了1911年，庆祝母亲节的活动已经开展得非常广泛，不仅席卷美利坚合众国的每一个州，而且连加拿大、墨西哥和南美的一些国家也都开始庆祝这个节日。美国人还把宣传母亲节的传单用十种不同文字印发到各国去，以便扩大影响。此后几年中，庆祝母亲节运动的风气愈演愈烈。1912年，美国专门成立了母亲节国际协会。1913年5月，美国众议院一致通过决议，号召总统以及内阁、参众两院和联邦政府的一切官员一律在母亲节佩戴白色康乃馨。1914年，美国国会正式命名5月的第二个星期日为母亲节，并要求总统发布宣言，号召政府官员在这一天里于所有的公共建筑物上悬挂国旗。紧接着，威尔逊总统昭告全国，要求公民在自己的住宅上悬挂国旗，以表达对美国全体母亲的热爱和尊敬。**此后美利坚合众国总统每年都要发表一篇内容相仿的宣言。**安娜·贾维斯在世时，设立母亲节的国家已达43个。时至今日，欢庆这个节日的国家就更多了。母亲节得到了全世界 40 多个国家认可，已经成了一个名副其实的国际性节日。按惯例，"国际母亲节"被定在每年的 5 月 11 日举行，但也有一些国家在其他时间庆祝属于他们的母亲节，不过母亲节的孝亲含义却是大体相同的。

> 母亲节这一天，人们总要想方设法使母亲愉快地度过节日，感谢和补偿她们一年的辛勤劳动。最普遍的方式就是向母亲赠送母亲节贺卡和礼物。

节日里，每个母亲都会满怀喜悦，接受孩子们和丈夫赠送的花束、糖果或其他礼物，并为此感到自豪和欣慰。而最珍贵、最优厚的礼物还是把她们从日常的家务劳动中解放出来，轻松地休息一整天，这一天，许多家庭都由丈夫和孩子们把全部家务活包下来。不少家庭还有侍候母亲在床上吃早饭的惯例。

康乃馨，又名香石竹，因母亲节而闻名于世，这得益于世界上首枚母亲节邮票。1934 年 5 月 2 日，美国发行了世界上第一枚母亲节邮票，邮票采用的图案，是惠斯勒的一幅名画——《画家的母亲》。邮票上一位慈祥的母亲，双手放在膝上，欣喜地看着前面的花瓶中一束鲜艳美丽的康乃馨。邮票的传播将康乃馨与母亲节联系起来，人们也就约定俗成地把康乃馨定为母亲节的节花。**每当母亲节这一天，母亲健在的人佩戴红色康乃馨，并制成花束送给母亲。而已丧母的人，则佩戴白色康乃馨，以表示哀思。**康乃馨因母亲节而蒙上一层慈母之爱的色彩，成为献给母亲不可缺少的礼物。

4. 独立日的礼仪

1776 年 7 月 4 日，大陆会议在费城正式通过《独立宣言》。**《独立宣言》阐明人生而平等，痛斥英国殖民者的罪行，庄严宣告美国独立。**它是具有世界历史意义的伟大文献。通过《独立宣言》的这一天成为美国人民永远纪念的节日，定为美国独立日。每逢这一天教堂首先敲响钟声，尔后可听到军队鸣响十三响礼炮，向国庆节致敬，接着在首都和各城市开始庆祝游行。市内的主要街道挤满了兴高采烈的人们。大街中央身穿各民族服装的游行队伍载歌载舞。**在一些较大的市区广场，人们还举行演讲、展览、歌咏等活动，以不同形式渲染国庆节气氛。**各个建筑物包括购物中心、饭店、商场、学校以及民宅上，"星条旗"到处飘扬，给国庆节增添了一层庄严而又鲜艳的色彩。节日下午，各种体育比赛活动一一开展，有的举家前往赛场观看；有的端坐在家，一边闲聊，一边对运动员评头论足。夜幕降临时分，不少美国家庭早早用毕晚餐，静等五彩缤纷的焰火升上天空。

六、 美国的婚丧礼俗

在美国文化中，结婚与丧葬都具有极为重要的礼仪活动形式。除了要按宗教的教规举行之外，参加者还要从服装服饰到言行举止的各个方面遵守一定的礼仪要求，否则将会被视为是无教养不礼貌的人。

1. 美国人的择偶观念

◇ 美国人的婚前教育

美国的青少年都知道不少婚姻方面的常识，这是因为不少中学都设有婚姻课程。俄勒冈州有些学校在上这门课时还进行"结婚演习"。

上课之前，每个女生都从男生中挑选一位"丈夫"，然后每对"夫妻"身穿结婚礼服，在美妙的音乐伴奏下，在教室中演习"结婚"仪式。

除了结婚课程外，中学里还讲授必要的性知识，包括男女性生理卫生、生殖器官功能以及如何避孕、如何堕胎、怎样防止早泄和阳萎、怎样根除手淫等。由于美国性病猖獗，在最后一节，还要讲授如何防止性病。可以说这是美国教育的独到之处。

◇ 美国人的择偶观念

今天，美国人的求婚方式，既经历了各式变化，又继承了传统的某些方面。在变化方面是说当今的美国青年求爱时大都倾向于性爱结合，而不是像往昔那样重视感情结合。这种变化，据分析主要原因是受当代电影和小汽车的影响所致。它们为男女青年摩肩擦臂的爱抚相接吻提供了方便，而无须卿卿我我地互诉衷肠。

美国男青年在选择妻子时，百分之三十三的人注重相貌，百分之二十五的人注重金钱，总的来说是相貌第一，金钱第二。在女人的相貌与智慧二者中，百分之五十的人认为智慧重要，另百分之五十的人则持相反的看法。在职业妇女中，女秘书和速记员成婚机会最大；其次是护士；第三是女侍。在十个已婚妇女中，有三个承认是她首先向其丈夫求婚的。

◇ 在集体约会中寻找意中人

许多美国年轻人，特别是大学生，用集体约会的方式取代了传统方式。约会时间可能在周末，不一定要提前做计划；这个集体一般来说都是老朋友，不存在特别关系，没有成对的人，各付各自的费用。**这就意味着女青年要自己负担花费，而男青年只要付自己的费用，同时也无须在约会中表现得很有礼貌。**这样，每个人都感到轻松愉快。如果一个男青年或一个女青年在集体约会中发现他们彼此很投合，那么他们会在一个小组里或再行单独约会，以在一起消磨更多的时间。

传统男女之间的约会使年轻人有机会深入了解对方，而集体约会则使人们有广泛交往的机会，同时度过一个更加轻松愉快的夜晚。因而当代美国青年，对这两种方式都很喜欢。

延伸阅读：

6 月新郎 VS 1 月新娘

美国青年喜欢在 6 月份结婚。这是因为古代罗马人视罗马女神为婚姻女神，而英语中的"6 月"与"罗马女神"发音相似，因此，他们认为在 6 月份结婚最能得到"婚姻女神"赏赐的幸福和快乐。所以，每年 1 - 6 月份，礼堂与教堂里就显得比往常繁忙。这个时候结婚的夫妇占全年十二个月总数的一半。在美国"6月新郎"是很出名的,意思是说在6月份全国各地到处可见新郎,这个月简直成了新郎的天下。有新郎就应有新娘,那么为何不说"6月新娘"呢?连美国人自己也说不清。不过倒有"1月新娘"之说。

大部分美国人不愿在1月份结婚,他们认为1月结婚会带来忧郁、麻烦、吵嘴、分裂。但是一些中下层人士并不如此"迷信",他们之中的一些人却愿意在1月成亲。这大概是由于1月份是一年开始,有一种新生、喜悦、进步的"普天同庆心理";有的人把过年与结婚结合进行,可以节省开支;贫苦人家视养育儿女为"蚀本",等到新年,女儿成长到法律规定十八岁婚龄,就迫不及待地打发她们"出门"。这样就有了"1月新娘"之说。但"1月新娘"远不如"6月新郎"的人数多。

◇ 空口无凭,合同为证

在美国,越来越多的结婚夫妇喜欢在举行婚礼之前,一起到律师事务所去订一份"婚姻合同"。大多数人对自己的合同内容守口如瓶,但也有人透露了其中的一些条文。据说主要是金钱和财产方面的。有的则对各种大小问题都作了详细的规定,如准备生育几个孩子,子女的生活费如何分担,家里请几个佣人,哪一方负责哪些家务,等等。**甚至对"离婚"问题也专有条文予以"提前"说明,以免到时纠缠不清。**

2. 美国的婚庆礼俗

大多数美国人基本上带是接基督教的教规举行传统的婚礼。

◇ 宣誓

婚礼本身通常进行20～40分钟。一行人伴着结婚进行曲进入教堂,新娘手持一束鲜花和她的父亲最后进来,父亲要把她交给新郎。而新郎则要从侧门进入教堂。当婚礼一行人聚集到教堂的祭坛前时,新娘和新郎要互相表达誓言。**常用的结婚誓言是:"从今以后,不论境遇好坏,家境贫富,生病与否,誓言相亲相爱,至死不分离。"**

◇ 交换戒指

宣誓过后，二人交换戒指。他们各人的戒指，有些是买来的，有些是特意定做的，也有一些是父母传下来。一般都为对方戴到无名指上。据说在古代，认为圆圈是神圣的，具有魔力。当时，用草编起来的圆环把新郎新娘套在一起，这样才能确保他们的灵魂与肉体一样紧紧地结合在一起。现在互换戒指，象征着双方承担的义务。

◇ 双方当众亲吻

这时，人们在哄笑声中把大米撒落在新人身上，预祝他们子孙满堂，人丁兴旺。

◇ 举行婚宴

喜糕是必不可少的食品。席间由新郎新娘同操一把刀，合力为大伙切开一只特制的结婚大蛋糕。他们两人先互相喂吃一小块，接着把其余大部分分给所有来宾享用。

宴会以后，新娘站在房子中间的椅子上，把一束鲜花抛向宾客中的未婚女子。有种说法认为，得到这束鲜花的姑娘，将成为下次婚礼的新娘。

◇ 蜜月旅行

婚礼之后，新婚夫妇通常要进行蜜月旅行。时间有长有短，去的地方有远有近。其旅费一概由新郎支付。

美国人说他们的婚礼里"有新、有旧、有借、有蓝"。"新"，是指新娘的白色礼服，标志着新生活的开始；"旧"，是指新娘戴的白纱必须是母亲用过的旧纱，以示不忘父母的养育之恩；"借"，是说新娘手里拿着的白手帕必须是从女朋友那里借来的，表示不忘朋友的友谊；"蓝"是说新娘身上披着蓝色缎带，象征着她对爱情的忠诚。

延伸阅读：

美国人新潮的婚礼仪式

美国是一个很开放的国家，追求个性化。如今，有些年轻人选择自己喜欢的独特的婚礼仪式，他们双双来到公园里、森林中、海滩边、山顶上，尽情享受大自然之美。在那里，他们谱写婚礼乐曲，朗诵自己喜爱的诗句，互诉衷情。有的跑到高山上，光着脚举行婚礼，有的举行马拉松赛跑婚礼，还有的带着氧气瓶潜到大海里举行婚礼。他们以最新奇、最有特色的方式谱写自己人生中最有纪念意义的幸福篇章。

3. 夏威夷与印第安人的婚庆礼俗

◇ 夏威夷人的婚庆礼仪

夏威夷州风光优美，拥有丰富的海滩资源，这里的姑娘和小伙子都是划船、游泳的好手，他们的婚礼也很自然地带有浓厚的地方色彩，散发着大海的气息。**当一对新人要举行婚礼时，人们便会一起来到海边，载歌载舞，欢庆一番。**然后由男方挑出几名健壮的小伙子抬起新娘，女方选出几位标致的姑娘抬起新郎，把他们抛向蔚蓝色的大海。新郎和新娘一起挥臂斩浪，游向事先准备好的一只小船。他们爬上船后，向岸上的亲友们躬身致谢和道别，小舟载着新婚夫妇在碧波中驶向度蜜月的目的地，婚礼在依依惜别中结束。

夏威夷婚礼一般有以下几个程序：在沙滩上布置石斛兰花步道和棕榈树；在乐队的乐曲声中，新娘在亲友或婚礼专员的搀扶下来到沙滩，然后在证婚人的带领下来到婚礼举行地点；在证婚人的陪同下，新郎等候在离婚礼举行地点 10 米远的地方；新郎与新娘相会，手牵着手走向结婚场地（依棕榈树旁站立）；牧师或司仪开始主持婚礼，大约需要 30 分钟；新人的誓约——新人交换信物，双手相握，宣誓爱的盟约，拥吻；香槟酒和点心——新郎和新娘一边享受着香槟酒和小点心，一边与亲朋好友及婚礼工作人员合影留念；婚礼之后——傍晚时分，新郎、新娘开始在他们选定的地点用餐，一边品尝结婚蛋糕，一边欣赏别具一格的伴奏团演奏。

◇ 印第安人的婚庆礼仪

印第安人的婚礼带有浓厚的民族色彩。婚礼多选择在印第安人聚居区的公共建筑物里举行，一般是一幢较大的木房屋。举行婚礼时，亲朋好友、左邻右舍、村中居民纷纷来到木房子里，众人席地而坐，互致问候。

男女老少身穿民族服装，款式新颖，色泽艳丽。在婚礼场合非常安静，即使有人说话也是轻言细语。**印第安人婚礼有一个特殊的礼仪，即在婚礼上，新娘要手拿一把香烟，表示对神的虔诚。**婚礼结束后，新娘要丢弃香烟，以示从此不再结交男朋友。印第安人还把香烟视为怀孕的象征。当一个女性怀孕后，她就把香烟摆在醒目的地方。

4. 美国的丧葬礼俗

美国传统的葬礼多采用宗教形式，通常在教堂举行。葬礼前，灵柩要放在教堂中由亲友们轮流守灵。天长日久，守灵成为对死者表示尊敬的一种习惯做法。美国人埋葬死者有一定之规。**传统风俗是在死者胸前放上十字架，或者把他的手交叉放在脑前，然后朝向东方埋葬，据说这是早期"拜日说"的反映。**

现代美国设有专门负责发放死亡证书、安排葬礼仪式的机构，公墓也有专职安排丧事的人员。公墓里往往盖有教堂式的建筑，但里面并无神像，宗教仪式和非宗教仪式的葬礼都可以在这里面举行。

宗教仪式的葬礼程序通常包括祷告、唱赞美诗和神职人员致颂辞。葬礼毕，人们便向遗体告别，然后用灵车将遗体送往墓地安葬。灵车为黑色，车窗遮有黑纱。灵车在送葬队伍的最前面，后面跟着是死者的亲属。送葬人一律着黑色或者蓝色衣服，男子打黑色领带。送葬队伍非常庄严，行人不得打乱送葬队伍。行至墓地，还有一个短小的入葬仪式。送葬亲属以同死者关系的远近为序——为墓穴掩土，这只是象征性的。随后工人便驾驶推土机将墓穴填平。之后要把土压实，再铺上碧绿的草皮。

礼仪习俗

在美国，亲朋好友在听到死讯后，应当及时赶到，安慰死者家属，并尽可能做一些力所能及的事情，如帮助准备食物和照看孩子。如遇到特殊事情不能去，也应当送去写有诸如"沉痛悼念"等字样的卡片。

葬礼结束后，死者的宾朋通常还要和死者的家属聚会一下，或者一起吃顿饭，表示对生者的同情和慰问。**与其他国家不同的是，在葬礼这天，参加葬礼的人们要自带食物，主人只请客人吃煮得很老的鸡蛋和盐。**悼念死者，鲜花必不可少。参加葬礼的人，要为死者献菖蒲花，同时自己在胸前佩戴一朵白花，以示对死者的哀悼。每年到一定日子，人们还要去墓地扫墓、献花，以寄托自己的哀思。

第 二 章

加拿大的礼仪

加拿大位于北美洲的北半部，国土面积辽阔，人口却相对稀少，南部与美国接壤。加拿大人视枫树为国宝和祖国的骄傲，是世界上驰名的"枫叶之国"。由于加拿大人大多是英法移民并信奉天主教或基督教，因此其生活习性中融合了英、法、美三国的综合特点：友善和气，热情好客，性格乐观。独特的历史、民族构成和地理、气候，使加拿大形成了独特的礼仪文化。

一、加拿大概况

加拿大的正式名称即为加拿大。其国名来源于当地土著居民的印第安语，本义为"棚屋"。也有人讲，它来源于葡萄牙语，意为"荒凉"。在世界上，加拿大有着"移民之国"、"枫叶之国"、"万湖之国"、"真诚的北疆"、"粮仓"等多种美称。

1. 加拿大历史简介

加拿大最早的居民是远古时期从亚洲东北部越过白令海峡来到美洲的印第安人。16 世纪，印第安人口达到 20 万。他们过着原始的渔猎采集及局部农耕生活。

16 世纪是探险家的世纪。许多航海家为了寻找黄金和通向亚洲的西北通道，纷纷扬帆北美，从南至北探察了大西洋沿岸，揭开了北美新大陆的帷幕。

17 世纪初，欧洲人开始殖民加拿大。1603～1608 年，法国人在芬地湾建立居留地，在圣劳伦斯河流域建立了魁北克城。新法兰西逐渐发展成为皮毛贸易基地。1663 年，新法兰西殖民地成为法国的一个行省。

1763 年英、法七年战争后，签定《巴黎和约》，新法兰西殖民地转属英国，加拿大成为英国殖民地。18 世纪初，其统治范围北达哈得孙湾。西至大湖区，南到密西西比河口，建立了以新奥尔良城为中心的路易斯安那殖民地。

1837 年，加拿大爆发小规模武装起义，迫使英当局进行改革。1867 年英国议会通过《英属北美法》，由上、下加拿大和新斯科舍和新不伦陆克联合成立了联邦制国家，定都渥太华，实行联邦制，英王兼加拿大国王，总督为英王代表，**该法案被认为是加拿大的第一部宪法，同年 7 月 1 日该法案生效，这一天就成了加拿大的国庆日。**

美国独立战争期间，加拿大殖民当局站在英国方面。美国独立后，英国为了抵消南方独立的影响，在加拿大建立了"自治领"。这样，加拿大便处于半独立的状态。

"自治领"成立之后，面临着一项重大的任务就是开发西部。

西部开发的吸引力，一是土地，二是黄金。西部有辽阔的土地可以开发，而金矿的开采更为诱人。1896 年，克朗代克发现金矿，一时间，这里聚集了许多淘金者。

为适应西部开发，横贯东西的铁路建成。1885 年这条铁路全线贯通。

随着东部、中部的建设和西部的开发，加拿大的经济获得迅速发展，欧洲、亚洲的移民也逐渐增多。

19 世纪末到 20 世纪初，横贯大陆的铁路干线建成，以铁路为主的全国交通运输网开始形成。大批移民西进，大片土地被开垦，农场数目激增，西部草原成为世界最大谷仓之一。新的矿产资源接连被发现，采矿、电力、钢铁、铁路设备、农业机械等近代工业部门得到发展。一批新城市出现，蒙特利尔和多伦多成为全国的经济文化中心。加拿大资本主义进入迅速发展时期。

两次世界大战期间，加拿大均对德参战。世界大战削弱了英国对加拿大的控制。

1931 年，加拿大在英联邦内获完全独立。1949 年英国将纽芬兰岛移交给加拿大。1949 年，加拿大加入北大西洋公约组织。

第二次世界大战后，加拿大经济迅速发展，1970 年按人口平均计算国内生产总值居世界第三位。

1976 年以来，加拿大参加了西方主要资本主义国家的经济首脑会议，成为西方七大国中的一员。

1982 年，《加拿大宪法法案》取代《英属北美法》，成为加拿大宪法，加拿大在法律上真正成为一个充全独立的国家。

2. 加拿大的地理与气候

加拿大位于北美洲北半部，三面环水，东北隔巴芬湾与格陵兰岛相望，西北与美国的阿拉斯加州接壤，南界美国，东临大西洋，西濒太平洋，北靠北冰洋达北极圈。海岸线长达 24 万多千米。是世界上海岸线最长的国家。**加拿大领土面积 998.4 万平方千米，为世界上面积仅次于俄罗斯的第二大国。**

加拿大国土的主体是波状起伏的低高原和平原低地，山地主要分布于周缘地带。大体上，东部为古老而低广的拉布拉多高原及阿巴拉契亚山脉北端，西部为年轻高大的北美科迪勒拉山系北段。中部为广阔的草原低地。哈得孙湾深嵌内陆，北部散布着众多岛屿。沿中西部至东南一带，大熊湖、大奴湖、温尼伯湖及加美边界上的五大湖呈弧状分布，构成了世界上最大的湖带。

加拿大领土的 90% 以上位于北纬 50°—80° 之间，大部分地区气候寒冷，温带气候只限于西部太平洋沿岸及南部的狭长地带。加拿大太平洋沿岸依山面海。终年湿润，属温带海洋性气候。面向海洋的山坡森林茂密，林中有不少是树干高达 70 米、直径 2 米的道格拉斯冷杉。大平原的南部为温带草原气候和温带湿润大陆气候，这里土地肥沃，地势平坦，有足够一季作物生长的热量，是加拿大最重要的农耕区。圣劳伦斯河谷地及其西南的五大湖沿岸地区是加拿大最靠南的地区，为温带湿润大陆性气候，也是比较重要的农业区。大西洋沿岸的大部分地区冬季气温比大西洋低。

加拿大河湖众多，淡水面积达 75 万平方千米，占全国总面积的8.2%，占世界淡水面积的 15%。最大河流马更些河长 4241 千米，源于加拿大落基山脉东麓，注入北冰洋波弗特海。主要湖泊是大熊湖、大奴湖、温尼伯湖及加美边界上的五大湖中的四大湖。**加拿大河流水量大且稳定，蕴藏巨大的水力资源。**

全国林地总面积 440 万平方千米，仅次于俄罗斯，居世界第二位。东西两岸海域有辽阔的渔场。渔业资源丰富，纽芬兰岛是世界著名的渔场之一。加拿大矿产资源种类多且蕴藏量大，煤、石油、天然气、铁、锌、铜、银、铂、钼、钾盐、石棉以及铀等都很丰富。全国大部分地区受西风影响，属大陆性温带针叶林气候。东部气温稍低，年平均降水量为 1000 ~ 1400 毫米；南部气候适中；西部气候温和湿润，年降水量为 2400 ~ 2700

毫米；北部为寒带苔原气候，一年中仅两三个月温度在 0 摄氏度以上；北极群岛则终年严寒。

礼仪提醒

加拿大现行的行政区划，是全国分作 10 个省，3 个地区。加拿大的首都是渥太华，它得名于流经该城的渥太华河。在当地土著居民的语言里，"渥太华"的含意是"大河"或"商贩"。

3. 加拿大的人口与民族

加拿大最早的居民是印第安人和因纽特人（爱斯基摩人），但现在的加拿大人则是一个民族大拼盘。加拿大是世界上人口密度较低的国家之一。人口分布极不平衡，约2/5 的人口集中在魁北克省南部沿加美边境约1000 公里的狭长地带。城镇人口约占全国人口总数的77%。

加拿大是一个由移民组成的国家，来自世界各地70 多个民族的移民融合成加拿大民族。在全国 3411 万（2010 年）人口中，占绝对优势的是欧洲裔，占95% 以上。其他人种及土著居民仅占不到5%，现有华人约 145 万人。

欧洲裔当中以英裔和法裔为最多，分别占到全国总人口的 42% 和27%。从历史上看，最先对加拿大进行殖民的是法国人，他们早在 17 世纪初就开始在加拿大建立殖民据点。英国人的到来虽然稍稍晚了一点，但却后来居上。经过 1756－1763 年的七年战争，战败的法国被迫放弃加拿大，加拿大遂成为英国的殖民地。美国独立后，大批英国殖民者移居加拿大，英裔逐渐超过法裔。这样，不论在统治权方面，还是人口构成方面，英国人均确立了对法国人的优势，进而决定了独立后的加拿大基本属于英语国家，加拿大人为英语民族。但是，由于历史的原因和法裔占总人口比重较大、居住又比较集中等因素，法语同样被定为加拿大的官方语言，现在约有 15% 的加拿大人讲法语，16% 的人既能讲英语也能讲法语。除英裔和法裔外，德国人、荷兰人、葡萄牙人、意大利人、乌克兰人、波兰人也比较多。

145 万加拿大华人多居住于多伦多、温哥华、蒙特利尔、渥太华等大城市。

延伸阅读：

加拿大人的特点

与英国人、美国人相比，加拿大人的特点似乎不太明显。由于加拿大人主要是英裔、法裔，又与美国人有密切的往来，所以他们身上既体现着英国人的沉稳、法国人的浪漫，也透露出美国人的无拘无束，很难说清究竟什么是加拿大人自己的特点。不过用下面几点来概括加拿大人的民族性格还是妥帖的。

首先是生性活泼、酷爱户外活动。冬天，全民投入冰雪运动，溜冰、滑雪几乎无人不能，冰球则是加拿大的国球，其国家队在历次世界大赛中成绩优异；夏日，也许是因为冬天太漫长了，被厚厚的皮衣棉服长时间裹捂之后的男女老少都喜欢穿着尽可能少地躺在草坪和沙滩上享受阳光下的温暖。

其次是热情好客、待人诚恳。或许是地广人稀之故，加拿大人对外来移民持欢迎态度，对外来者较为友善，往往会予以热情帮助。朋友相处不太注重礼节，但较真诚，他们一般很少在饭店招待客人，往往要在家中亲自下厨款待。

---

4. 加拿大的政治

加拿大至今无一部完整的宪法，现行宪法主要由在各个不同历史时期通过的宪法法案所构成。1982 年 4 月 7 日，经英国女王批准，《加拿大宪法法案》正式生效。宪法规定，加拿大实行联邦议会制，中央政府与省政府分享权力。

加拿大的政体名义上为君主立宪制，实际上为议会民主制。英国女王是加拿大的国家元首。加拿大实行"三权分立"，立法、行政、司法大权分别由议会、总理和法院行使。英国女王作为加拿大的国家元首和武装部队总司令只具有象征性，履行礼仪性的职责。由于女王很少在加拿大，所以女王任命总督代表她常驻加拿大。总督由加拿大总理提名，英国女王任命，一般任期5年。1950年以前，总督一直由英国王室亲眷或贵族、军人担任。之后，改由加拿大英裔或法裔公民轮流担任。总督的职能主要是礼仪性的。

立法机构由参议院和众议院组成。参议院共有105席，议员名额按各省人口比例和历史惯例分配。众议院共308席，众议员由按各省人口比例划分的联邦选区直接选举产生，任期不超过5年。由众议员占据多数席位的党组阁，其领袖即为总理。次多数席位的党为反对党，主要职责是监督执政党政府。

目前，**加拿大的全国性政党共有16个，其中主要的有两个**。①自由党，成立于1873年，其创始人是加拿大第二任总理麦肯齐。代表工业垄断资本集团利益并兼顾中小企业利益。它是20世纪执政时间最长的党，在1890—1991年的27次大选中19次获胜。1993年和1997年两次大选中，获胜执政。②进步保守党，成立于1854年，其创始人是加拿大第一任总理麦克唐纳。它是全国性传统大党，代表银行保险业、铁路运输业、能源工业垄断资本和大农场主的利益，它一直为加拿大的主要政党，多次执政。加拿大的其他政党还有新民主党、社会信用党、革新党、共产党等政党组织。

延伸阅读：

加拿大的国旗、国徽与国歌

国旗：长方形，长宽之比为2：1。旗面自左至右由红、白、红色组成，两边的红色竖长方形代表太平洋和大西洋，白色正方形象征加拿大的广阔国土。中央绘有一片11个角的红色枫树叶。枫树是加拿大的国树，也是加拿大民族的象征。

国徽：中心图案为盾徽。盾面下部有一枝三片枫叶，上部的四组图案分别为：三头金狮，一头红狮，一把竖琴和三朵百合花，分别象征加拿大历史上与英格兰、苏格兰、爱尔兰和法国之间的联系。盾徽之上的狮子举着一片红枫叶，表示对第一次世界大战期间加拿大的牺牲者的悼念。狮子之上的金色王冠象征英国女王是加拿大的国家元首。左边的狮子举着英国国旗；右边的独角兽举着原法国的百合花旗。绶带上用拉丁文写着"从海洋到海洋"，表示加拿大西濒太平洋，东临大西洋。

国歌：《啊，加拿大》。原本是圣施洗者约翰协会的爱国音乐，为卡力沙·拉瓦雷作曲，配最先出现的阿多尔夫·贝西·卢提尔爵士所写的法文歌词。1908年，罗伯特·斯坦利·维尔写了英文歌词。

5. 加拿大的经济

加拿大是世界经济大国，工农业都相当发达，许多产品的产量及出口量在世界上占有突出地位。其经济结构属发达国家型，第一产业比重低，第二、第三产业比重高。在物质生产部门中，工业占主导地位。

第二次世界大战结束后，加拿大经济一直保持稳定、高速发展，从以农村为中心的农业国变成以城市为中心的工业国，产业结构发生了很大变化，制造业和高科技产业较发达。资源工业、初级制造业和农业亦是国民经济的主要支柱。1976年加拿大跻身于西方七大经济强国之列。2010年，加拿大国内生产总值为15866亿美元，人均国内生产总值为47702美元。

加拿大的农业发达，其农用地面积大。 人均耕地30.4亩，仅次于澳大利亚，居世界第二位。农业机械化程度和劳动生产率水平高。其农业的主要部门是种植业、渔业和畜牧业，畜牧业比重超过种植业。**加拿大农业产量和商品率都很高。小麦出口量仅次于美国，居世界第二位；大麦和燕麦出口量居世界第一。** 加拿大渔业发达，是世界上最大的渔产品出口国。2010年农业总产值占国内生产总值的2.17%，农业人口占国内就业人口的1.97%。

在加拿大的经济构成中，采矿业和制造业十分重要，是仅次于美国和俄罗斯的世界第三大矿业国。在制造业产品中，加拿大制材、纸浆和纸品在世界上地位突出，是世界上最大的新闻纸生产和出口国。2010年制造业总产值占国内生产总值的 15.19%，占全国就业人口的 10.58%。建筑业总产值占国内生产总值的 5.98%，占国内就业人口的 4.66%。

加拿大服务业发达，2010 年服务业产值约占国内生产总值的 68.4%，从业人员占当年全国就业人口的 71%。

加拿大对国外市场依赖严重。外国投资对加拿大社会生活的各方面都有重要影响。外国资本控制了加拿大近 60% 的加工工业和 70% 的采矿业。在外来资本中，美国约占 75%。加拿大对外贸易高度集中于美国。尽管加拿大政府自 20 世纪 70 年代以来就提出了实行对外关系多元化的政策，但迄今情况无多大改变。欧盟、日本、拉美也是加拿大重要的贸易伙伴。

加拿大出口贸易基本上属于资源产品输出型，主要出口汽车及其零配件、小麦和面粉、各种矿石、天然气、石油、林产品（木材、纸浆、新闻纸）等。进口商品有水果、蔬菜、原油、工业机械、汽车、发动机及零配件等。

加拿大拥有两大铁路系统，即加拿大国家铁路公司和加拿大太平洋公司。**加拿大高速公路和普通铁路总长 87.9 万公里，大多数集中在东南部。**横贯加拿大的高速公路（7725 公里）于 1971 年全线通车，从太平洋东岸的维多利亚直到大西洋西岸纽芬兰的圣约翰斯，是全世界最长的国家级高速公路。

圣劳伦斯运河深水航道全长 3769 公里，是世界上最长的运河，船舶通航可从大西洋抵达五大湖水系。加拿大共有 25 个大的深水港和 650 个小港口。主要港口有温哥华、蒙特利尔、哈利法克斯。最大的港口是温哥华港，年吞吐量达 7000 万吨。

加拿大有商业飞机 5400 架，经过核准的机场共 886 个，主要机场有 68 个，包括多伦多、温哥华、卡尔加里和蒙特利尔等国际机场。加拿大主要的国际航空公司有加拿大航空公司及 5 个商业航空运输公司，定期航班机场 236 处，无固定航班的航空公司 500 余个。

加拿大奉行对外开放政策，"贸易立国"是经济发展的重要特点。加拿大是世界主要贸易国家之一，在世界贸易中占重要地位。20世纪70年代以来，其进出口贸易总额一直位于世界前列。它还是世界上按人口平均计算贸易额最高的国家之一。

6. 加拿大的文化与宗教

在加拿大，英语和法语均为官方语言，联邦政府的文件须用两种文字颁布，政府部门也须用两种语言向公民提供服务。但是，很多加拿大人的母语不是英语或法语，而是意大利语、汉语、德语、葡萄牙语、波兰语、乌克兰语、荷兰语、希腊语等语言。

由于历史原因，加拿大人既不希望自己的国家保持英国殖民地的形象，又不想被人认为是美国人，因此加拿大英语既非英国英语又非美国英语，而是一种含有这两种语言成分的独特的英语。

加拿大是个宗教信仰自由的国家。加拿大的主要宗教是天主教和基督教。在全国居民之中，绝大多数人信奉天主教或基督教，信仰其他宗教的人较少。其中信天主教的占47%，信基督教的占总人口的41%，其他人分别信东正教、犹太教、摩门教和佛教，不信教的人约占总人口的7.4%。

延伸阅读：

加拿大的北极光

北极光为自然界中最为壮观且美丽的天然现象。它是由于太阳光焰（又称太阳风，即电子或其他放射粒子）与地球大气层的相互作用，通过地球磁场由巨大的电子云团产生的明亮艳丽的绿色弧光，有时会伴随着红色或粉红色的边线。这种光有时让人觉得很近，几乎能触摸到，其实它在遥远的大气层之上。

加拿大纬度高，很多地方很适宜极光现象的观赏。最佳观赏地点有史密斯堡等。

二、加拿大的生活礼俗

1. 加拿大的服饰礼俗

在日常生活里，加拿大人的着装以欧式为主。上班的时间，他们一般要穿西服、套裙。参加社交活动时，他们往往要穿礼服或时装。在休闲场合里，他们则讲究自由穿着，只要自我感觉良好则可。

每逢节假日，尤其是在欢庆本民族的传统节日时，加拿大的各民族人民大都有穿自己传统民族服装的习惯。那种时候，人们往往会有参观"万国服饰博览"之感。

居住在临近北极的因纽特人，服装多以麋鹿的毛皮缝制而成。它不仅宽大厚实，而且常常是衣、裤与帽子连为一体。这一特点，主要与抵御严寒直接有关。

在参加社交应酬时，加拿大人循例都要认真地进行自我修饰，或是为此专门上一次美容店。在加拿大，参加社交活动时，男子必须提前理发、修面，妇女则无例外地要进行适当的化妆，并选戴一些首饰。不这么做的话，不仅会让别人觉得失之于自尊自爱，而且还会被视为对交往对象的不尊重。

在服饰方面，加拿大人讲究在不同的场合着不同的装束。例如，在教堂，男性着深色西装，打领结，女士则穿样式庄重的衣裙。在参加婚礼时，男子或穿着西装，或穿便装，穿便装时不打领带。妇女则不宜打扮得过分耀眼，以免喧宾夺主，更不宜穿白色或米色系列的服装，因为象征纯洁的白颜色是属于新娘的。教堂举行婚礼时，男子要着深色西装，打领带，女士则穿较庄重的衣裙。到朋友家做客或参加宴会，男子要穿整套深色西装，妇女则应穿样式庄重的衣裙，可稍事化妆，不宜太浓。如是非正式的宴会，或彼此很熟识，男子可穿不同颜色的上装和长裤，女士着整套衣裙或衫裙，服装颜色不宜太显眼，款式不能过于奇异。

加拿大青年人喜爱那种体现现代生活的节奏感，使着装者显得潇洒、干练的服装。如牛仔系列服装就很受青睐。

2. 加拿大的饮食礼俗

加拿大人在食俗上与英美人相似。由于气候寒冷的缘故，他们养成了爱吃烤制食品的习惯，这是他们饮食上的独特之处。

加拿大人用刀叉进食，极爱食用烤牛排，尤其是八成熟的嫩牛排，习惯在用餐后喝咖啡和吃水果。加拿大人在饮食上讲究菜肴的营养质量，偏爱甜味，以面食、大米为主食，副食牛肉、鸡肉、鸡蛋、沙丁鱼以及西红柿、洋葱、土豆、黄瓜等为主。调料爱用番茄酱、黄油等。他们有喝白兰地、香槟酒的嗜好，忌食虾酱、鱼露、腐乳以及怪味、腥味的食物和动物内脏。

◇ 加拿大人的一日三餐

加拿大人一日三餐。早餐很简单，通常有月牙面包或烤面包片、牛奶、咖啡。由于职业和习惯不同，有很多人早餐只吃一点水果，喝一杯咖啡了事。中午很多人不回家吃饭，就近买点快餐吃，或者在机关、学校食堂就餐。午餐也很简单，有的吃点三明治面包、一杯咖啡和一个水果，在食堂就餐时也都是吃一般饭菜。比较起来，加拿大人的晚餐是作为正餐对待的，比较丰盛。主食有牛肉、鱼肉、鸡肉，并配有土豆、胡萝卜、豆角等蔬菜，生菜是大量食用的，芹菜、菜花、洋葱、西红柿等也常常生吃。加拿大人以肉食为主，面包消费量较少，黄油、奶酪是必不可少的。和欧洲人相比，加拿大人饮酒并不太多，饭间多饮矿泉水、果汁。

在餐桌上，男女主宾一般分别坐在男女主人的右手边。饭前先用餐巾印一印嘴唇，以保持杯口干净。进餐时，左手拿叉，右手拿刀，刀用完后，放在盘子边上。**吃东西时不要发出声音，不宜说话，不要当众用牙签**

剔牙，切忌把自己的餐具摆到他人的位置上。加拿大人认为正确、优雅的吃相是绅士风度的体现。

礼仪提醒

　　在加拿大，赴宴时最好到花店买一束鲜花送给主人，以表达自己的谢意。

◇ 加拿大人独特的宴客方式

　　加拿大人宴请客人也很独特，一般不设烟酒。对于中国人来讲，无论是在家里还是到酒店招待朋友吃饭，一般都离不开烟酒，否则就有怠慢之嫌。然而在加拿大，请客吃饭则都不设烟酒，在加拿大有禁烟规定，并且必须年满16岁的人方可购买香烟。加拿大人不吃热食，一般是主家先将各式菜肴烧好，用碗、盘、碟等器皿盛好后，依次将各式菜肴摆在厨房内的餐桌台上，待客人到齐后，供他们享用。因为菜肴烧得比较早，时间一长，就成了凉菜，加拿大人称之为"冷餐宴会"。另外，**在加拿大，宴请是不安排桌席的**。通常是客人们手拿一次性塑料餐盆和叉子，一个个排在摆满饭菜的台前，然后自己动手随意选取自己喜爱吃的菜肴，最后自找地方用餐。因为不排桌席，所以客人们取好饭菜后，有坐有站，随随便便，无拘无束。**进餐时，客人要赞美饭菜的味道好，称赞女主人贤慧能干，感谢主人的盛情款待**。第二天要给主人写封信或打个电话表示谢意。加拿大人待客的食物比较丰富，有月牙面包、三明治面包、烤面包、牛肉、鸡肉、鱼、海鲜、蔬菜、黄油、奶酪等；饮料有咖啡、矿泉水、果汁、牛奶，席间要饮酒，但不多，不强行劝客人喝酒。待客的著名菜肴有牛排、浓汁豌豆汤等传统法国菜。

◇ 加拿大的名菜

　　加拿大的传统食品主要有浓汁豌豆汤、猪肉馅饼、牛排等。蒙特利尔的地方风味名菜，是用苹果做填料并用苹果制白兰地烹饪出的布落美湖鸭，味道鲜美，驰名全国。沿海多以制作海鲜菜出名，如新布瑞克的大西洋鲑鱼和炖牡蛎，爱德华太子岛的枫糖汁牡蛎，新斯科舍的大海鲜扇贝肉等，还有以各种果味甜食著称的，如苹果派、草莓派、杨梅派等。草原三省有名的食品主要有又薄又嫩的炸牛排和烤面包。

◇ 主要少数民族的饮食习惯

印第安人各地饮食习惯不太一样，西北沿海主要是吃鱼，鲑鱼是主要食物。植物食品只限于少数的绿色作物，如苜蓿草以及某些根茎植物和浆果等。

印第安人吃鱼有生吃和晒干后吃、烤着吃或煮着吃等方法，但是几乎所有食物都要放鱼油。鱼头和鱼子都要切开并晒干，让它们发臭几天后再作为美食食用。

印第安人居住在广阔的次极带居住的印第安人，如育空地区，马更些河流域和哈得孙湾以南的中部地区，大量的驼鹿是他们的主要食物。在森林中，麋鹿、野牛也是食物来源，最北部还有麝牛。总之，印第安人主要是吃肉和吃鱼，植物食品很少。

住在加拿大最北方的爱斯基摩人的名称，出自印第安人阿尔冈昆的讽刺称呼，意思是"吃生肉者"。爱斯基摩人则自称"因纽特"，即真正人的意思。

北极沿岸地区的因纽特人主要吃海豹肉、吃鱼，内陆地区的因纽特人吃驼鹿肉、鸟肉等。可以说，因纽特人除了逆戟鲸肉之外，所有大小动物的肉都吃。尤其在饥饿时，旅鼠肉也吃。总的来说，海豹肉和驼鹿肉是他们的主要食品。

居住在哈得逊湾以西、巴林地区以南的驼鹿族因纽特人，主要依靠驼鹿肉为生，因此才以此命名。这一部分因纽特人的生活受到驼鹿群迁徙时间的左右，如驼鹿群不到，又没有海中动物食品补充，他们就会成年处在忍饥挨饿的境地。他们吃驼鹿肉有时生吃，冬天还冷啃，因此，他们的牙齿都不太好。

由于多年来的同化政策，土著民族的饮食习惯已经发生了很大变化。无论是印第安人还是因纽特人，由于在经济生活中已经受到商品经济的很大支配，所以，相当一部分人已经不再是传统的猎人，他们要靠出卖劳动力去维持生活了。久而久之，城市生活习惯和食品结构就代替了传统的生活方式。即使在保留地的印第安人以及仍然以狩猎为主的因纽特人，也受到白人习惯的很大影响。他们原先的生活资源——动物已大量减少，不可能再以狩猎满足自给自足的食物需要了，所以，这些人就需要依靠政府提供救济生活，包括提供大量的白人食品。吃面包、喝奶以及咖啡已经不稀奇了，白人制造的食品，如罐头、土豆、菜类等都已经是他们常用的食物。尽管这样，**印第安人和因纽特人仍然在很大程度上保持着原来的生活习惯，因纽特人，特别是一些老年人，他们仍然有吃生肉的嗜好。**

延伸阅读：

加拿大的冰酒

冰酒是加拿大独特且稀有的特产，举世闻名，是葡萄酒中的极品。冰酒系100%葡萄汁发酵而成，色泽金黄或酒红，口感醇厚清爽，品质上乘，酒香里处处洋溢着欧美风情。由于真正的冰酒不仅要有优质的葡萄品种和非常严格的酿造工艺，更取决于良好的天气因素和时机，且其产量极低，因此珍贵。

冰酒最初在欧洲气候凉爽的产区生产和酿造。加拿大尼亚加拉半岛的气候特别适合冰酒的生产。加拿大冰酒在国际上一直享有很高的声誉，享有"加拿大国酒"的美誉。

三、加拿大的社交与商务礼仪

1. 加拿大的交际礼仪

加拿大地广人稀，紧挨美国，因此加拿大人在人际交往上和美国有相似之处。同时，加拿大国民的主体是由英法两国移民的后裔构成的，因此，加拿大人生活习性包含着英、法两国人的特点。他们热情好客、待人诚恳，喜欢无拘无束，不搞繁文缛节。但与加拿大人打交道的时候，要注意英裔加拿大人和法裔加拿大人的不同，区别对待。一般而言，英裔加拿大人大多信奉基督教，讲英语，性格上相对保守内向一些。而法裔加拿大人则大都信奉天主教，讲法语，性格上较为开朗奔放。

加拿大人在社交场合和人见面时，一般相互握手，互致问候。男女相见时，一般是女子先伸出手。女子如果不愿意握手，可以只是微微欠身鞠一个躬。男子不能戴着手套握手，而女子握手时则不必脱手套。加拿大人交谈时保持一定的距离，以确保不会随便碰撞，他们认为推碰别人是极不礼貌的行为。**亲朋好友、熟人、恋人、夫妻之间见面时，一般会相互拥抱或者亲吻致意，关系比较普通的人之间是不会相互拥抱或者亲吻的。**

加拿大人认为守时是人基本的素养之一。约会时一定要准时，如果有事不得已迟到，一般会提前打电话通知对方，诚恳地致以歉意，并且告诉对方预计可以到达的时间。

一般加拿大人不习惯使用名片，只有公司的高层职员在商务活动中才会使用名片。

加拿大人在社交场合一般姿态比较庄重，举止优雅。在交谈时，加拿大人会和颜悦色地看着对方，显示出很自信、有礼貌。他们在介绍朋友时，姿势是胳膊往外微伸，手掌向上，手指并拢，不用手指来指人。加拿大人喜欢用手指比画"V"字形或"OK"字样，因为"V"象征胜利、成功，而"OK"表示"对"、"行"、"可以"等意思。在公共场合，加拿大人厌恶抢着插嘴、边说话边用手指人的人，他们不喜欢别人老盯着自己。加拿大人从不在人前抠头皮、清理手指甲缝里的污垢；如有人在公共场合这样做，就会被人看不起，认为是缺乏教养。

加拿大人常用耸肩、两手手指交叉置于桌上等姿态来缓和紧张气氛或掩饰窘态。有人遇到不幸或心情不好的时候，他们一般会采用这种姿势，这说明他们对这人的处境表示理解和同情。有时，加拿大人耸肩也表示无可奈何、无能为力的意思。

加拿大人的姓名同欧美人一样，名在前，姓在后。他们在作介绍时，一般遵循先少后长、先高后低、先宾后主的次序。在朋友众多的场合，他们总是按着次序介绍，让大家互相认识，有地位较高的人士或辈分较高的长者在场的话，加拿大人总是先把朋友介绍给他们。在隆重的场合，加拿大人总是连名带姓地作介绍。作介绍时，双方都要站起来，友好地正视对方，面带笑容。

礼仪
提醒

加拿大人在作自我介绍时，声音适中，一边与别人握手，一边说出自己的姓名。他们对那种扯开嗓门向所有宾客介绍自己的方式很反感。

2. 加拿大的宴会礼仪

如果去赴宴，那么一定不要提前到达，而是最好晚一些。如因故不能到达，则一定要提前打招呼，或事后去电话表示歉意。

加拿大人比较好客，而且讲究让客人自由、随便一点。亲朋好友相聚，地点大多是选在家里，而不在餐厅。他们认为：那样更能好好谈天，主人事先会将各种食品摆在桌上，随吃随取。自己入座，边吃边谈，气氛十分好。

在加拿大，去别人家里做客，当然不能空着手去。一般而言，带着一瓶酒或一盒糖就可以了。而且，酒多半要在进餐时打开来喝。

如果对方邀请你去家里共度周末并住上两天，你多半应给其孩子或女主人送一点礼物。事后，你还应该给主人"修书一封"，表示谢意。

开车到加拿大人家做客，要遵照主人的意思在指定地点停车，切忌将车停在邻居的私人车位。同样，如果看到邻居庭院外有"请勿入内"的牌子，就不能乱闯，否则容易引起侵犯他人私有财产的纠纷。

客人来到主人家，进餐时由女主人安排座位，或主人事先在每个座位前放好写有客人姓名的卡片。在餐桌上，男女主宾一般分别坐在男女主人的右手边。女主人照例带头开始用餐。先让客人取用主菜，然后自己才用。饭前应先用餐巾擦拭嘴唇，以保持杯子干净。进餐时，左手拿叉，右手拿刀，吃完后刀放在盘子边上。多数加拿大人性格率直，如果不喜欢吃某样食物，只需说"不，谢谢你"；如果喜欢吃主人递来的食物，可欣然接受，说"谢谢"即可。吃东西时不能发出声音，不宜说话，不可当众用牙签剔牙，忌把自己的餐具摆到他人的位置上。加拿大人认为正确、优雅的吃相是绅士风度的体现。

在加拿大还有一种请吃饭的方式更加随便，即"自助餐"或"冷餐会"。主人把饭菜全部摆在桌上后，客人各自拿一只大盘子（或由主人发给），自己动手盛取喜欢吃的食品，可以离开餐桌到另一房间随便就座进餐，这样，客人与主人、客人与客人之间便可有更多的时间交谈。

临近宴会终结时，男主人或女主人如有疲倦的迹象，客人应择机告辞。宴会之后数天，客人打一个致谢电话或寄一张简短的致谢函，会令主人感到欣慰。如果条件允许，依礼尚往来之俗，客人应该在几个星期之后回请一次。

在公共场合，加拿大人注意文明礼让，遵守交通规则，有秩序地排队。在公共汽车上，加拿大人主动向残疾人、小孩让座。在那里，往往没有售票员，而多由司机来收票。应主动出示车票或买票，而且要自备零钱，因为司机从不退钱。乘客从前门上车自动出示月票或买票，一般是把准备好的零钱或车票放入票箱内；如无零钱，自己在乘客中自换零钱，司机是不负责找钱的。

观众去剧院看戏或听音乐，都在开演前入座，迟到被认为是很不礼貌的行为。节目开始以后，一般不准再入场，直到中间休息才让进去，以保证大多数人安静地观赏节目。去剧院时，人们的衣着都很整齐漂亮，但去电影院则比较随便。

去教堂做礼拜时，加拿大人也穿最好的衣服。在教堂里，人们态度虔诚，不谈话，不吃东西，不随便出入。**去教堂的人通常都带些钱，以便捐献，这是做礼拜的一项常规。**

拜访朋友或亲友，都要事先电话联系，确定时间，不能随便闯入。应邀去朋友家做客，特别是赴宴，按加拿大人的礼节是稍许晚到一会儿，而不是提前一点儿到达。如因故不能按时到达，要事前打招呼或来后加以说明。

礼仪提醒

加拿大人在家里吃饭时，不能说令人悲伤、与死亡及性生活有关的事；不能呼唤死神，不能讲事故之类。在日常生活中，忌把盐弄撒了，把玻璃物品打碎，否则被认为可能出现不吉利的事。

延伸阅读：

加拿大人的礼仪禁忌

在加拿大，白色的百合花主要被用于悼念死者。因其与死亡有关，所以绝对不可以作为礼物送给加拿大人。

白雪在加拿大人的心目中有着崇高的地位，并被视为吉祥的象征与辟邪之物。在不少地方，人们甚至忌讳铲除积雪。

加拿大的国旗由红、白色构成。这两种色彩深得加拿大人的广泛喜爱，并被正式定为加拿大的国色。

"13"被视为"厄运"之数，"666"表示魔鬼撒旦，"星期五"则是灾难的象征，加拿大人对于这些都是深为忌讳的。

在老派的加拿大人看来，打破了玻璃，请人吃饭时将盐撒了，从梯子底下经过，都是不吉利的事情。这些事情都应当尽力避免发生。

与加拿大人交谈时，不要插嘴，不要打断对方的话，也不要任意去补充对方的话或者与其强词夺理。议论性与宗教，评说英裔加拿大人与法裔加拿大人的矛盾，探讨魁北克省要求独立的问题，处处将加拿大与美国连在一起进行比较，将加拿大视为美国的"小兄弟"，或是大讲特讲美国的种种优点与长处，都应当避免。

在需要指示方向或介绍某人时，加拿大人忌讳用食指指指点点，而代之以五指并拢、掌心向上的手势。当加拿大人耸肩时，大多是表示自己"无能为力"，或者是为了掩饰自己的窘态。

在加拿大，绝大多数公共场所包括办公室都禁止吸烟。与加拿大人会谈时要抽烟，最好先征得对方同意。到加拿大人家做客，未得到主人允许，不应抽烟。在汽车、电梯等处吸烟是不礼貌的，进餐时也不要吸烟。

9. 加拿大的商务活动礼仪

和加拿大做生意，首次见面一般先作自我介绍，同时递上名片。

加拿大人有较强的时间观念，他们会事前通知你参加活动的时间，**不宜过早到达。**如你有事稍微晚到几分钟，他们一般不会计较，你也不必为此做过多的解释。交谈时，可以赞美对方衣服、手表或请教关于加拿大的风俗习惯、名胜古迹等，切忌涉及对方年龄、收入、宗教信仰、政见或性问题，以免发生误解和争执。

加拿大人参加商务谈判习惯衣着整齐庄重，喜欢集中精力，因此，要正装出席，不要心不在焉，不要东张西望或打断别人讲话。

在商务活动中赠送礼品，最好赠送具有民族特色的精致的工艺美术品；礼物用礼品纸包好，附带一张写有对方和送礼人姓名的卡片。出席商务宴会，如对方在请柬上注明"请勿送礼"，你得尊重主人意见，不要携带礼品出席宴会。

加拿大人做生意时，希望合作方能保证货品质量，并能取得国际认证（进入北欧特别需要），交货、预付款都要及时。

加拿大人和中国人做生意，喜欢公司化的民营企业，不喜欢家族化的企业。

加拿大进口的所有外国商品，包装上必须同时使用英法两种文字，两种文字所占面积应当相等。

加拿大商人对信誉很看重，对产品质量要求甚高，加拿大零售商千方百计发展独有的商品，要创造一种独家经销的局面。为此，他们往往在商品上使用自己的专有标志，在考虑货源价格和质量问题时，他们宁肯在价格上让利而不愿在质量方面有丝毫妥协。

加拿大人拥有经商头脑，由于邻近美国，其产品超过70%销往美国市场，从而限制了他们的创新想法。

加拿大商人做生意积极性很高，会很急切地了解对方的各种情况，如品牌、销售渠道、人员构成和销售额等，加中贸易理事会就接受了不少加拿大商人的委托，然而给了回复后，从此可能就没有音讯，这是加拿大商人保守的个性在作怪。

加拿大以贸易立国，对外贸易占其 GDP 的 60% 以上。加拿大人均生活水平高，对商品要求多、范围广，从普通的纺织品、服装、轻工商品、日用商品、家电产品到大型的机电产品等都有需要。

加拿大人保守，可是一旦他们认为你是值得合作的伙伴，就会与你建立长期相互信任的关系。加拿大商人为了确保产品质量，为了使双方都能从稳定交易中获得利润，也为了能够长期占领市场，他们总是希望与中国生产厂或出口商建立长期相互依赖的合作关系。这如同婚姻，加拿大人挑选对象时小心谨慎，一旦结婚了就忠贞不二，希望白头偕老。所以，中国企业和加拿大人做生意，要有耐心，要不断地向他们释放企业自身的优势和成果，把自身产品特点、质量认证、销售渠道有条理地表达出来，这样，放长线钓"大鱼"，就能继续合作。

四、 加拿大的节庆礼仪

1. 枫糖节的礼仪

枫树是加拿大的国树，加拿大国旗正中央便有一片枫树叶。枫糖节是加拿大传统的地区性民间节日，于每年三四月间在魁北克和安大略地区举行。

加拿大盛产枫叶，其中以东南部的魁北克省和安大略省的枫叶最多最美。每到深秋，枫树叶红如晚霞，仿佛夏日里怒放的花朵，因此加拿大被称为"枫叶之国"。加拿大人特别喜欢枫树，不仅因为其有观赏价值，还因为枫叶可用来制作糖浆，供人们享用。在诸多枫树品种中，最著名的是糖枫和黑枫，据说其树液含糖量可达 7% ~ 10%，并可连续产糖 50 年以上。有鉴于此，加拿大枫糖节应运而生：**国家规定每年 3 月采集枫糖叶、熬制枫糖浆的时候，为全国性传统民间节日——枫糖节。**期间，人们兴高采烈地欢庆节日，生产枫糖的农场被粉饰一新，披上节日的盛装，大家聚集在一起品尝大自然赐予的甜美礼品。传统的枫糖节都向来自国内外的游人开放，尤其欢迎儿童。一些农场还专门保留着旧时印第安人采集枫树液和制作枫糖的器具，在节日里沿用古老的制作方法，为观光客表演制枫糖的工艺过程，有的还在周末向旅游者免费供应枫糖糕和太妃糖。节日里当地居民还热情地为游客表演各种民间歌舞，带领观光客去欣赏繁茂美丽的枫林红叶。

延伸阅读：

枫叶之国

在加拿大，人们对枫叶有着深厚的感情，并将它作为国家的标志，从国旗、国徽、国树，到老百姓的生活用品，枫叶图案比比皆是，深入人心。加拿大人特别喜欢枫树，不仅因其有观赏价值，还因为它可用来制作糖浆，供人们享用。因此，加拿大有"枫叶之邦"的美誉。

加拿大境内多枫树，沿着圣劳伦斯河，从魁北克到尼亚加拉，是著名的东加拿大黄金观光线。每年 9 月下旬至 10 月上旬，满山遍野的枫叶或呈橘黄，或显嫣红，宛如一堆堆燃烧的篝火。多伦多、京士顿、渥太华、蒙特利尔等大城市，都分布在这条线上。所以，这条线又被称为"传承之路"。每年春天 3 月中旬到 4 月初是采集枫叶、熬制枫液糖浆的季节，各地的"枫叶节"也在这个时候开始，持续到 6 月底。

2. 郁金香节的礼仪

郁金香节是加拿大比较独特的节日。荷兰是郁金香的国度，郁金香是荷兰的国花。**而加拿大的首都渥太华却被誉为"郁金香之都"，每年举行盛大的郁金香节。**其实它们之间有着一段传奇的历史渊源。第二次世界大战期间，荷兰被法西斯德国占领。荷兰王室朱莉安娜公主一家来到加拿大的首都渥太华避难。1943 年 1 月，朱莉安娜公主，即将临产。加拿大法律规定，凡出生在加拿大境内的人，生下来自动成为加拿大的公民，而荷兰王室的不成文规定却不允许王室成员成为外国公民。一时之间，两国政府遇到了前所未有的难题。加拿大政府破例通过了一项法案，把渥太华市民医院的一间产房临时划归荷兰政府所有，从此播下了加荷人民友谊的种子。1945 年春天，加拿大军队从意大利转战荷兰，相继打下了海牙、鹿特丹和阿姆斯特丹等主要城市，并于 5 月 5 日赢得了荷兰解放战争。5 月 6 日，加拿大军队代表盟军在荷兰接受了德国的投降。5 月中旬，朱莉安娜公主终于回到了祖国。庆祝胜利之时，正值郁金香盛开。荷兰政府当即决定送给加拿大 10 万株郁金香，以表达他们对加拿大军队为解放荷兰英勇作战的敬意，以及对加拿大人民热情接待荷兰王室的衷心感谢。1948 年，朱莉安娜公主荣登王位，她下令从此开始每年赠送加拿大渥太华 1 万株郁金香。渥太华为了答谢荷兰女王的好意，从 1951 年起每年举办一届郁金香节。1995 年，渥太华的郁金香节升格为加拿大郁金香节。

如今加拿大郁金香节已成为世界最大规模的郁金香盛会，每年吸引全球数十万游客前往观赏。从 2007 年起，节日组委会邀请各国驻加使团和各族裔社区参与，以多种形式展示各国和各民族的风俗文化，同时决定不再收门票，将郁金香节打造成为没有围墙的节日。

礼仪提醒

郁金香节在 5 月的最后两周举行，届时全城被 300 多万株荷兰女王赠送的郁金香装扮得如花海一般。节日期间还会举行各种彩车游行。欢庆的人们还会选出一位美丽的"皇后"，人们尾随"皇后"的花车，以乐队为前导徐徐前行。

3. 冬季狂欢节的礼仪

冬季狂欢节是加拿大民族独特的节日，每年的 2 月上、中旬举行，为期 10 天。冬季狂欢节是魁北克省居民最盛大的节日，它内容丰富奇特，规模盛大，具有浓郁的法兰西色彩，吸引了大量国内外游客前往观赏。狂欢节前，人们把城市装饰一新，用雪筑起一座 5 层楼高的"雪的城堡"。**节日期间，人们头戴红缨小绒帽，腰扎魁北克特有的红、绿、白三色巾，载歌载舞**。狂欢节期间，人们还要在圣劳伦斯河破冰，举行"冰河竞舟"，在城郊的滑雪场举行轮胎滑雪比赛，还进行雪雕、冰雕、狗拉雪橇、越野滑雪赛、冰上赛马等各种活动。

五、 加拿大的婚丧礼俗

加拿大是一个多民族的国家，有英裔、法裔、印第安人、爱斯基摩人、华人和少量欧美及亚洲各国移民。这些民族都有自己的传统习惯和风俗，在婚礼上和丧礼上也是如此。

1. 英裔、法裔居民的婚姻礼俗

加拿大的英裔居民和法裔居民大多信奉基督教和天主教，他们的婚礼习俗同西方信基督教的国家有很多相似之处。大多数加拿大青年对婚礼非常重视，他们总是力求将婚礼办得热烈隆重、多姿多彩、富有纪念意义，通常在婚礼前几个月甚至一年便开始相关的准备工作。婚礼一般都在教堂里举行。在结婚仪式上，牧师要为新郎、新娘祷告，祝他们幸福美满，白头偕老。新郎、新娘互换戒指，在上帝面前发誓永远相爱，然后新郎、新娘和来宾们一起祷告，一起唱赞美诗。

加拿大青年男女喜欢在 5 月到 9 月期间举行婚礼，尤其爱在 7 月份喜结良缘，而且婚礼仪式多选在星期六进行。期间，每逢周末，加拿大城乡教堂从早到晚都会传出悦耳的《婚礼进行曲》，新郎、新娘乘坐着彩车徐徐行驶，围观的人们报以热烈的掌声和欢笑声，相遇的车辆鸣喇叭表示祝贺，各地都沉浸在喜气洋洋的气氛之中。由于众多的男女选择在同一时间举行婚礼，教堂在这期间异常繁忙，因而一切都须在婚礼前三四个月准备

妥当。加拿大人喜爱鲜花，他们婚礼上的鲜花十分考究，教堂、宴会厅、新房都要用玫瑰花、兰花、百合花装扮，色彩艳丽、浓香扑鼻，因此采购鲜花也是一项重要的事情。

婚礼仪式在教堂里举行，仪式内容同西方许多国家大体相似。 加拿大新婚夫妇相互赠送的戒指内侧刻着各自姓名的首字母缩写和结婚日期，双方视其为珍品而留作永久的纪念。教堂仪式结束，新婚夫妇要乘坐装扮得花枝招展的彩车沿着繁华地区行驶一圈，随后到风景秀丽的公园或名胜游览地拍摄新婚合影照片。

加拿大人的新婚宴会一般都选在晚上举行，先是非正式的酒会，接着是正式的冷餐和热餐，气氛热烈，场面隆重。

礼仪提醒

加拿大新婚夫妇也有婚后蜜月旅行的习惯。由于加拿大冬季漫长，因此经济条件好的新婚夫妇多爱到加勒比海诸岛和美国的佛罗里达州去度假，尽情享受阳光、沙滩和海浪。而收入不丰者，多到国内的风景胜地游玩，如魁北克的劳伦欣山区、落基山脉的班芙以及路易斯湖等地。

2. 印第安居民的婚姻礼俗

早期的印第安人婚俗比较普遍的现象是，青年男子在婚前要到未来岳父家做一段苦役，一般是一年半载，这也是一种"考验"，男青年要用行动证实自己有能力养活未来的妻子。但在经济条件较好的一些部族，如休伦族则不完全这样，如果一个男青年喜欢一个姑娘，他可以带着礼物向姑娘求婚，女方父母同意后，就邀请两方的亲戚朋友参加婚礼。全村每一位妇女都要送给新郎一担柴火，供新婚夫妇整个秋天和冬天之用。离婚也不复杂，只要有什么不和或找一个借口，丈夫把工具和武器带走，妻子把锅和家具拿走，两人就算离婚了。离婚后父亲要儿子，母亲要女儿。

易洛魁联盟包括几个部落， 这里的印第安人的各个氏族都是族外婚单位。氏族中的男女成员都要与其他氏族成员通婚。但这种族外婚多数发生在本部落之内。当然，部落之外的相同氏族也可以通婚。易洛魁处于母系社会阶段时，孩子不归父亲氏族，而归母亲氏族。

居住在太平洋沿岸和附近岛屿、斯吉纳河下游的印第安钦西安部族，在社会组织方面分为四个胞族：鹰、狼、渡鸟和鲸鱼。每个成员都属于他母亲的胞族，胞族内部禁止结婚。

萨利什部族居住在从布塔海湾到哥伦比亚河口的海岸地区。这里的印第安人也实行氏族外婚，依父系计算世系。

今天的印第安人与历史上的印第安人已经有了很大不同。加拿大的印第安人根据联邦法被分为法定身份的印第安人和法定身份之外的印第安人。所谓法定身份之外的印第安人是指不符合法律规定的人，即殖民当局与印第安部族之间签署的协议规定之外的一些群体，以及那些与非印第安结婚者的后代，还有一些是在 20 世纪 50 年代以前自愿放弃印第安人身份的人。那些混血人种更不在其列。这种规定对于印第安人的婚姻不能不带来影响。目前有一定工作，生活条件略好的一些印第安人，可以基本不领印第安救济金，婚姻选择上可以自由些，不必考虑自己的印第安人身份。在保留地生活的大部分印第安人，还需要依靠救济生活，他们就不轻易与非印第安人结婚，需要权衡后果。非印第安人娶或嫁印第安人，也不能不考虑这种法律现状，从经济生活上动动脑筋。当然，根据印第安民族和习俗特点，一些传统观念还在起作用，大部分人还是在本民族内部通婚。由于加拿大北部地区白人不断渗入，大量白人在那里开矿、采油，而白人妇女又不多，婚姻关系就出现了一些新问题。但**目前基本上是一夫一妻制，家庭关系比较稳定。**

延伸阅读：

加拿大印第安人的婚礼

加拿大印第安人的婚礼带有浓厚的民族色彩。婚礼的主持人是酋长和两位长老，当他们来到现场时，全场的人要向他们致礼表示敬意。酋长身着印第安民族服装，头上插着象征权威的高高的羽毛，格外醒目。酋长在大厅中央坐定，两位长老分坐其左右，他们是当地年岁最大的人，其灰白色头发结成长辫垂在肩上。新郎、新娘身着白色的鹿皮传统服装跪坐在酋长对面。成年男子围坐在酋长、长老、新郎、新娘周围，妇女和儿童围坐在男人的外围，每人面前放着盘碗和刀叉。

婚礼仪式开始，酋长面向空中，高举双手，全场鸦雀无声。他点燃艾草，随着一股伴有浓香的青烟升起，酋长用印第安民族语言向神明祈祷，为新婚夫妇祝福。酋长说完，左右两边的长老边说边唱，歌声豪放粗犷。祈祷完毕，酋长从身上取下一根长管烟枪，将艾草点燃，再将烟枪平举在胸前，自左而右地转一圈，放进嘴里吸几口，随后将烟枪交给左边的长老，这位长老照酋长的做法做一遍后交给右边的长老，接着传给新郎、新娘及客人。印第安人的传统风俗认为，烟枪象征和平，吸烟表示友好。当在场的每一个人都吸过烟后，四位年轻人抬来一大桶汤羹，新郎、新娘先为酋长和长老每人盛一碗，酋长接着将汤羹分盛在五六个小桶里，分给在场的每一个人。

根据印第安人的传统习惯，新郎婚前要设法猎获一头麋鹿，用鹿肉加野米熬成汤，在婚礼上分给大家喝。按照古老惯例，印第安人在婚礼上既吃玉米饼，还吃烤野牛肉，但如今野牛成为保护动物，所以许多人婚礼上的烤野牛肉便用美国的肯德基炸鸡代替了。这样，印第安人的婚礼既保持着本民族的传统习惯，又受到了西方文化的影响。婚宴结束，酋长和长老离去，人们来到一块空地上，伴着欢快的鼓声，通宵达旦地跳传统的印第安太阳舞。

3. 爱斯基摩人的婚姻礼俗

爱斯基摩人的婚俗经历了一个演变过程。白人进入北美以前，马更些地区的爱斯基摩人有五个不同的集团，各集团之间普遍通婚，当时实行一夫多妻制。

拉布拉多地区的爱斯基摩人也实行一夫多妻制，通常是一个男人与两个互有亲缘关系的女人结婚。婚姻通常在地方集团内部或地方集团之间进行。

爱斯基摩人基本上实行一夫一妻制。但是，他们在实际狩猎活动和日常生活中，通常是两个家庭合在一起组成一个联合体，伙伴之间可以交换妻子。也有的学者说是交换丈夫，因为在多数情况下这种行为是妇女首先提出来的。

驼鹿爱斯基摩人，家庭是基本单位，新婚夫妇与父母同住或分住。也有一夫多妻的情况。寡妇可以与亡夫的兄弟结婚。

中部爱斯基摩人，一般由两个家庭和一个单身伙伴组成一个单位，家庭组成是一夫一妻制。在这个合成单位中，单身伙伴可以与两个家庭的任何一方的妻子同床。

上述情况显然是原始社会的婚姻状态。白人侵占爱斯基摩人居住区后，他们的婚姻发生了很大变化。20世纪70年代以后，爱斯基摩人大都居住在政府划定的村落里，居住相对集中，不像以前那样以小群体为单位生活了。婚姻关系基本是一夫一妻制。除了偏僻的北极地区的一些小群体狩猎者仍然保持传统的生活方式和婚俗外，**大多数人的婚礼与现代的加拿大白人婚俗相同，一夫多妻或交换妻子的事已经成为历史**。

此外，爱斯基摩人在婚恋上还有一个特点即，青年男子选择配偶，不是看对方的身高和长相，而是看她的鼻子。他们认为谁的鼻子最小，谁就是最漂亮的美女。因此，小鼻子女郎很容易被男青年选中。选中之后，二人相亲相爱，表达爱意时，不是亲吻，而是互相摩擦鼻子。

居住在加拿大北部的爱斯基摩人中，至今仍流传着"抢亲"的古老习俗。爱斯基摩人注重诚挚的感情，不讲究结婚的形式。一对男女青年产生恋情，发展到一定程度，男方给女方家盖一幢房子或者送给女方一套能够御寒的衣服，女方家庭成员住进房子或者女方穿上衣服，男女间的婚姻关系就算确定了。

爱斯基摩人的婚礼多选在隆冬季节举行，因为这段时间大雪封门，人们无法外出捕鱼或打猎。举行婚礼的那天，男子偷偷藏在女方家附近，一旦有机会，便将姑娘"抢走"。姑娘自然知道小伙子在门外挨冻，为了考验他是否忠诚，故意深居内室，让他难以"抢"到手。聪明的小伙子总是用计谋将姑娘引出家门，以达到"抢"人的目的。如果婚礼选在夏天进行，小伙子可以钻进女家，扯着姑娘往外跑，姑娘佯装不从，家人视而不见，最后姑娘的喊叫声慢慢消失在远方。

礼仪提醒

> 爱斯基摩人的婚礼异常简朴，新郎、新娘叩拜家族长老、父母兄弟、亲朋好友等人后，大伙吃一碗鱼肉饭，喝一碗鱼汤，纵情跳一阵舞，婚礼即宣告结束，客人便各自离去。

4. 加拿大人的丧葬礼俗

加拿大人一般对死者进行土葬，人死后，一般都要请神职人员做弥撒，使死者的灵魂升入天堂。在葬礼上，亲友要在牧师的祷告声中向墓穴中的灵柩撒下鲜花。参加葬礼的人，见到死者亲属，要和他们握一下手或者拥抱一下，轻声地慰问几句，等葬礼仪式完毕以后再离开；如果不举行仪式，也要静坐 10～15 分钟后方可离去。**参加葬礼时，一般应买一束鲜花，并在花上附带一张用黑色字写有哀悼之词的卡片，把鲜花放在死者的墓前或者送到死者家中。**

过去，加拿大人死后要把血抽干，经过整容后放在停尸房内，亲朋好友向遗体献花告别。并在报纸上刊登讣告，宣布葬礼举行的日期、地点。尸体需要先放在棺材里，棺材在教堂里放一个小时，由神父主持做弥撒。弥撒过后，把棺材送往墓地，墓地一般离教堂不远。如果墓地稍远，可用黑色殡仪车拉到墓地火化，火化后把骨灰放入骨灰盒。

葬仪前，要把墓穴挖好，葬礼开始时亲朋好友跟随神父一起把棺材送往墓地，放入挖好的墓穴中。神父先在棺材上洒些"圣水"，然后用手抓一把土撒在墓穴的棺材上，而后亲友们开始填土、埋葬。

棺材埋好后，用水泥、石头或大理石等修成坟墓，墓碑上刻上死者的姓名及生卒年月。有时还由亲友在碑上写上简历。

目前，**加拿大火化的人越来越多，丧仪视死者情况有繁有简。**骨灰盒上写有死者名字，单独放在另外一个存放大厅里。

礼仪提醒

在参加加拿大人的葬礼时，男子要着整套西装，打素色或黑色领带，妇女则穿素色衣裙，款式要保守，不宜穿金戴银和过分化妆，以表现出自己对死者的哀悼。

第 三 章

墨西哥的礼仪

墨西哥是美洲大陆印第安人古老文明中心之一，闻名于世的玛雅文化和阿兹特克文化均为墨西哥古印第安人创造。墨西哥的古老文明对礼仪文化的形成与发展起着独特的作用，其礼仪文化有着丰富的内容。受欧洲移民文化的影响，墨西哥的礼仪中非常注重生活细节，在社交活动中极重视礼节风度和言语文明。在公共场合表现得文雅、礼貌和热情，而在节日盛典又载歌载舞，奔放火辣。此外不同地区的墨西哥人，受宗教信仰影响，其忌讳有所不同，不少地区视酒为邪恶之源，饮酒被看成是不不的行为，会受到严厉惩罚。

一、墨西哥概况

墨西哥的国名全称是墨西哥合众国。其国名源于阿兹特克人传说中的太阳神墨西特耳，"哥"为"地方"之意。墨西哥位于北美洲的南部，是美洲大陆印第安人最古老的文明中心，著名的玛雅文化就发源于墨西哥。

1. 墨西哥历史简介

墨西哥是美洲大陆印第安文化的发源地之一，有着悠久的历史。然而，1519年西班牙殖民者入侵墨西哥，1521年沦为西班牙殖民地，1522年西班牙殖民者在墨西哥城建立新西班牙总督区。

1810年9月16日，米格尔·伊达尔戈—科斯蒂利亚神父在多洛雷斯城发动起义，开始了独立战争，1821年8月24日宣布独立。

翌年5月伊图尔比德建立墨西哥帝国。

1823年12月2日宣布成立墨西哥共和国。

1824年10月正式成立联邦共和国。

1846年美国发动侵墨战争。1848年2月墨、美签订和约，墨西哥被迫将北部230万平方千米的土地割让给美国。

1867年法、英、西班牙等入侵者被赶出墨西哥。

1917年颁布资产阶级民主宪法，宣布国名为墨西哥合众国。

2. 墨西哥的地理与气候

墨西哥位于北美大陆南部，北邻美国，东南与危地马拉和伯利兹毗邻，东濒墨西哥湾和加勒比海，西、南临太平洋，面积为197.2547万平方公里，为中美洲最大的国家。墨西哥人口约1亿，其中印欧混血种人占90%以上。居民多信天主教，其次是基督教。官方语言为西班牙语。首都墨西哥城。官方语言为西班牙语,有8%的人讲印第安语。

墨西哥是南、北美洲陆路交通的必经之地,素称"陆上桥梁"。特万特佩克地峡将北美洲和中美洲连成一片。墨西哥 5/6 左右为高原和山地。墨西哥高原居中,两侧为东西马德雷山脉,以南是新火山山脉和南马德雷山脉,东南为地势平坦的尤卡坦半岛,沿海多狭长平原。全国最高峰奥里萨巴火山,海拔 5700 米。主要河流有北布拉沃河、巴尔萨斯河和亚基河。湖泊多分布在中部高原的山间盆地中,最大的是查帕拉湖,面积 1109 平方千米。

墨西哥气候复杂多样。沿海和东南部平原属热带气候,年平均气温为 25℃ ~27.7℃;墨西哥高原终年气候温和,山间盆地年平均气温为 24℃,地势较高地区年平均气温 17℃ 左右;西北内陆为大陆性气候。大部分地区全年分旱、雨两季,雨季集中了全年 75% 的降水量。年平均降水量西北部不足 250 毫米,内地为 750 ~1000 毫米,墨西哥湾沿岸中部与太平洋沿岸南部为 1000 ~2000 毫米。因墨西哥境内多为高原地形,冬无严寒,夏无酷暑,四季万木常青,故享有"高原明珠"的美誉。

3. 墨西哥的人口与民族

2011 年墨西哥人口 1.067 亿,居美洲第三位,仅次于美国和巴西,人口密度每平方千米 55 人。其中印欧混血种人占 90%,印第安人占 10%。

虽然未有公开的相关数据,但墨西哥边境的流动人口数量的确很大。数百年来,墨西哥的家庭人口数一直很多。对 60 岁人群的非正式调查表明,他们每个家庭的兄弟姐妹通常有 7 个。2008 年,墨西哥的人口出生率下降到每位妇女平均生 2.37 个孩子。5 年内,出生率预期将下降到每位妇女平均生 2.32 个孩子。考虑到儿童死亡率的下降以及移居人口的增加,墨西哥人口数量很快就会稳定下来,不会大幅下降。当然,墨西哥经济的增长速度也十分惊人。

4. 墨西哥的政治

墨西哥实行总统制的联邦共和政体。**总统是国家元首和政府首脑,由**

公民直接普选产生。 1824 年颁布独立后的第一部宪法，1917 年颁布（《墨西哥合众国宪法》，执行至今。宪法经多次修改。宪法规定立法、行政、司法三权分立。联邦议会是国家立法机构，由参议院和众议院组成，行使立法权。全国分最高法院、大区法院、地区法院三级法院。最高法院由 11 名大法官组成。最高法院院长由总统提名，参院任命，任期 15 年。政府实行内阁制，总统直接领导，不设总理。墨西哥各州制定本州的宪法，但州政府权力受国家根本法约束。主要政党有国家行动党、革命制度党、民主革命党等。

延伸阅读：

墨西哥的国旗、国徽与国歌

国旗：墨西哥国旗呈长方形，长与宽之比为 7∶4。从左至右由绿、白、红三个平行相等的竖长方形组成，白色部分中间绘有墨西哥国徽。绿色象征独立和希望，白色象征和平与宗教信仰，红色象征国家的统一。

国徽：墨西哥国徽为一只展翅的雄鹰，嘴里叼着一条蛇，一只爪抓着蛇身，另一只爪踩在从湖中的岩石上生长出的仙人掌上。这组图案描绘了墨西哥人的祖先阿兹特克人建国的历史。仙人掌是墨西哥的国花，象征着墨西哥民族及其顽强的斗争精神。图案中下方为橡树和月桂树枝叶，象征力量、忠诚与和平。

国歌：《墨西哥合众国国歌》。

5. 墨西哥的经济

墨西哥是拉丁美洲的商业中心。墨西哥人普遍欢迎来自河对岸的"其他北美人"，即便他们不喜欢美国政治。墨西哥人常说，"除了瓜达卢佩圣母堂的纯洁毋庸置疑外，其他任何一切都可以商谈"。正是墨西哥人的这种态度，使得墨西哥成为拉美地区经营环境最具竞争力的国家。不过，墨西哥的法制不健全，存有腐败行为，让北美人不知所措。

蒂华纳、新拉雷多、诺加利斯等墨西哥边境城镇通常被认为不能反映正宗的墨西哥，当然也无法代表当下的墨西哥文化。太平洋沿岸的海滩度假胜地的情况也一样，这里的经济可以说是美元区，与当代墨西哥、墨西哥文化以及墨西哥商务习俗似乎毫无关系。

墨西哥是南美洲毒贩将毒品贩入美国的咽喉。在任何文化里，巨额非法资金难免成为产生腐败的原因。为了寻找工作机会，成千上万生活贫困的危地马拉人及其他中美洲人穿越控制不严的边境，来到墨西哥。为此，墨西哥政府试图通过在边境上筑围栏来阻拦这些无证工人的入境。如果这些难民在墨西哥找不到工作，那么他们就会北上进入美国。事实上，穿越美墨边界进入美国的无证工人大多为中美洲人而非墨西哥人。

墨西哥是拉美经济大国，矿产资源丰富，其中白银的产量居世界之首，素有"白银王国"之称。目前，墨西哥是全球第二大白银生产国和最大铜生产国之一。天青石、铋、萤石、砷、镉、硅灰石、石墨、锌、铅、钼和重晶石产量均居世界前列。墨西哥石油和天然气储量可观，分别居世界的第十五位和第二十一位，是拉美地区第一大石油生产国和出口国。工矿门类比较齐全，但发展不平衡。墨西哥是世界主要蜂蜜生产国，生产的蜂蜜90%用于出口。主要农作物有玉米、小麦、高粱、大豆、水稻、棉花、咖啡、可可等。墨西哥古印第安人培育出了玉米，所以墨西哥享有"玉米的故乡"的美誉。剑麻是墨西哥著名农产品，有"绿色金子"的别称。

墨西哥以丰富的矿产资源为基础，发展了门类齐全的工矿业，工业从业人员占总劳动力的25%。农牧业也较发达，农业从业人口占总劳动力的20%，主要农作物有玉米、高粱、小麦、大豆、水稻和棉花。剑麻的产量居世界前列。服务业发展很快，2009年服务业产值占国内生产总值的65%。交通运输和旅游业也较发达。

无论是进口还是出口，墨西哥都是美国在拉美的主要贸易伙伴。美国对其他16个拉美国家的贸易出口总额都不及美国对墨西哥的贸易出口额。

进口——金属加工机械、钢产品、农业机械、电气设备、汽车组装件、车辆维修件、飞机以及飞机维修件。墨西哥近年每年约2800亿美元进口商品中，从美国进口的约占50%。

出口——制成品、石油与和石油产品、银、水果、蔬菜、咖啡和棉花。墨西哥2710亿美元出口商品中，对美国的出口约占85%。

墨西哥是美国仅次于加拿大的第二大出口市场。按照《北美自由贸易协定》，墨西哥与美国之间的商品进口与出口都是免关税的，从而使商家比许多国际竞争对手有优势。免关税意味着产品的到岸成本比美国本土产品低，也使产品价格低于其他国家的产品。因为美国与墨西哥为邻，所以美国产品进入墨西哥市场非常方便。作为自由市场经济体，墨西哥经济总量达到万亿美元。而《北美自由贸易协定》更是培养起了墨西哥的新兴的中产阶层。

6. 墨西哥的文化与宗教

将墨西哥归为拉丁美洲国家，其实主要是从文化意义上所做的考虑，因为墨西哥从地理上讲应该属于北美洲的一部分。

墨西哥文化是多种文化的混合体。在墨西哥城有一个由金字塔遗迹、西班牙教堂和新建的外交部大楼构成的"三种文化广场"，它是古印第安文化、欧洲文化和墨西哥现代文化并存共处的一个缩影。多种文化并存融会的结果，造成了墨西哥文化的斑驳色彩和独特风格。在墨西哥，人们既可以看到玛雅人建造的雄伟壮观的神庙，也可以看到名噪于世的墨西哥现代大型壁画；既能从骷髅艺术中去体味其文化的神韵，也可以到世界大都市墨西哥城中去感受现代文明生活的嘈杂。墨西哥文化以自身巨大的包容性和丰富内涵，吸引了众多的旅游观光者，它已成为世界十大著名旅游国之一，每年旅游所创产值居世界前五位。

墨西哥居民中，信奉天主教的占 92.6%，信奉基督教新教的占 3.3%。

二、墨西哥的生活礼俗

1. 墨西哥的服饰礼俗

墨西哥人的穿着打扮，既具有强烈的现代气息，又具有浓厚的民族特色。在墨西哥人的传统服装之中，名气最大的是"恰鲁"（骑士）和"支那波婆兰那"。墨西哥的现代民族服装是印第安式样和西班牙式样长期混合的结果。大城市居民的服饰已基本欧化，各种款式都有，但仍可看到传统文化的印记。居民们的衣着偏好鲜艳的色彩，据说这和玛雅人的习俗是一致的，玛雅人认为色彩对比强烈的衣着能吓退妖魔鬼怪，保佑众生平安。

墨西哥的代表服饰"恰鲁"服饰，由白衬衫、黑礼服、红领结、宽皮带、大檐帽、高统靴组成，裤缝上还有两长排银纽扣看起来又帅又酷。现在这种服装因价格昂贵已不流行。"支那波婆兰那"则为一种裙式的女装，它多以黑色为底，金色滚边，并以红、白、绿三色绣花，无袖、窄腰，长可及地，穿起来令人显得又高贵、又大方。

在日常生活中，中小城市和农村山区的男子通常上身着宽松的、白色的带有绣花衣襟的衬衣，下穿白色或米色的长裤，脖间系红绸印花领巾，头戴称为"桑布雷多"的宽边草帽，有时还披上一件斗篷；妇女则穿色调明快艳丽的绣花衬衣和长裙，图案和款式变化多样，常披一条既可用于遮挡阳光，也可用来背孩子和各种杂物的多用披巾。墨西哥妇女的头发喜欢梳得很高，常插上花朵装饰，有的还用五颜六色的羊毛线编头发。

只有在十分正规的场合，墨西哥人才讲究穿西装套装或西式套裙。在商务交往中，这种穿法是一种基本的礼貌。墨西哥人非常讲究在公共场合着装的严谨与庄重。在他们看来，在大庭广众之前，男子穿短裤，妇女穿长裤，都是不合适的。因此，在墨西哥出入公共场所时，男子一定要穿长裤，妇女则务必要穿长裙。

在城市，人们的服装普遍欧化，但也有不少男子还穿带有绣花衣襟的白衬衫。

墨西哥农民的穿戴强烈地反映出了印第安各民族的服装特点。印第安各族的服装丰富多彩。平时男子穿白色粗布长衫，米色卡叽布长裤或粗布长裤，头戴草编便帽，脚穿一种叫"爪拉切"的牛皮凉鞋，脖间常系一条红绸印花领巾。天冷时，披上一件披风或名叫"彭丘"的方形斗篷。南方农村里还流行一种叫"维皮尔"的直统、无领的绣花袍。

奇南特克族的服饰近几十年来发生了较大的变化。在一些乡村，以前男人戴草帽，现在头上只系一条带子，带子上都绣着几何图案。农民们有时也将这种带子系在脖子上，以此来表示财产的多少。妇女的服装没有男子服装那样明显的变化，她们用亚麻布做"维皮尔"裙，裙子上也绣有图案，不同的地区图案都不同，人们根据图案能判断出她是哪个村镇的人。

玛雅人爱系一种一端耷拉在前边，一端耷拉在后边的"护腹带"，上身披一件四方披风。神父的披风非常华丽，头上还要用克沙尔鸟的羽毛加以装饰。男子爱留长发，梳成两根长辫子，一根盘在头上，另一根拖在后面。妇女爱穿长衫，用香脂擦身，除胸脯外的上半身要文身。她们还常把牙齿锉尖，在鼻子和耳朵上挂很多装饰品；同时，也爱留长发并梳成两条辫。

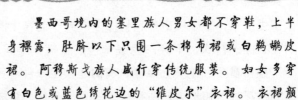

墨西哥境内的塞里族人男女都不穿鞋，上半身裸露，肚脐以下只围一条棉布裙或白鹅鹅皮裙。阿穆斯戈族人盛行穿传统服装。妇女多穿有白色或蓝色绣花边的"维皮尔"衣裙。衣裙颜色非常鲜艳，其图案有兽形、人像或几何图形。此外，妇女还爱披一块披布。男子平时爱穿白色棉布衬衫和长布裤，男人穿的衣服上也有绣花，但图案很小。

2. 墨西哥的饮食礼俗

◇ 墨西哥的饮食菜肴

墨西哥的饮食菜肴是在印第安传统菜基础上吸收西班牙烹调技术后发展起来的，因此，品种很多。但不管是什么品种，其味道都是以辣味为主。

墨西哥的正宗菜肴是"莫莱"炖肉。此外，墨西哥的海味、野味也很多。如锡纳洛亚州的鹿肉、纳亚里特州和肯姆佩切州的红烧对虾及红烧海蟹都是很有点名气的，而培瓦斯哥州的烤野猪肉，新莱昂州和瓜维拉州的烤羊肉也是备受人们欢迎的名菜。

墨西哥菜分前菜、汤类、主菜和甜品，其中以汤类较为清淡，用以突出主菜的酸辣特色。**墨西哥人不拘泥于餐桌礼仪，吃时可只用手，充分反映其民族爽朗豪气的特征。**

近年来，墨西哥的印第安农民还大量饲养火鸡，以供应外国市场。受此影响，现在烤火鸡也成了墨西哥居民过圣诞节的必备食品。

◇ 玉米、豆类和辣椒是墨西哥膳食的三大基本原料

玉米历来是印第安人的主要粮食。就是现在，墨西哥居民也仍然以玉米薄饼为主要食物。他们用玉米薄饼包上鸡肉、干酪末、辣椒、馅，用油一炸，做成各种风味小吃，如玉米卷饼、玉米馅饼、玉米饺子等，就连他们最喜欢吃的用玉米苞叶或香蕉叶包成的棕子也是用玉米面和肉或对虾做成的。

豆类食品也是墨西哥饮食中很重要的原料，他们很喜欢吃豆子，也发明了许多豆类食品的做法，比如辣豆烧牛肉、凉拌青豆等。墨西哥盛产辣椒，出产的辣椒有百款之多，颜色由火红到深褐色，各不相同，至于辛辣度方面，体形愈细辣度愈高，选择时可以此为标准。

墨西哥人也特别能吃辣椒，有些人甚至在吃水果时，都乐于撒上点辣椒面儿吃。辣酱炖猪肉是墨西哥的正宗菜。当地人称辣酱为"莫菜"，是用辣椒粉、巧克力粉、桂皮粉、胡椒粉、玉米饼粉加多种调料配制而成，所炖制的猪肉、牛肉、鸡肉，色香味各地差异较大，颇为各国游客欣赏。宴会上的名菜是曾埃布拉的辣酱炖火鸡。

◇ 仙人掌当水果吃

墨西哥的水果很多，有柑橘、香蕉、菠萝、木瓜、柠檬、西瓜、葡萄、酸子、芒果、人心果等。就连一些仙人掌的嫩果儿他们也当作水果吃，而且，还用嫩叶做凉菜。

自古以来，墨西哥人就有吃仙人掌的习惯，它的叶子、果子、种子、嫩芽均可食用。它的汁可制成饮料。在墨西哥，人们到处可以买到当蔬菜水果食用的削了刺的掌形仙人掌。墨西哥人用清香多汁的仙人果招待远方贵客，用叶子做出美味佳肴。做法是先去刺，然后用水烫，再切成小方块，做成别具风味的色拉或以辣酱、葱头一起卷入玉米薄饼，吃起来鲜美

爽口。在他们看来，仙人掌与香蕉、西瓜等一样，可以当水果吃。墨西哥的土著阿斯特克人视青蛙、蝌蚪、龙舌兰虫、虾、蚂蚁、蟋蟀、水蝇、蝇卵等都为美味食品，有些还被认为是上乘的佳肴。此外，仙人掌的根及全株均可入药。目前墨西哥大力开发野生仙人掌，经过加工，做成饲料，大量出口美国、加拿大。

仙人掌科的另一种植物——龙舌兰也是墨西哥人民十分喜爱的植物。龙舌兰形似一簇簇碧绿的利剑，直刺青天。龙舌兰的汁乳白如奶，喝起来甘甜可口，沁人心肺，为久在沙漠跋涉的游客提供了"水"源，故被人们称为"沙漠之泉"。一株巨大的龙舌兰茎干可以储存一桶汁液。印第安人提取龙舌兰汁液，加工酿造出醇美芳香的特基拉酒（即龙舌兰酒）。

在古代，印第安人把龙舌兰看成是神赐之物，人们的衣食住行在很大程度上要仰仗于它。因此在墨西哥一直流传着许多关于龙舌兰的美丽神话和传说。

◇ 龙舌兰酒

墨西哥人以嗜酒闻名于世。龙舌兰对于墨西哥而言，具有十分重要的意义。龙舌兰叶可以造纸，而龙舌兰的花朵十分尖锐，据说可以当作武器。而如今，龙舌兰最重要的作用是制造龙舌兰酒。用龙舌兰叶酿制成的龙舌兰酒是墨西哥一大特产。龙舌兰酒的度数比较高，喝起来会有一些辣辣的而带香甜的感觉绕于舌尖，缠绵于喉。

一般来讲，墨西哥人颇为好酒。宾客登门以后，他们往往会首先以酒款待。在墨西哥，人们最看重的酒，是一种用龙舌兰酿成的名为"台基拉"的酒，有人甚至将其称为墨西哥的国酒。

在墨西哥人所举行的迎宾宴会上，主人通常会首先向来宾敬酒，并且大都会主动提议宾主采用手臂交叉的"伊达尔戈"方式饮酒。**在一般情况下，墨西哥人是不劝酒的。**

墨西哥人口味清淡，喜欢咸甜带酸的食物，烹调以煎、炸、炒为主，大多数人吃西餐，也偏爱中国的粤菜。爱喝可乐、啤酒、白兰地和威士忌等。

延伸阅读：

墨西哥辣椒文化

辣椒是正宗墨西哥菜肴中不可或缺的基本食材，辣椒的无处不在构成墨西哥别具一格的"辣椒文化"。作为辣椒的发源地，墨西哥辣椒有上百种，品种繁多，形态各异，绚丽多彩。嗜辣成性的墨西哥人的日常饮食中，辣椒已不仅仅是普通调料，它与玉米、菜豆一样，是人们每日必不可少的"主食"。不管早餐、午餐还是晚餐，从普通人家到高档餐馆甚至国宴，都能找到辣椒的身影。

墨西哥人吃辣椒的方式花样百出。有新鲜干吃，有调汁佐餐，有晒干与西红柿和仙人掌拌菜煮汤，还可以与水果、糕点、糖果、零食、饮品和冰激凌混合享用。烤玉米或煮玉米是墨西哥街边常见的小吃，小贩在新鲜出炉的玉米棒上浇上奶油、撒上奶酪粒后，绝不会忘记再抹上厚厚的一层辣椒酱。大街上、公交车上、地铁里，还不时能碰到口含辣味棒棒糖的儿童和手举沾满辣椒粉的冰激凌的俊男靓女。麦当劳、肯德基和必胜客等外来快餐食品也"入乡随俗"，大都会添加具有浓郁墨西哥风味的辣椒。

3. 墨西哥的居住礼俗

墨西哥的住宅多种多样，旧城区多为西班牙式及欧洲近代式住宅；新城区多为高层公寓和低层花园式洋房；城市边缘地带也有不少贫民窟，多为铁皮顶砖房；市镇和村庄一般还保留着印第安人原始的传统式样，利用草木和泥土建造茅屋，最大的特点就是都没有拱顶。住宅一般是素雅的西班牙式房屋，白墙红顶，屋顶呈两面坡或四面坡形的。此外，**墨西哥的每个市镇都有一个中心广场，**广场中央设有音乐亭、花坛、铁椅和林荫道，四周排列着教堂、商店和市政机关。这个广场，无形中就成了该城镇居民的政治、宗教、文化娱乐和商业活动的中心。

农村居民住宅各地差别较大。北部地区村舍一般是平顶土坯房；南方炎热地带则沿用印第安人传统式样，用树干、树枝或芦竹作墙和顶架，用棕榈叶盖顶。盖雷罗州、瓦哈卡州和韦拉克鲁斯州等沿海各地乡间还流行一种圆顶茅屋——这是非洲文化的残迹。在墨西哥的市镇和村庄里，住房一般还保留着原始样式。居民区通常是四方形，成直角拐弯，街道短，道路窄，设有凉亭、桥、花园和整齐的林荫道。最好的房子是西班牙式的，用一种叫作"台帕塔台"的多缝石建造，共三层，有阳台和红色窗户。墙壁厚达 1.2 米—2.4 米，冬暖夏凉。二层作寝室，一层作商店、办公室和牲畜圈等。露天院里有长廊环绕，通常还有流水、花和吊床等。

阿穆斯戈族人的城镇和中心村庄的房屋都是长方形的，用土坯和砖作墙，用瓦、锌板或马粪作顶。

古伊卡特科族人的住房也是长方形的，建房的材料因地而异，镇子里的多数房子用土坯建造，以茅草盖顶。

奇南特科族的住房式样因地区的不同而不同。在山区，住房为西班牙式，分布比较密集，大奇南特拉村落的住宅分布呈半分散状。这些房子以水泥铺地，面积都比较大。

琼塔尔族的住房是半密集形的，每个村镇都有一个大广场，以广场为中心，周围分布着房屋和住宅。琼塔尔族人的房子通常由两间内屋或完全隔开的两个房间组成，一间做寝室，另一间做厨房和饭厅。在沿海地区，墙面多是用坯、方砖、泥巴和石头砌起来的，房顶是用瓦、棕榈树叶铺成的，有两面坡顶也有圆顶和锥形顶。

礼仪提醒

在乌西拉，房子是长方形的，一般长 12 米。墙是篱笆式的，用一种名叫美洲椴的树做成。这样的墙通风好，还可以代替窗户。房顶是用茅草铺成的。

三、墨西哥的社交与游艺礼仪

1. 墨西哥的会面礼仪

在人际交往之中，墨西哥人总是表现得既热情、活泼，又不失文雅、礼貌。不管与什么样的人打交道，墨西哥人总能对对方笑脸相迎，并且总是表现得积极、主动而友好。因此，有人曾经评论说："墨西哥人最容易与之相处，而且也最容易与之交上朋友。"

墨西哥人十分注意礼节风度和言谈举止。他们在公共场合，一般都表现得十分文雅，而且讲究礼貌和热情。他们无论对谁，总愿以笑脸相待。在墨西哥，熟人相见之时所采用的见面礼节，主要是拥抱礼与亲吻礼。在上流社会中，男士们往往还会温文尔雅地向女士们行吻手礼。不过，跟陌生人相见时，墨西哥人却绝对不会这么做。在一般情况下，尤其是与不熟悉的人打交道时，墨西哥人所采用的见面礼节是或与对方握手，或报之以微笑。

墨西哥的土著居民与亲友告别时，有些时候还会施"赠弓礼"，即向亲友赠送一张弓，一支箭和几张剪纸，以示敬意与祝福。在他们看来，弓箭象征着征服大自然的力量，象征着食物与房子，而剪纸则象征着神灵和上帝保佑。

墨西哥人与人打招呼时，经常在对方姓氏前面加上"先生"、"夫人"、"小姐"等称呼。在正式场合，除了彼此特别熟悉的人，他们一般不直接称呼对方的名字。如果对方具有某种职称、学位等，他们喜欢称呼对方的这些头衔，如"教授"、"博士"、"医生"、"工程师"、"律师"、"法官"等。墨西哥人没有称呼对方为"阁下"的习惯。

墨西哥人具有开朗豪爽的性格和大胆追求的精神，他们待人接物喜欢直来直去，在日常生活中总是淋漓尽致地表现自己，常给人留下潇洒大方、热情奔放的深刻印象。

2. 墨西哥的拜访礼仪

热情好客的墨西哥人，一般都很喜欢邀请亲朋好友上门做客。不过，要是打算前去拜访墨西哥人的话，最好要事先进行预约，否则是不会受到对方欢迎的。

前去赴约的时候，墨西哥人一般都不习惯于准点到达约会地点。在通常情况下，他们的露面总要比双方事先约定的时间晚上一刻钟到半小时。在他们看来，这也是一种待人的礼貌。有鉴于此，在接待墨西哥来宾时，一定要保持足够的耐心，留出充裕的"提前量"，并且切勿对对方的姗姗来迟加以责怪。

赴约时衣着要正式干净，面容要整洁清爽。见面时，熟识的人要拥抱、亲吻，不熟的人要行握手礼。行握手礼，原则上是主人或女性先伸手。若女性不想握手，点头致意或说声"你好"即可。另外，做客时要大大方方，不能拘束，更不能乱动乱摸物品。吃完饭，不能马上就走，要陪主人聊一会儿天。聊天时，切忌问及家庭隐私问题。如果受邀到乡间别墅小住，一定要在临去之前准备一份像样的礼物，并且临走时给仆人留一些小费。

墨西哥人款待贵客时，习惯拿出他们认为最高贵的食品"油炸蚂蚁"让客人品尝。墨西哥人认为只有这样，才能表达自己的激动心情。他们与朋友告别时，习惯赠送一张弓、一支箭或几张代表神灵的剪纸，以表示对朋友的美好祝愿。

延伸阅读：

墨西哥的礼仪禁忌

墨西哥人忌讳"13"、"星期五"，认为这些都是不吉利和令人可怕的数字和日期。他们视公共场所出现"男子穿短裙、女子穿长裤"为有失体面。忌讳有人送给他们黄色的花和红色的花，认为黄色意味着死亡，红色花会给人带来晦气。忌讳蝙蝠及其图案和艺术造型，他们认为蝙蝠是一种吸血鬼，给人以凶恶、残暴的印象。忌讳紫色，认为紫颜色是一种不祥之色，只有棺材才涂罩紫颜色。

墨西哥的恰姆拉人有一种迷信习俗，他们认为照相是一种十分可怕的巫术，相机能把人摄进黑洞里去，变成一个形体丑陋的魔鬼，所以他们非常反感照相。墨西哥南部奴雷谷一带的人，忌讳客人一进屋就脱去帽子，否则意味着来客人是寻衅和报仇的。墨西哥的阿斯特克人把酒视为邪恶的源泉，认为只有老人才能开怀畅饮。这大概是因为老人年岁较大，经验丰富，有同邪恶斗争并战胜它的能力。如果青年人喝酒，定会被看成是大逆不道的行为，必然会受到严厉的惩处。墨西哥人忌讳用中国人惯用的手势来比划小孩的身高，因为用手心朝下、与地面平行的手势比划在小孩头部的位置，在他们看来是在侮辱人，这一手势只可用来表示动物的高度。墨西哥人在饮食上不喜欢油腻的菜品和用牛油烹调的菜肴，也不愿意吃用鸡油做的点心。

四、墨西哥的商务礼仪

1. 墨西哥的商务着装礼仪

墨西哥人的穿着打扮，既具有强烈的现代气息，又具有浓厚的民族特色。在墨西哥人的传统服装之中，名气最大的是"恰鲁"和"支那波婆兰那"。前者是一种类似于骑士服的男装，由白衬衣、黑礼服、红领结、大檐帽、宽皮带、紧身裤、高简靴所组成，看起来又帅又酷。后者则为一种裙式的女装，它多以黑色为底，金色滚边，并以红、白、绿三色绣花，无袖、窄腰、长可及地，穿起来令人显得又高贵、又大方。

在日常生活里，墨西哥的男子爱穿格子衬衫、紧身裤。在乡村之中，他们还往往上穿衣襟绣花的衬衫，下着白色或米色长裤，头戴宽边草帽，脖子上系着红绸印花领巾；有时，他们还会再穿上一件马夹，或是外披一件斗篷。

平时墨西哥妇女爱穿色调明快、艳丽的绣花衬衣和图案、款式多变的长裙。出门在外时，她们还喜爱披上一块用途多样的披巾。

只有在十分正规的场合，墨西哥人才讲究穿西装套装或西式套裙。在商务交往中，这种穿法是一种基本的礼貌。

墨西哥人非常讲究在公共场合着装的严谨与庄重。在他们看来，在大庭广众之前，男子穿短裤，妇女穿长裤，都是不合适的。因此，在墨西哥出入于公共场所时，男子一定要穿长裤，妇女则务必要穿长裙。

2. 墨西哥的送礼特色

墨西哥人的友好、宽厚以及随和使商业气氛显得和谐融洽。在墨西哥，礼品无处不在，鲜花、美酒、书籍、工艺品等礼物，都很受欢迎。外国人接到邀请去做客时，带上一束花、一瓶酒或一盒蛋糕就可以了。如果带上一件有本国特色的工艺品，主人往往更会高兴不已。但送花要记住，红花表示诅咒，紫花是不祥之色，白花则可驱邪，因此送白花才是适宜的。

在墨西哥，人们非常偏爱仙人掌和大丽菊。墨西哥人忌讳将黄色的花或红色的花送人。他们认为前者意味着死亡，后者则会带给他人晦气。在墨西哥，蝙蝠及其图案为人们所忌讳。在墨西哥人眼里，蝙蝠凶恶、残暴，是一种吸血鬼。在墨西哥，人们不仅不惧怕骷髅，反而认为它象征着公正，喜欢以其图案进行装饰。

礼仪
提醒

墨西哥人以黑曜石为国石，对它极为珍视。墨西哥人讨厌的数字是"13"与"星期五"。 接到墨西哥人用西班牙语写来的信件，切勿采用其他语言复信，不然就会被墨西哥人视为失礼。

3. 墨西哥的商务礼仪禁忌

墨西哥是你最可能做生意的地方，而且从多方面看也是最佳的买卖之地。当然，墨西哥也是了解拉丁美洲商务习惯的好地方。此外，墨西哥也是拉美地区除哥斯达黎加这一经济小国之外经商最为便利的国家。

在墨西哥从事商务谈判，要穿较保守的正式西装，忌穿便装。交流时，最好使用西班牙语。墨西哥尽管有很多人英语也不错，但仍然希望使用西班牙语交流。如果接到墨西哥人用西班牙文写的信件，千万不能用别的语言回复，否则是相当失礼的行为。另外，在墨西哥做生意要不慌不忙。尽管墨西哥人私下非常友好，但谈起生意，立马就会变得十分严肃，露出自我本位的本性。如此，做成一笔简单的生意都可能花上一周的时间。

五、墨西哥的节庆与娱乐礼仪

1. 墨西哥主要节日的礼仪

◇ 三王节

三王节在每年的1月6日，父母要向未成年子女赠送礼品。晚上亲友团聚，分食"三王面包圈"。大的面包圈内藏几个象征圣婴的塑料小人或瓷器小人，最先吃到"小人"者于"圣烛节"（2月2日）请客。

◇ 圣船节礼仪

圣船节是墨西哥古老的传统节日，主要流行于纳亚里特州的斯卡尔蒂坦岛。每年6月29日这一天，当地渔民举行象征性的"圣徒"划船比赛。晚上人们纷纷游行集会，庆祝载有圣彼得和圣保罗像的"圣船"比赛的胜利。

◇ 瓜达卢佩圣母节

瓜达卢佩圣母是墨西哥的庇护神，瓜达卢佩圣母节是墨西哥最重要的宗教节日。每年12月12日这一天，天主教会在特佩亚克山下的瓜达卢佩大教堂举行盛大的宗教仪式，数百万信徒赶来参拜瓜达卢佩圣母原像。境内各地教堂也举行宗教仪式。节日前后，印第安人教徒还要表演传统的民族舞蹈，按照自己的方式祭祀圣母。庆祝活动要持续一个月左右。

2. 墨西哥的斗牛盛会

斗牛，在墨西哥是一项具有浓郁民族特色、凝聚智慧与勇敢的节日盛会。性格豪放的墨西哥人非常酷爱斗牛。每逢节假日，墨西哥许多城镇都要举行各种风格的斗牛表演。小城镇的斗牛表演往往在简易的场地上进行，选用的通常是只有50多千克的公牛。表演者或手持红布，逗引牛犊冲刺，表演躲闪技巧；或以双手握住牛犊双角，将牛摔倒。正规的斗牛，规模宏大，最大的室内斗牛场可容纳上万观众；最大的露天斗牛场可容纳五万观众。

斗牛起源于西班牙，但在墨西哥也已有五百多年的历史。几个世纪以来，勇敢的斗牛士一直是墨西哥人崇拜的英雄。人们为他们立碑塑像，优秀的斗牛士甚至得到总统的接见。

斗牛场设在高2米，直径100多米由木板围起的沙地上，围墙内有四个门，除一个供公牛出入外，其余三个都设有一块挡板，供斗牛士避险。观众席为圆形、阶梯式看台。

斗牛有严格的程序和裁判，每场斗三头500千克以上的牛，斗一头牛的时间约 30 分钟。

在欢快的墨西哥马利亚奇民族乐队的伴奏下，举行隆重的入场式，斗牛士们上着紧身银白色服装，下穿齐膝斗牛士裤，头戴黑色宽边扁形斗牛士帽，肩披红色披风，在观众的喝彩声中入场。走在最前面的是三名首席斗牛士，中间是他们的助手——六名骑马的长枪手，六名勾枪手，最后是三匹经过装饰的大马拉的拖车，准备用来拖走被斗死的公牛。威武的斗牛士在一片乐曲声、欢呼声和喝彩声中，绕场一周后退场。

斗牛大体分为以下三个阶段。

◇ 第一阶段，刺牛

主要由两名骑马的长枪手来完成。司令台第一声号角拉开了惊心动魄、生死搏斗的序幕。一头凶猛无比，头长尖角、身印号码的公牛冲入场地。当它突然进入万人欢呼的陌生之地，便猛跑猛吼。这时斗牛士的助手徒步入场，用红披风挑逗公牛，为斗牛士试探火力。不一会，首席斗牛士初次登场。他用红披风继续逗引公牛向他冲刺。公牛一见红色披风，就用尖角直冲斗牛士，每次冲刺，都被斗牛士用各种优美的姿势巧妙地躲闪开。斗牛士为显示他的勇敢和高超的技艺，往往等到牛角尖将触到胸前的一刹那才躲开，因此，**场上的气氛十分紧张。每一个惊险动作都赢得雷鸣般的欢呼声喝彩声**。几十个回合过后，斗牛士摘下黑色船帽，向观众十分潇洒地行礼致敬，然后退场。随着司令台吹起的角号，两名英姿飒爽、颇有古代骑士风度的长枪手各骑一匹周身披满盔甲的骏马入场，这时被红色披风引逗的公牛一时失去了进攻的目标，如同中了魔似的正在怒气冲冲地寻找报复的目标，于是便翘起双角，不可一世地向骏马冲去，长枪手则乘公牛向马腹猛扑的一刹那，居高临下，用长枪轮番刺向牛背。三枪之后背上已经是鲜血淋漓，公牛受到突然袭击，性情更加暴躁，四处追赶两名骑士，以图报复，此刻斗牛士又一次出场用红披风引来公牛，为长枪手解围退场。

◇ 第二阶段，插花枪

司令台上又一声号响，两名勾枪手双手各持花枪徒步入场。花枪是根两尺来长的木棍，顶端镶有倒勾的枪头，枪柄缠着彩带。插花枪是一场短兵相接的搏斗。当公牛向花枪手攻击时，花枪手在侧身躲闪的瞬间里，眼疾手快，将一对花枪"嗖"地对称插到牛背上，接着另一名花枪手也眼疾手快，轮番插入了花枪，四支花枪在牛背上摇来晃去。此时暴怒的公牛疼痛难忍，血流如注，绕场狂奔起来。倒勾的花枪在血泊中抖动着，令人眼花缭乱。

◇ 第三阶段，决斗

司令台又响起了号角。斗牛士左手持红披风，右手执长剑，再次登场。这是全场的高潮，时间大约是15分钟，鲜血淋漓的公牛再次发现了攻击的目标，兽性大发，决心要把全部仇恨发泄在斗牛士身上，而斗牛士则按规定，在十分钟以内任凭遇到千难万险也不能动剑伤牛。他这时要使出周身解数，以显示他的勇敢与机智，这时斗牛士把披风抖动得潇洒自如，简直像跳舞。公牛会突然找准机会朝斗牛士胸部顶去，再躲闪似乎来不及了……观众刹时寂静无声，一个惊险的镜头出现了，斗牛士飞身一跳，轻巧得像只燕子，纵身越过牛背。这一绝技博得了观众雷鸣般的欢呼声。十分钟后，司令台响起了决战的号角。这是要求斗牛士以最快的速度将公牛杀死，结束战斗。斗牛士利剑出鞘，寒光闪闪，迎着拼命的公牛，在牛角尖将要触到胸膛的瞬间，将剑从牛颈与牛背之间直刺入牛的心脏，一头凶猛的庞然大物猝然倒下。

发了疯似的观众全体起立拍手叫好。公牛倒毙后，助手们马上赶来，割下牛耳，司令台上的裁判如果认为斗牛士技术出色，就示意将牛耳献给斗牛士。这时马利亚奇乐队高奏凯歌，胜利的英雄手持牛耳绕场一周，向极度兴奋的观众致意。观众则把鲜花、头巾、帽子、手帕，甚至贵重的物品抛给斗牛英雄。拖车把倒在血泊中的公牛拖出场外。第二场、第三场斗牛紧接着又开始了。

在斗牛中间，牛抵胸膛的千钧一发之际，一丝一毫的偏差，也会出现生命危险。被公牛撞翻在地，牛从身上踏过，甚至被公牛凌空挑起的惨景也时有发生。**墨西哥人在观看一场勇士与剽悍野牛的残忍搏斗中时而被激发起极度的狂热，时而又沉浸在生存竞争的悲哀之中。**

礼仪
提醒

如果斗牛士在最后的时刻，连续三剑杀不死公牛，牛就可以退场，永不被屠杀，直到老死。而斗牛士则在全场观众的嘘叫声中，名誉扫地，并终身被逐出斗牛场。

六、墨西哥的婚丧礼俗

1. 墨西哥的婚姻礼俗

月夜在姑娘窗前唱小夜曲是墨西哥青年向情人求爱的传统方式，动人的吉他声和着委婉的情歌往往能征服姑娘的心。条件成熟后，小伙子本人或他的父母便赴姑娘家求婚，若得到同意，就宣布正式订婚。与此同时，男方的朋友们要为他举行一个向单身汉告别的庆祝仪式，女方的朋友们也要为她举行一个性质相同的活动。订婚后，姑娘就把未婚夫赠给她的金戒指戴在左手无名指上，到正式举行婚礼时再移到右手上。在墨西哥，不少人婚礼前喜欢在报纸上刊登"结婚广告"。**现代城市青年，通常是在教堂中由神父主持婚礼，婚礼结束后设宴招待亲朋好友。**

尽管现代社会，墨西哥人结婚也是西装革履，西式婚纱礼服，但在某些地区仍然保留着印第安祖先的许多习俗，他们的求婚方式和婚礼依然如故。

在墨西哥南部的查姆拉族，收拾打扮只是年轻姑娘的事，已婚妇女爱漂亮被视为心术不正。小伙子一旦相中某个姑娘，父亲将立即到姑娘家求婚，带去的礼物是绵羊、面包和白酒。双方家长要商定小伙子和姑娘会面的日期。约定时间一到，小伙子提着鸟笼，牵着大绵羊登门拜访。姑娘的父亲要对小伙子进行观察和考试，如果最后收下了绵羊，婚事就算定下来了。

居住在墨西哥境内的印第安人，他们至今仍保留着古老的婚俗。北部的塔拉乌马斯人，在男女婚恋方面，往往是女方采取主动。如果姑娘看中了某个小伙子，就往小伙子家里扔石头，或在过"特斯吉纳达"节时，求婚的姑娘去抢小伙子脖上的项圈或头上的汗巾。只要小伙是对抢了东西的姑娘紧追不放，婚事就算成了。

霍拉斯族人还流行着一种"闹夜"的习俗。当求婚的小伙子给女方家送去礼物之后，夜晚，小伙子就要到姑娘门口闹夜，深表对姑娘的爱慕之情。第二天，小伙子的双亲则在部族首领陪同下去正式求婚并送上彩礼。如果姑娘的父母执意不肯答应，小伙子可以把姑娘抢去藏在有地位的人家里，而自己则主动去投案坐牢，到举行婚礼时再出来。

居住在墨西哥西北部的奥卡诺族人的订婚期往往长达3～4年。在此期间，小伙子要经常去女方家拜访，但不能随便跟姑娘说话。举行婚礼前，女方提出的"要价"很高，往往还要求男方负担女方家里的部分生活费用。

吉卜赛人在举行婚礼时，新婚夫妇要吃一口拌了盐和酒的面包。之后，新郎新娘要用匕首在各自的左手腕上划个交叉的血口，"头人"把两个血口合在一起，象征着夫妇感情融洽，天长地久。

索拉夫族人结婚，必须先相互猜出对方的生辰，如果猜错了，族长就会宣布婚约无效。这种猜婚看来不大容易成功，实际上有心人早已交换过情报。因此，到墨西哥旅游，要记住这种忌讳：千万不要向索拉夫族人打听人家的生辰，以免引起误会。

墨西哥还有一种古老的习俗，姑娘年满17岁，就成了"嫁不出去的新娘"，失去了自由恋爱的权利。这时，父母要将她作为贺年礼物，随便送给一个男人，姑娘都必须"遵命"。

延伸阅读：

石像作月老

圣安东尼奥石像是墨西哥人信奉的负责人间姻缘的"月下老人"。在墨西哥有一个古老的传统：如果女人到了该出嫁的年龄还没有嫁出去，就要去惩罚"月下老人"圣安东尼奥石像。着急的单身女人把圣安东尼奥雕像倒着放，让它头朝下待着，直到圣安东尼奥"让"她们找到如意郎君。

为了提醒圣安东尼奥关注自己的终身大事，来这里的女子要将13枚刻有自己名字的硬币供奉到一尊倒放着的雕像前，然后圈着庭院中的一个喷泉绕行13圈，口中祈祷："神圣的圣安东尼奥，您不要这样不理不睬，尽管已经耽误了很长时间，但还是希望您赐给我一位如意郎君。我已经无法忍受缺少爱的生活，请您一定要听到我的祈祷。我不要求丈夫英俊潇洒，也不要求他家财万贯，长得丑点、穷点都没有关系。我不介意他是单身、丧偶或离异。也不在乎他是瘸子或瞎子，如果您能赐给我，我就接受。圣安东尼奥，为我找到我的另一半吧，您要是不答应，我就一直把您头朝下放着。"这套祈祷词不知是何时兴起的，也不知道创作者是谁，所有来到这里的单身女子都这样念叨着。

2. 墨西哥的丧葬礼俗

墨西哥民族是个天性快乐的民族，这一点从他们对待死亡的态度上就可以看出来。他们认为，人死后可以摆脱生时的不幸和痛苦，走向欢乐的世界。因此，他们对死者的祭奠往往是载歌载舞。每年的11月1日和2日是墨西哥的亡灵节，是纪念已故亲人的传统节日，通过守灵、上贡等方式祭奠逝去的亲人。人们在墓地通往村庄或者小镇的路上撒下黄色的花瓣，让亡灵循着芬芳的小路归来。晚间，在家门口点上南瓜灯笼，为亡灵上门引路；在祭坛上摆着玉米羹、巧克力、面包、粽子、辣酱、南瓜、甜食、甜点等供品，让亡灵享用。**节日里，不分男女老幼，都可以戴着面具，穿上印着白骨的鬼怪衣服，在街上招摇过市，表示亡灵归来。**

第四章

巴西的礼仪

　　巴西位于南美洲的东部，是南美洲面积最大的国家，也是近年来经济发展较快的南美国家之一。巴西曾是葡萄牙的殖民地，独立后官方语言仍是葡萄牙语。在外来人口长期和大量的移民中，巴西人在饮食、日常生活、社交等方面形成了具有自己特色的礼仪文化。受地域文化影响，巴西人无论在日常生活还是在社交活动时，都形成了特殊的礼仪习俗与禁忌。

一、巴西概况

巴西的正式名称是巴西联邦共和国。巴西作为国家之名，源于当地一种树木的名字。在葡萄牙语里，"巴西"意即"红木"。巴西是南美地区领土面积最大、人口数量最多的国家。在世界上，巴西有着"足球王国"、"狂欢节之乡"、"咖啡王国"、"人种大熔炉"等美称。

1. 巴西历史简介

古代巴西为印第安人居住地。1500 年 4 月 22 日，葡萄牙航海家佩德罗·卡布拉尔抵达巴西，他将这片土地命名为"圣十字架"，并宣布归葡萄牙所有。16 世纪 30 年代，葡萄牙派远征队在巴西建立殖民地，1549 年任命总督。其后整个殖民地在葡萄牙统治下，顺着大西洋沿岸结成一体。1555 年，法国入侵巴西，占领了相当于今天的里约热内卢的地方，打算在南美设立一个法属殖民地的据点。然而由于法国人无法从欧洲吸引殖民者前来，所以终于在 1565 年被葡萄牙人逐出里约热内卢。葡萄牙人在巴西殖民地的统治权直到 1630 年才再度面临挑战。

1807 年拿破仑率船队入侵葡萄牙，葡王室迁往巴西。1820 年葡王室迁回里斯本，王子佩德罗留在巴西任摄政王。1822 年 9 月 7 日巴西宣布完全脱离葡萄牙独立，建立巴西帝国。佩德罗接着加冕称帝，称佩德罗一世。**1824 年巴西颁布宪法。1825 年，葡萄牙承认巴西独立。**

1888 年 5 月 13 日帝国政府被迫宣布废除奴隶制。1889 年 11 月 15 日丰塞卡将军发动政变，推翻帝制，成立了联邦共和国；1891 年 2 月 24 日通过第一部联邦共和国宪法，定国名为巴西合众国；1969 年 10 月 30 日改名为巴西联邦共和国；1964—1985 年由军人执政；1988 年制定和颁布了新宪法；1989 年 11 月举行了近 30 年来首次全民直接总统选举。

2. 巴西的地理与气候

巴西位于南美洲的东部，北部与法属圭亚那、苏里南、圭亚那、委内瑞拉、哥伦比亚交界，南部与巴拉圭、阿根廷、乌拉圭相接，西部与秘鲁、玻利维亚相连，东部濒临大西洋。**巴西是整个拉丁美洲国土面积最大的国家，约占其总面积的一半。**它的全国总面积现为851.49万平方千米，海岸线长7400多千米。

巴西的行政区划，是将全国划分为26个州，1个联邦区。巴西的首都，现为巴西利亚，它是由"巴西"一词演变而成的。在世界上，曾经号称"万国建筑博览会"。

巴西利亚是20世纪50年代末在巴西内地戈亚斯州境内海拔1000多米的高原上兴建的，是世界上海拔较高的首都之一。1960年，首都正式由旧都里约热内卢迁移至此。巴西利亚是南美洲建都时间最短的城市。1987年12月17日，联合国教科文组织批准该城为"世界文化遗产"。

巴西的地形主要分为两大部分：一部分是海拔500米以上的巴西高原，分布在巴西的南部；另一部分是海拔200米以下的平原，主要分布在北部的亚马孙河流域和东南沿海。全境地形分为亚马孙平原、巴拉圭盆地、巴西高原和圭亚那高原，其中亚马孙平原约占全国面积的1/3。有亚马孙、巴拉那和圣弗朗西斯科三大河系。其中，亚马孙平原是世界最大的平原，亚马孙河是世界上水量最大的河流，巴西高原是世界上面积最大的高原。圣保罗是南半球最大的城市。

巴西大部分地区属热带气候，南部部分地区为亚热带气候。亚马孙平原年平均气温25℃~27℃，南部地区年平均气温16℃~19℃。

3. 巴西的人口与民族

巴西是拉丁美洲人口最多的国家。它的全国总人口目前约为1.87亿，居世界第五。人口由白种人、黑种人、黄种人、土著人以及混血种人所组成。在全国居民总数中，以欧洲白人移民后裔为主，白种人约占54%，混血种人则约占 40%。**在巴西的混血种人之中，黑白混血种人占了绝大多数**。巴西东南地区是巴西人口最多的地区，根据 IBGE 2004 年数据显示，该地区人口有 7800 多万，相当于巴西人口总数的 42%。

4. 巴西的政治与经济

巴西实行总统联邦共和制政体。总统是国家元首和政府首脑兼武装部总司令，由直接选举产生。国民议会由参议院和众议院组成，行使立法权，为国家最高权力机构。两院议长、副议长每 2 年改选一次，可连选连任。参议长兼任国会主席。根据宪法规定，联邦最高法院、联邦法院、高等司法院、高等劳工法院、高等选举法院、高等军事法院和各州法院行使司法权。内阁为政府行政机构，内阁成员由总统任命。主要政党有劳工党、巴西民主运动党、巴西工党、民主工党、社会主义人民党、巴西共产党、进步党、巴西社会民主党、民主党等，其中巴西民主运动党是全国第一大党，主要执政党之一。

延伸阅读：

巴西的国旗、国徽与国歌

巴西国旗呈绿色长方形，长与宽之比为 10∶7，中央为黄色菱形，菱形中央是深蓝色圆形天球仪。圆形白色绶带上，书以葡萄牙文"秩序与进步"。圆形上有白色五角星，象征国家的 26 个行政区，而且那些星星的位置是 1889 年 11 月 15 日 8 点 50 分，新政府当天，里约热内卢星星排列的位置（巴西的首都原是里约热内卢，后来迁到巴西利亚）。绿色和黄色是巴西的国色，绿色象征森林，黄色象征矿藏和资源。

巴西国徽图案中间突出一颗大五角星，象征国家的独立和团结。大五角星内的蓝色圆面上有五个小五角星，代表南十字星座；圆环中有 27 个小五角星，代表巴西各州和联邦区。大五角星周围环绕着用咖啡叶和烟草叶编织的花环，背后竖立一把剑，剑柄在五角星下端。绶带上用葡萄牙文写着"巴西联邦共和国"，"1889 年 11 月 15 日"（共和国成立日）。

巴西现用的国歌是《听伊皮兰加的呼声》。国歌回顾了 1822 年 9 月 7

日佩德罗一世在圣保罗郊外伊皮兰加河畔发出"不独立，毋宁死！"呼声的情景，歌颂祖国获得了独立，充满着巴西人民对祖国的爱国情感。

巴西是拉美第一大经济实体，实力居拉美首位，在世界经济中居前十位之列。服务业、工业、农牧业为国民经济的支柱产业。1967年至1974年。巴西国民生产总值连续8年平均以10.1%的速度递增，创造了"巴西奇迹"。1988年后经济一直处于停滞甚至严重衰退和高通货膨胀状态中。1993年，政府实施以恢复国民经济、遏制通货膨胀、增加社会福利、改革税收为主要内容的新经济计划"雷亚尔计划"。1994年7月1日，改革币制，稳定了市场和物价。近两年卡多佐政府继续执行稳定经济政策并不断深化改革，加速宏观经济结构的调整和私有化进程取得了积极成效，经济情况不断好转。

巴西矿产资源丰富，主要有铁、铀、铝矾土、锰、石油、天然气和煤等。有较为完整的工业体系，钢铁、汽车、造船等行业在世界享有盛誉，核电、通信、电子、飞机制造等领域的技术水平已跨入世界先进国家行列。巴西农牧业发达，是世界第一大咖啡生产国和出口国，有"咖啡王国"之称，甘蔗和柑橘的产量居世界之首，大豆产量居世界第二，玉米和糖果产量居世界第三，被誉为"21世纪的世界粮仓"。巴西的旅游业久负盛名，为世界十大旅游创汇国之一。

巴西与阿根廷、智利、乌拉圭和墨西哥一起并称为拉美地区经商环境最佳的国家。 巴西市场非常巨大。因为美元对巴西雷亚尔一直维持强势，所以外国产品在巴西相对便宜。

在巴西，通关情况之糟糕堪称噩梦，进口所支付的关税税费甚至高于商品原价，从而推高了巴西居民购买北美产品的价格。巴西法律系统十分脆弱，腐败现象普遍，知识产权保护不力。

进口——机械、电子及运输设备、化工产品、石油、汽车零部件及电子元件，从美国进口约占进口产品总量的16%。

出口——运输设备、铁矿石、大豆、鞋子、汽车及咖啡豆，对美国出口约占出口产品总量的18%。

汇率——1美元=2巴西雷亚尔。

5. 巴西的文化与宗教

巴西的官方语言是葡萄牙语。它是拉丁美洲里唯一一个以葡萄牙语为官方语言的国家。在拉丁美洲的其他国家里，官方语言基本上都是西班牙语。**巴西是世界上讲葡萄牙语人数最多的国家，是拉美地区唯一讲葡萄牙语的国家，超过半数人口具有欧洲血统。**

里约热内卢的狂欢节是巴西一年中影响深远的大事，而且每个人一生中都应该至少经历一次。这个狂欢庆典可谓世界上独一无二，根本无法用语言或照片来恰当表达。里约热内卢的狂欢节称得上是热闹非凡。相比之下，新奥尔良的狂欢节似乎只能算作安静的教堂野餐。里约热内卢的狂欢节在每年的 2 月底举行，是圣灰星期三之前的那几周。不过，在狂欢节开始前的两周以及结束后的那几天（以便恢复体力清理现场），商业活动都会停止。因为每年这个时候天气往往十分炎热，所以只需穿一点点衣服。

不管在艺术形式还是通俗特色方面，巴西音乐均引人注目。19 世纪具有国际声望的作曲家哥梅斯即是巴西人，其作品具有意大利风情，包括根据阿伦卡尔的《瓜拉尼人》写成的歌剧。20 世纪的维拉洛博斯也享有国际盛名，作品主要以本土主题和乐器为基础。

巴西普遍的音乐舞蹈时尚（如桑巴舞）多来自民间，主要受非裔影响，是巴西多重文化的表现方式之一。

巴西的体育活动十分活跃，其代表队经常参加一些洲际和世界性国际比赛，许多体育项目的水平不断提高。比较普及的项目有足球、篮球、排球、田径、帆船、冲浪、游泳等，其中尤以足球、篮球、排球三大球最为普及，并且水平较高。巴西拥有各类体育场馆4000 多个。众多的、先进的体育设施，为群众开展各项体育活动提供了有利条件，同时也使巴西几十年来有条件举办一些重大的国际比赛。

巴西是世界上天主教徒最多的国家，83% 的居民信奉天主教，少数居民信奉新教和犹太教。

二、巴西的生活礼俗

1. 巴西的服饰礼俗

尽管巴西大多数地区处于热带，温度较高，但是巴西人很注意衣着。即使在酷暑，人们也习惯长衫长裤，街上很少见到穿短裤的人。

在一些正式的场合里，巴西人的穿着打扮十分考究。他们不仅讲究穿戴整齐，而且主张在不同的场合里，着装应当有所区别。

在重要的政务、商务活动中，巴西人主张一定要穿西装或套裙。而在一般的公共场合，男人至少要穿短衬衫、长西裤，妇女则最好穿高领带袖的长裙。

相对而言，巴西妇女的着装更为时髦一些。她们爱戴首饰，爱穿花衣裳，并且喜欢色彩鲜艳的时装。在一般情况下，巴西妇女大都喜欢赤脚穿鞋。

在巴西妇女之中，黑人妇女的着装可谓独树一帜。她们一般爱穿短小紧身的上衣、宽松肥大的花裙，并且经常身披一块又宽又长的披肩。

礼仪提醒

在巴西的纳简斯第地区，妇女们戴帽子的方式，可被用以表明情感。按照当地习俗，帽子戴得偏左，表示"未婚"；帽子戴得偏右，表示"已婚"；帽子扣在前额上，则表示"别理我，烦着呢"。

2. 巴西的饮食礼俗

巴西人的饮食习惯各地不一。**巴西南部，烤肉是当地最常用的大菜。**

东北地区的人们主食是木薯粉和黑豆，其他地区的主食是面、大米和豆类等。蔬菜的消费量以东南部和南部地区居多。巴西的豆子炖肉是全民大菜，它是用豆子与肉类烹煮而成的菜；烤肉为一品国菜，尤其在周末，巴西人喜欢把大块的肉放在火上烤着吃。许多巴西人家里都备有烤炉，以备宴请宾客或自家享用。巴西人最爱吃里脊肉，大多数人都喜欢辣味菜肴。吃鱼在巴西人当中还没有完全普及，通常只是在星期五和复活节时吃鱼，然而，他们都喜欢吃虾，不过龙虾价钱很贵。

巴西人饮食上忌吃奇形怪状的水产品和用两栖动物肉制作的菜品如蛇、青蛙这些比较奇怪的东西食物，甚至部分巴西人看到鱼头、鸡头在菜盘子里都不敢吃；他们也不爱吃用牛油制作的点心。

在饮食上，巴西人是以大米为主食，喜欢在油炒饭上，撒上类似马铃薯粉的魔芋粉，再加上类似花菜豆的豆一起食用。过去，巴西人不喜欢食用菜，自外来移民种植了大量的优质菜后，巴西人的家宴餐桌上便变得丰盛起来。在周末愉快的餐中，巴西人喜欢把大块的肉放在火上烤着吃。巴西晚餐时间早则 8 点、9 点开始，晚则于午夜 12 点开始。

◇ 传遍全球的巴西烤肉

巴西南部土地肥沃，牧场很多，烤肉是当地最常用的大菜。

烤牛肉是巴西的著名风味菜肴，每逢家宴，外出野餐，都少不了烤肉。巴西烤肉是巴西的一道国菜。厨师将一道道不同部位的精美烤肉，轮流送到客人面前，让客人根据自己的爱好，选择不同的部位，再由厨师削切入盘，直到顾客吃足为止。**巴西的烤肉店遍布全国，但以南里奥格兰德州的烤肉最为正宗。**

巴西的烤肉，外焦里嫩，香气四溢。其特点是熟而不老，香而不腻，不同的部位，不同的火候有不同的风味。瘦肉经炭火一烤，表层油脂渗出，飘放一种特有的焦香。有的像火腿一样坚实，有的像扣肉一样松软，也有的像皮子一样柔韧。巴西人最爱吃的一种烤肉叫"丘拉斯科"。这种烤肉肉质细嫩，脂肪很少，因烤得鲜嫩，用刀一切，还渗着血丝。

烤肉的做法是把肉放在烤炉上烤。烤炉的两壁有搭放烤扦的平台。把要烤的肉穿在大小、粗细不等的烤扦上，把烤扦横架在烤炉壁的平台上，下边点起炭火，在烤的肉上面不加调料，只在表层撒上一些食盐，经火一烤，一种特有的肉香味便四溢而出。巴西的烤肉名目很多，有烤牛大腿、前臀尖、后臀尖、里脊、排骨及牛峰等，还有烤鸡心、烤鸡大腿、烤火腿、烤小排骨等。

烤肉不仅是巴西的风味菜，也是一种大众菜。烤肉店在巴西到处可见，除了比较讲究的烤肉店和一般城乡烤肉店之外，烤肉也已广泛进入巴西人的家庭。许多巴西人的家里都备有烤炉，除宴请贵宾之外，自家也经常享用。

礼仪提醒

巴西是个多民族的国家，各族人民都十分热情、好客。世界各地的游客少不了都要领略一下当地的风味菜。当顾客走进餐厅，即可看到服务员一手拿着铁扦穿着烤好的肉，一手拿着闪亮的利刀，笑容满面地走到顾客身旁，让顾客任选部位，按着需要切成肥、瘦、厚、薄不同的肉片，然后撒上配好的佐料。只要顾客吃上一口，就会点头称好。

◇ 豆子炖肉

豆子炖肉也是世界驰名的。"豆子炖肉"最早是奴隶吃的一种杂烩菜，即把豆子和厨房切剩下及主人吃剩下的东西一起炖煮。今天，"豆子炖肉"则是以各式各样的熏肉和豆子为材料，加入洋葱、大蒜和肉桂叶调味品，再用小火炖煮而成的大菜。"豆子炖肉"需配以当地人称为"凯布利那"的甘蔗酒、米饭、切得细细的甘蓝和柳橙。这样，它才成为地道的"豆子炖肉"。

◇ 烩费让

"烩费让"被称为国菜，是宴请时不可缺少的主角。它是由黑豆、红豆等杂豆，加上猪肉香肠、烟熏肉、甘蓝菜和橘子片等组成。

◇ 蔗酒

巴西人的社交活动里离不开酒。在炎热的夏日，点一杯冰凉的啤酒解暑是非常惬意的事。蔗酒是巴西人餐桌上不可或缺的饮料。这是一种用甘蔗酿成的烈性酒，呈琥珀色。

◇ 咖啡

巴西是一个素称"咖啡王国"的国家，是世界上最大的咖啡消费国之一，也是世界三大咖啡产地之一。咖啡是大多数人喜欢的饮品，喝咖啡也是当地人们的习惯。巴西人的生活跟咖啡有不解之缘，一天内喝数十杯咖啡是常见的事。巴西人会见客人时，请客人喝浓咖啡，用很小的杯子一杯一杯地喝。早饭往往要喝上一杯浓咖啡。工间休息也要喝咖啡，故此，工间休息被称为"喝咖啡时间"。接待客人先送上一杯又浓又香的咖啡自然是必不可少的礼节。街头咖啡摊比比皆是。各银行、旅行社、航空公司等机关的办公室里都免费供应咖啡。因此，咖啡在巴西人的生活中占有很重要的地位。

在巴西，咖啡待客有着一定的讲究。当客人进家来访问时，主人总是向客人献上一杯热气腾腾的咖啡，以示对客人的欢迎。作为客人一定要喝主人敬献的咖啡，因为这表示对主人的尊重，否则主人会不高兴的，会以为客人看不起他。反之，如果主人不向客人献咖啡，这就意味着主人对来者持冷淡态度。

咖啡是一种常绿灌木，开白花，有香味，在深红色椭圆形果实里有两粒小小的种子，种子烘烤制成粉，便可以作饮料。**咖啡香味浓郁，可以解除疲劳，有提神醒脑的功能。**

咖啡是如何发现的呢？传说在 900 年间，在埃塞俄比亚的卡法，有一位牧羊老人在山坡上放羊，突然，羊群乱蹦乱跳起来，异常兴奋，老人惊讶不解，仔细一查看，原来羊吃了一种不知名的果实。老人觉得奇怪，也摘下几颗吃了，结果老人也随羊群手舞足蹈起来。后来人们就把这种果实起名为咖啡。

延伸阅读：

咖啡王国

巴西以咖啡质优、味浓而驰名全球，是世界上最大的咖啡生产国和出口国，素有"咖啡王国"之称。

咖啡并非起源于巴西，那么巴西又是怎样成为"咖啡王国"的呢？这也有着一段神奇的传说。早在1772年，一位葡萄牙军官以中立者的身份去几内亚调解法国和荷兰争夺几内亚的纠纷。在几内亚，一位法国军官的妻子偷了几粒咖啡种子送给了这位葡萄牙军官。后来这位军官把这几粒咖啡种子带到了葡萄牙殖民地巴西。巴西土地肥沃，气候湿润，自然条件得天独厚，加之劳动力资源丰富，咖啡很快在巴西的土地上繁衍起来，同时在拉丁美洲其他地方也逐渐推广种植。世界上生产咖啡的国家有五十多个，但巴西的咖啡产量和出口量一直居世界第一位。

巴西位于南美洲东南，地处热带和亚热带，独特的地理和气候条件很适合种植咖啡，加之劳动力廉价，咖啡种植业迅速兴起。20世纪初，巴西的咖啡产量占世界总产量的75%以上，从而赢得了"咖啡王国"的美称。咖啡是巴西国民经济的重要支柱之一。

巴西人酷爱咖啡。在巴西，无论在城市还是乡村，各式各样的咖啡屋随处可见，人们几乎随时随地都可以喝到浓郁芳香的热咖啡。

◇ 马黛茶

马黛茶也是部分巴西人的喜爱之物，不含酒精的饮料当属新鲜水果汁为最佳。茶壶一般用当地的葫芦做成，壶外壳用牛皮包制，做工十分讲究。喝茶有专用的吸管。马黛茶含有丰富的矿物质，有利尿通便、提神开胃的功效。对巴西人来说，马黛茶就像中国人喝茶一样，不仅是一种生活习惯，也是一种文化。

巴西南里约格朗德州少数民族——高乔人把马黛茶和当地人称作"耶尔瓦"的牛肉作为一日三餐的必备品。马黛茶树是一种灌木，长着青翠欲滴的长形叶子和开着香气扑鼻的小白花。据说马黛茶能清热解暑、生津止渴，还有消除疲劳、提神醒脑的功能，并有长生不老药之美称。

高乔人喝马黛茶很讲究，茶壶是用当地的葫芦做成的，上边开一个小口，沏上茶后，稍泡一会儿，喝时把一个细长的吸管从小口内插进去，然后慢慢地吸吮，细细品味茶的清香。每逢来客，主人则用双手捧起泡好茶的葫芦，客人按照年岁大小和尊贵程度依次吸吮。客来献茶是高乔人待客的礼节，马黛茶已成了待客的必备饮料。茶具也逐渐由粗变细，特别是在北方，人们已使用精制的茶壶泡茶，然后，主人细心地将茶斟在客人的小茶杯里。**喝了馨香的马黛茶，会解除路途劳累，也会感到精神倍增。**

◇ 瓜拉那

瓜拉那是巴西的一种新饮料。**瓜拉那味道芳醇，可提神醒脑，被誉为"小香槟"，深受大众欢迎。**"瓜拉那"是亚马孙河下游地区生长的一种攀缘植物，果实聚生，形似山里红，熟后呈橘红色，璀璨夺目。数百年来，当地的印第安人一直采摘这种果实加工成饮料，取名"瓜拉那"。近年来，这种饮料受到人们青睐，并且有了新的制作方法：先把果实晒干磨成细粉，然后加水调成糊状，加工成圆柱状小块，烘干。饮用时放于坏中，即冲即饮。

延伸阅读：

巴西人喜爱的瓜拉那

瓜拉那一经问世便受到巴西人的普遍喜爱。无论在餐馆还是在冷饮店里，不管在飞机上还是在海滩，到处都可以品尝到美味可口的瓜拉那。它之所以深受欢迎和畅销，不仅因其是生津解渴、退火清热的饮料，而且是一种良好的补养品：可提神健脑，防止动脉硬化，治疗神经痛及腹泻痢疾，还有强心和刺激性欲的功能。在一定程度上起着恢复青春抗衰老和延年益寿的作用。这种饮料尤其适于中、老年人饮用。但睡前不宜过量饮用，儿童少饮为宜。瓜拉那是用瓜拉那树的果实制成的。纯瓜拉那粉是用果核磨碎烘干制成，呈棕色，味微苦。配制饮料时要加一定比例的果汁和糖，瓜拉那的比例也不宜过高，按巴西政府的规定应为 0.02% ~2.2%。

在印第安人中还有一段关于瓜拉那的美妙神奇的传说。很久以前，在亚马孙地区的毛乌埃印第安人中有一位受雅西美神保护的绝代佳人——塞拉萨波兰加。她深受部落男女老幼的爱戴和尊敬，但她爱上了一名敌对部落的勇士，并与其一起逃走。当毛乌埃部落人将他俩抓回并决定将勇士处以死刑之际，塞拉萨波兰加设法救出勇士。二人再次逃走，忠贞的爱情使他俩一起自杀于一棵大树下。部落的人为此很是悲哀并祈求雅西美神让这位美丽姑娘的灵魂同他们永存。雅西美神被感动，并施魔法使姑娘的眼睛长出一棵树，树结出来的果实犹如她那两颗炯炯有神的大黑眼珠，这就是瓜拉那。后来巴西人还称瓜拉那为"青春果"。

ᗱ. 巴西的居住礼俗

巴西人的住房多种多样。在大城市，既有高楼大厦，又有传统的庭院；在农村，是用支架支撑起来离地面很高的圆筒形草房。在东北部地区，大多数是用木搭成骨架，在木柱间再用细点的枝条交叉地编成格棚，然后再在上面糊上黏土的木制房屋。在东南部地区，居住的是石屋、木屋和土层。在大的河流湖泊和沼泽沿岸还能见到建在木桩上的水上房屋。

在巴西，离亚马孙州首府马瑙斯80千米处，有一个坐落在亚马孙河面上的水上村庄，这就是著名的桑塔那村。一间间茅屋，一片片轻舟，一堆堆水草镶嵌在河面上。在蓝天骄阳的映照下，恰似一幅迷人的水乡风景画。**村庄以独特的水乡风貌吸引了大量的游客。**

亚马孙森林中盛产--种缘心木。它质地坚硬，并耐腐蚀。当地人利用缘心木的这一特性，将其作原材料，在水中建造房屋。人们按着一定方位，把几根缘心木牢牢地插入水中，然后在离水面不高处铺上木板。最上面架起屋梁，屋顶和周围用棕榈叶覆盖起来。这些别具一格的水上房屋颇为讲究，有卧室、客厅、厨房等。为了防风拦雨，在附近还建起了木围墙。他们常常把几座木屋连成一组，屋之间有小木桥相通。

礼仪提醒

森林覆盖、河网密集的亚马孙地区，林业、水利资源极其丰富。这里的淡水占地球表面流水量的1/4。热带森林制造着大量的氧气，素有"地球之肺"之美称。这里风景奇丽、水乡诱人，如今已成为巴西新开辟的旅游区。

三、巴西的社交与商务礼仪

1. 巴西的会面礼仪

巴西人热情坦率，性格直来直往，不以表露感情为羞。在社交场合，巴西人与人相见时，通常会面带微笑和人握手。**在与亲朋好友、熟人或情人相见时，大多相互拥抱或者亲吻作为见面的礼节。**巴西女子之间经常采用贴面礼作为见面的礼节，行贴面礼的时候，嘴里还发出亲吻的声音，以此来表达她们的亲热之情，但是嘴唇并没有真正地接触到对方的面颊，而只是空吻一下。在巴西某些地区，人们相见时，往往先握紧拳头，然后向上方伸出拇指，以此问安和致敬。

巴西的土著居民在欢迎外来客人时，尤其是在欢迎贵宾时，他们会举行一个仪式来表达对客人的友好欢迎。首先要由一个巫师向客人脸上吹气，以驱除他们有可能带来的疾病。然后男主人会泪流满面地致欢迎词，他们认为眼泪是欢迎客人的最好的方式。最后女主人会用一种特殊调好的颜料把客人的脸涂抹成红色或者黑色。这是主人善意的一种表示。

除此之外，在巴西民间还流行着一些较为独特的见面礼节。

沐浴是巴西土著居民迎宾的礼节之一。当客人抵达后，主人必定要做的头一件事，便是邀请客人入室洗浴。客人沐浴的时间越久，就表示越尊重主人。有时，主人还会陪同客人一道入浴。宾主双方一边洗澡，一边交谈，显得大家亲密无间。

尽管巴西民族众多，但是其核心成分，主要是信天主教、说葡萄牙语的葡萄牙人的后裔。因此，在礼仪与习俗上，巴西的主流社会深受天主教教规和葡萄牙文化的影响。

巴西有着良好的社会秩序，巴西人热情奔放，乐于助人，并且在日常生活中都很注重自己的公众形象。在巴西，任何人都不许排队加塞；禁止在公共场所吸烟、乱扔垃圾和吐痰；公共场合不准大声喧哗、高谈阔论。

2. 巴西的拜访礼仪

巴西人慷慨好客，到他们家里做客，酒杯里永远有酒，盘子与咖啡杯里永远不空。在巴西人家里做客后的第二天，应托人给女主人送上一束鲜花或一张致谢的便条。**在拜访巴西人时，交谈中要注意话题，最好不要涉及与巴西有着长期恩怨的阿根廷、政治、贫困、热带雨林、遭毁流浪儿童，犯罪、腐败等主题。**这些是巴西社会现状的短板，会伤及他们的尊严。巴西人也不要谈及自己的私生活，如孩子的情况、收入多少、宗教信仰、婚姻状况等。但是，他们却喜欢窥人隐私，对此，应客气作答。巴西人在人际交往中大都活泼好动，幽默风趣，爱开玩笑。万不可以为他们是在对你嬉皮笑脸，存心怠慢。

巴西人招待普通朋友，一般是到餐馆请客，不轻易邀客人到家用餐。只有知己或亲密朋友，才有请进家中做客的资格，这也是给客人的一种最高礼遇。在巴西人的家宴上，酒类准备得较多，通常以红、白葡萄酒和啤酒为主，凉菜多为沙拉，主菜则以烤肉为主。饭后备有甜食、水果、咖啡、茶、冰激凌等。席间，主人一般不劝酒，客人喜欢哪种酒、哪种饮料可随便饮用。

在巴西餐馆用餐使用的餐具有刀、叉、勺、盘、杯、碟等。餐具放在即将就餐的客人面前，叉子放在餐盘的左边，刀放在餐盘的右边，勺摆在刀子的右边。刀叉的数目要与菜的道数相同。使用刀叉由外及里。吃面包不使用刀叉，用手掰就可以。每道菜吃完，侍者将用过的盘子和刀叉撤去，再换上新的餐盘，以供吃下一道菜时使用。用餐时，右手持刀，左手持叉。用刀将盘内的肉等切成小块儿，再用叉把食品放进口内。**巴西人也喜欢饮酒，但一般不劝酒，也不灌酒，这与中国的习惯不太相同。**正餐过后，侍者端上甜点、水果、咖啡或茶。装有咖啡和茶的杯子是放在小盘子上的，喝过连同小盘一起端起。小盘上还摆放一把小勺，是用来搅拌咖啡和茶的，喝时不能用小勺一勺一勺地喝，而应该把小勺放在盘子边上，左手托着盘，右手端起杯来喝。

延伸阅读：

巴西人的礼仪禁忌

巴西人最喜爱的鲜花是卡特兰。它是兰花之中的一种，已被定为巴西的国花。

对于蝴蝶，巴西人十分偏爱。他们认为，蝴蝶不仅美丽，而且还是吉祥之物。

出于宗教方面的原因，巴西人忌讳"13"这一数字。他们所忌讳的色彩，则是被其视为象征悲伤的紫色和代表凶丧的棕黄色。

与外人交谈时，巴西人不但神采飞扬，滔滔不绝，而且还喜欢跟对方拍拍打打。他们爱聊足球，爱讲笑话，爱听趣闻。对于国内政治、经济、民族问题，则闭口不谈。

在人际往来中，巴西人极为重视亲笔签名。无论是写便条、发传真，还是送礼物，他们都会签下自己的姓名，否则就是不重视交往对象。对使用图章落款的做法，巴西人是不习惯的。

巴西人忌讳棕色、黄色，认为人死如同橘黄的树叶飘落，是死亡之色；忌讳紫色，因为紫色表示悲伤，多用于葬礼配色，是不吉利的色彩；忌讳深咖啡色，认为它会招来不幸。所以，在巴西旅行，穿衣一定要注意避讳以上几种色彩，免得招惹人反感。

在巴西，一位女士最好不要邀请一位关系普通的男士共进晚餐。对于对方的邀请，也不宜接受。否则就有可能产生误会。

跟巴西人打交道时，不宜向其赠送手帕或刀子。

3. 巴西的商务活动礼仪

巴西人在商务活动中，很重视建立良好的私人关系，如果你在他眼中是一个值得信赖的朋友，那么他将会对你以诚相待。在巴西人家里接受了招待，礼貌的做法是在第二天给女主人送去一束鲜花并附上一封感谢信。但是不能送紫色的花，因为紫色在巴西人眼中象征着死亡。巴西人认为兰花是民族一切可贵品德的象征，他们视大而美的花形象征高瞻远瞩，坚实的花瓣象征坚毅刚强，富于变化的花色象征知难而进和百折不挠的精神。

巴西人在接受别人的礼物时，总习惯当着送礼者的面打开礼品包，然后致以谢意。如果他们到什么地方买了礼品，首先要把原来包装的纸剪掉一点。因为他们认为包装纸是管运气的，不要把别人的好运气带走。

巴西商人愿意随着信任和长期关系的发展而保持商务往来。切记，巴西人可能会对想购买公司股票的外国人失去信任。个人关系很重要，如果可能的话，在初次见面时，带上一张你们双方共同认识的人的名片，你也可以找一家中间商，中间商收取一定的费用，他可以帮助你处理从翻译到注册之类的杂事。其作用是无可估量的。初次见面，最好送些小礼物，但必须注意送礼的方式。首先，**女士应避免送礼给男伙伴，否则容易引起误解**；其次，在双方已建立较好的个人关系以后，不应再送商务范畴的礼物；送给孩子的礼物最受赏识和欢迎。送礼最好在商务会谈之后，气氛轻松以及吃饭的时候如果你在回国前，询问一下你的巴西伙伴是否需要带些家乡特产给他们，他们将非常欢迎。不要特别赞赏你的伙伴家里的任何一件东西，否则他们将坚持送给你，而你必须接受。

在巴西参加商务活动时，要准时赴约，男士宜穿整齐深色的西装，女士则最好穿职业套裙，要时刻保持温和、愉悦的心情。如对方迟到，不要惊讶、生气。因为巴西人与其他拉美人一样，对时间和工作的态度不是那么严谨，所以，应该谅解。在交谈中，最好不要主动提及工作，也不要谈论政治、民族等话题。

巴西人特别喜爱孩子，谈话中可以夸奖孩子，他们会非常高兴的。另外，谈话时要显得亲热，最好与对方保持较近的距离。如果能做好以上几点，一定会赢得巴西人的好感的。

四、巴西的节庆与游艺礼仪

1. 狂欢节的礼仪

狂欢节是西方许多信奉基督教的国家共有的节日，但是却没有哪个国家搞得像巴西一样火爆刺激。巴西是世界上公认的狂欢之乡，巴西狂欢节被称为世界上最大的狂欢节，也是最奔放的狂欢节，有"地球上最伟大的表演"之称。

狂欢节在每年2月的中旬或下旬举行3天，每年吸引国内外游客数百万人前往观看。节日期间，狂欢的浪潮席卷巴西全国，男女老少，不分种族、信仰、贫富，都涌上街头，身着奇装异服，狂舞桑巴。有的男人打扮得像女人一样，平时内向的女人则跳起了狂热的舞蹈，仿佛进入了另外一个世界。

狂欢节期间，巴两举国上下都会涌上街头尽情狂欢。人们有的身穿古装，有的头戴假面具，有的戴着印第安人的帽子，有的男扮女装。飞舞的彩旗、绚烂的彩灯与多彩的服装争奇斗艳。各个桑巴舞学校的比赛和表演是狂欢节的主要内容。桑巴舞源于非洲，舞者环绕着吉他弹奏者翩翩起舞，舞姿优美，节奏明快，使人振奋。巴西狂欢节还具有印第安文化特色，游行中一些人背着弓箭，跳着印第安舞蹈，更为节日增添欢乐的气氛。

在巴西各地的狂欢节中，尤以里约热内卢的盛会为世界上最著名、最令人神往。盛大的桑巴游行是狂欢节的高潮。在桑巴游行中，一辆车身长达 10 米的彩车打头阵，车上装着高音喇叭，车顶上七八名鼓手敲出震耳欲聋的欢乐鼓点，歌手引吭高歌，桑巴舞女演员高高在上，扭动腰肢跳着欢快的桑巴舞。成千上万的人簇拥在彩车前后，一边和歌手一起歌唱，一边随着节奏跳着桑巴舞。彩车队的第一辆车上是"狂欢国王"和"狂欢王后"，他们是节日象征性的首领。里约热内卢每年的狂欢王、狂欢后及狂欢公主都是经过评选产生的。他们都是在各种桑巴舞表演中担任过领舞的桑巴能手，狂欢王的体重还必须在 130 公斤以上。紧随其后的是头戴面具、脚踩高跷、身着小丑服装的丑角和穿着离奇古怪服装的荒诞剧演员。此外，还有头插羽毛、用各种颜色涂满全身的印第安人舞蹈家。桑巴舞令人陶醉，舞者穿着迷你舞服，剧烈地扭动腰部、腹部和臀部，接连不断地轮番跳着桑巴、伦巴、土风、摇摆等民族舞蹈。

巴西狂欢节那艳丽的服饰、强劲的音乐、火辣辣的桑巴舞总是让人流连忘返。

礼仪提醒

相传，里约热内卢狂欢节始于 19 世纪中叶。最初的狂欢节是举行一些室内化装舞会，人们戴上面具，尽情欢乐。1852 年，葡萄牙人阿泽维多指挥的乐队走上了街头。随着节奏明快的乐曲，全城男女老少都跳起来，整个城市欢腾起来，标志着狂欢节成为大众的节目。

2. 海神节的礼仪

每年的 2 月 2 日，是充满着神奇宗教色彩的巴西海神节。海神节也成为今天巴西最隆重的宗教节日之一，每年都要隆重举行海神节祭祀。**海神节最热闹的地方是萨尔瓦多**。信徒们带着准备好的海神礼物和祭品，从四面八方拥向萨尔瓦多的里约维尔梅乌湾，在鼓声和非洲宗教仪式的舞蹈中拉开海神节的序幕。当四处响起桑巴音乐，非洲鼓声在峭壁间回荡，整个海湾洋溢着节日的狂热气氛。

9. 巴西的游艺礼俗

◇ 桑巴

桑巴是巴西最有代表性的民间舞。16 世纪初，欧洲和非洲文化随着殖民者和黑奴进入巴西，与当地印第安文化相结合，产生了新的混杂型文化，这种文化的代表即是桑巴。其音乐为 2/4 或 3/4 拍子，切分音丰盛，节奏性强。集体桑巴即兴性强，女子主要是扭胯动作，而男子则增加了舞步的变化。表演桑巴有高难度的扭胯、造型和旋转舞步。巴西每年 2 月举行狂欢节，几乎全国都跳桑巴，各大城市还派出桑巴队进行比赛。

礼仪提醒

桑巴舞的舞蹈动作不同于一般的轻歌曼舞，它具有豪放而又带点即兴发挥的性质。有时舞伴故意将对方绊倒，被绊者却又轻松自如地随着音乐的节奏重新站起来，继续跳，气氛极其热烈。

巴西人民最喜爱的娱乐活动首推桑巴舞。许多巴西人说："我们饭可以不吃，觉可以不睡，但桑巴舞不跳不行。"狂欢节时，巴西人跳桑巴，可以连续几昼夜，忘掉了忧愁与烦恼，忘掉了紧张与疲劳，剩下的只有欢乐与享受。巴西一位妇女说："桑巴舞已渗透到我们的血液中。"由此可见，桑巴舞在巴西广大人民心目中占有着十分重要的地位。

桑巴舞舞姿优美，舞曲旋律紧张而欢快，令人兴奋、激动，以打击乐伴奏。它是一种集体歌舞，参加表演的人少则几十，多则几万。队形有时排成双行，有时围成一圈，圈子中间还有单独表演者。舞蹈者随着音乐节奏一重一轻地自然屈膝弹动，上身随着摇曳，有点像热带风光里棕榈树在微风中摆动。伴奏由四分之四拍或四分之二拍的乐曲组成，并有快、中、慢三种速度，每分钟58～54 小节。基本步法是前后平衡步，即第一拍左脚前进一步，屈膝、重踏；第二拍右脚换步轻点地；第三拍右脚后退屈膝，重踏；第四拍左脚右脚换步轻点地。同时，上身随脚步前后摆动摇曳生姿，构成全身松弛、节奏强烈和令人轻松愉快的舞蹈意境。男舞蹈者以两脚快速移动、旋转为主，女舞蹈者以上身的抖动和腰、腹、臀部的扭动为主。

延伸阅读：

桑巴舞的起源

桑巴舞起源于非洲。为了满足殖民地巴西日益发展的种植园经济的需要，葡萄牙人从1532年起，开始从非洲输入黑奴。在运奴船上，奴隶贩子为了使黑奴体格健壮，能卖好价钱，就强令他们敲打酒桶、铁锅等，充当伴奏乐器，在甲板上跳他们的原始舞。黑奴来到巴西以后，祈祷神灵来帮助他们取得自由和幸福。他们偷偷地举行各种非洲原始的宗教仪式，对着神灵唱起赞歌，跳起舞蹈。于是，"龙社"舞就在奴隶中间产生和传播开来。这种"龙社"舞以非洲部落舞为基础，加上拍打大腿、揉腹和顿足，形成桑巴舞最早的舞蹈动作。

葡萄牙人自征服巴西的那一天起，便十分注意从根本上消灭非基督教的信仰，大力鼓励人们参加基督教节庆。于是，黑人在参加这种节庆时，把自己的宗教概念、仪式也和舞蹈形式一点一点地融合进去。随着黑人人数的增多以及他们与巴西其他居民交往和融合的增加，黑人的舞蹈慢慢影响到黑白混血种人、印欧混血种人和土生白人；另外这种舞蹈也吸收了一些新的营养，经过漫长的岁月，发展为现在的桑巴舞。桑巴舞在20世纪40年代初期，流传到西欧和美国各大城市，由室外舞蹈变为室内舞蹈，由集体舞变为交谊舞。

◇ 体育

巴西人民的热情奔放也反映在体育运动方面，尤其是对足球的热衷与酷爱。巴西是世界足球大国，足球运动不仅是巴西民众的共同爱好，也是整个民族的骄傲。巴西职业球队之多，可谓世界之冠。由于巴西人热衷足球运动，巴西国内有好几座世界上数一数二的大型足球场，像里约热内卢巨大的椭圆形马拉卡纳运动场，可容纳18万名观众，堪称世界最大的足球场。

巴西素有"足球王国"之称。 巴西的足球体现了典型的南美风格，讲究个人技术，传、接、带、过人和射门技术全面娴熟，脚法细腻，配合也很默契，能攻善守，在国际比赛中屡次夺魁。巴西高超的球艺牵动着世界球迷的心，吸引着每一个足球爱好者。世界上最大的足球场在巴西，参加过与 88 个国家正式比赛、共踢进 1200 多个球的世界球王贝利在巴西，举世瞩目的"雷米特杯"也在巴西。巴西人为此感到骄傲与自豪，足球为巴西人民带了来极大的荣誉。足球闯进了巴西人的心，在人民生活中占有非常重要的地位。巴西各地都出现了对足球运动狂热的崇拜浪潮。在巴西的城镇街头，在广阔的海滩，在空地，到处可见青少年汗流浃背踢足球的场面。在假日里，大球、小球、皮球、塑料球满街乱跳，车辆都要给这些球让路。在巴西，几乎处处有足球，时时有球赛。凡重大的足球比赛，盛况空前。即使遇上滂沱大雨，仍是座无虚席。人们打着雨伞观看，好多人带着收音机听讲解员解说。场上场下情绪高昂，狂呼乱叫声响彻整个球场。

在巴西重大足球开赛前，要举行隆重的比赛仪式。 仪式一开始，几百名身穿红衣白裤的青年组成的仪仗队踏着乐曲徐徐进场。然后全场肃立，奏乐，向在足球运动中遇难的运动员致哀。完毕，观众席上亮出几十面大旗，摇动呐喊，爆竹声四起，全场烟雾弥漫，喊声冲天，球赛在人们的祝贺胜利声中开始。

足球赛的胜败，与巴西人的荣辱息息相关。1950 年第四届世界杯足球赛在巴西里约热内卢举行，红极一时的巴西队对巴拉圭队。巴西以为冠军十拿九稳，准备了大量的爆竹准备祝捷，不想最后竟输给了巴拉圭队。球场上响起了巴西人的一片哭声，全国痛惜，不啻奇耻大辱，人们把爆竹成车地倒入海中。从此巴西足球队卧薪尝胆，奋力拼搏。在 1970 年世界杯足球大赛中，巴西第三次夺魁，象征足球王冠的"雷米特杯"就永远归属巴西。巴西足球队扬眉吐气，全国狂欢同庆。

足球运动是 19 世纪末传入巴西的。1902 年巴西建立了第一个足球俱乐部。这就是里约热内卢的弗鲁米南塞俱乐部。现在巴西国内的足球俱乐部星罗棋布。在巴西体育联合会登记注册的足球俱乐部已有 2 万多个。足球运动员也有 100 万人以上。足球爱好者那就全民皆是了。巴西是一个足球世界，对足球的狂热是举世无双的。

巴西举行足球赛时，双方球队的拉拉队是非常庞大的，往往各有上万人。其中有击鼓队，有旌旗队，旗子的颜色与各自球队的运动员球衣相同，还有彩纸队。当自己支持的球队攻进一球时，顿时鼓乐齐鸣，摇旗呐喊，彩纸、彩带飞飘，成千上万人情绪激昂，兴高采烈地歌唱。而对方的拉拉队则乱吹口哨，怪声喊叫。每个拉拉队都坐在敌对球门那一边。

当两个球队交换场地时，两个球队的拉拉队也互换位置。甚至有倾向性的球迷也随之更换座位。往往中场休息时，形成数万人在场内互换座位的对流。

巴西不愧称为"足球王国"，就连以足球为题材的影片也是全球之冠。早在1909年，巴西就开拍有关足球运动的影片，从1932年到现在已拍摄60多部故事片和大型纪录片。如《冠军》、《决定胜利的球》、《胜利的代价》等。足球电影深受巴西人民的喜爱，它不但促进了巴西足球运动的开展，而且对振奋巴西人民的民族精神也起了很大的作用。

此外，排球在巴西也是非常受欢迎的运动，绵延的海岸线及居民多住沿海地区，造就了巴西人对沙滩排球的喜好。

五、巴西的婚丧礼俗

1. 巴西的婚姻礼俗

在婚俗方面，巴西的青年男女不但讲究门当户对，还特别看重少女的清白。婚前，少女都会受到家长的严格管束，一到成年就被嫁出，正如中国的那句俗话"女大不中留"。有些家庭怕管束不好女儿，就将其送到修道院，以免出现越轨行为。一对新人如果要想登记结婚，要经过被誉为世界上最严格的登记手续，即必须参加为期两周的婚前教育，主要内容包括婚后的行为规范、待人处事的原则、婚姻道德以及性卫生等。只有经过考核得到合格证书后，才能登记结婚。擅自结婚者，其子女将不被法律所承认，上学和继承遗产都会出现各种各样的问题。此外，**按照传统习惯，结婚的一切开支以及举办婚礼的各项事务多由女方负责**。有些富有的女方家庭，除准备丰盛的嫁妆外，还陪送新房。新郎则悠闲自得，只需准备一对戒指到教堂参加婚礼即可。甚至在贫穷偏远的地区，男方只需用甘蔗酒作为聘礼，婚礼也很简单。

巴西人的结婚年龄一般为：男子 24～26 岁，女子 19～20 岁。婚姻大多是同一阶层的不同家族之间的结合。合法婚姻有两种：一种是在政府登记，另一种是到教堂登记。但有些中产阶级和上层人士为在财产处理上有法可依就要到政府去登记，而出于宗教信仰又要到教堂去登记，从而举行两次婚礼。在一些偏僻乡村因为一时无法登记结婚而要同居者，必须由双方家长同意方可。当有关神职人员巡视时，再为这些已成婚的夫妇登记，举行集体婚礼。如果其中有人拒绝参加这种仪式，教士便以拒绝给他们的孩子进行洗礼以示惩戒。

根据巴西婚嫁的传统习惯，男女双方结婚，男方无须准备聘礼，只准备一对戒指，准时到教堂举行婚礼就行了。而女方则要担负结婚时所用的一切费用。如操办婚礼的事务费、教堂的使用费、新房的布置费等。有钱人家的闺女出嫁，除了丰厚的嫁妆外，还要陪嫁楼房住宅。陪嫁的财产越多，越能显示出女方家庭的富有和女儿的尊贵地位。

在巴西虽然妇女多于男子，但没有重男轻女的现象。相反，对妇女极为尊重。妇女在法律上有一定的保障。一旦夫妻离婚，大多数男方要按时付给对方生活费和未成年子女的教育费，同时女方有权向富有的男方要求平分财产。在法庭上，往往妇女是胜利者。

延伸阅读：

巴西印第安人的婚俗

现在巴西印第安人并没有制定婚姻法，每个部落里都奉行着各自不同的婚姻习俗。在博罗罗部落，禁止同一家族的男女通婚。在极特殊情况下，需要结婚者，必须由部落首领批准，否则会受到部落的惩处。但远隔三代以上的同族成员可以自由结婚。

博罗罗族印第安人在巴西马托格罗索州和戈亚斯州。博罗罗人的婚俗与其他民族不同，求婚方式尤为独特。男女之间恋爱史的序幕首先由女方拉开。姑娘主动向小伙子求爱，但不是面对面地倾吐爱恋之情，而是通过送"点心"的方式来表达自己的心愿。姑娘在求婚之前，要亲手精心地做一种美味点心，以此作为信物。一旦姑娘发现意中人从她家门前过时，便在母亲的陪同下，把盛放在铁锅里的点心小心翼翼地送给小伙子。当小伙子接过礼品时，姑娘的母亲会亲切地对他说："我女儿想跟你一起生活。"男方不马上回答，只是把放着点心的铁锅拿回家去。如果男方接受了女方的求爱，同意与姑娘一起生活，那么他就要把点心全部吃光。全部吃光才意味着对女方心意的珍惜。第二天被求婚的小伙子要亲自上门把铁锅还给姑娘。铁锅空着回来了，就预示着这门亲事成了。如果男方不同意与女方结婚，那么他就会让自己的母亲或是一位近亲把姑娘赠的点心原封不动地退回女方。时至今日，铁锅里的美味点心仍然是博罗罗人男女婚姻的媒介。

2. 巴西的丧葬礼俗

巴西有73%的人信仰罗马天主教，13%的人信仰基督教。**巴西的丧葬基本上都是依教规进行，而土著的印第安人各个部落的丧俗则多种多样，别具特色。**

印第安图皮人认为一个人的死亡是上天给予他的惩罚。例如，孩子死于蠕虫病，认为是因为他的父亲在其母亲怀孕期间没有遵守关于饮食的规定；青年被倒下的树压死，是因为以前他有过乱伦行为；老人死于睡梦中，是因为有人向他施展了巫术。

许多印第安人部落用染料把尸身染成黑色。例如，塔皮他佩人用胭脂树红染死人的头发和全身，脸用棕榈染料染成黑色；卡波尔人用煤灰把死人的脸染黑，以抵御恶神安南；苏鲁伊人除了用胭脂树红涂抹尸身外，还把死人的头发系成绺。他们用席子裹住尸体或放在吊床上直接埋入地下，避免尸体接触土地。阿苏里尼人把死者的头朝向西方，而卡波尔人和塔皮他佩人则把死者的头朝向东方。

印第安各部落安葬死者的时间各有不同，但大多是在去世后的第二天。许多印第安部落把死者葬于自己的屋下，使死者处于亲人的保护之下。卡波尔人把死者葬在烧荒地里，瓜拉尼人则为死者准备墓地。许多印第安部落把死者的物品一同埋葬。苏鲁伊人把死者的东西抛在密林中，他们认为死者的东西会使人生病或死亡。还有不少印第安部落实行火葬，把死者置于点燃的木柴上。在死者亲属放声痛哭的同时，其他送葬者则要大声歌唱，为死者送行。

雅诺马米人把死者放入一个用树枝编成的笼中，然后将笼子吊在野外的大树上，任凭秃鹰啄食，直至笼中只剩白骨。再把骨头烧成灰，掺和在木薯、甘蔗的汁液中制成饮料。他们认为人死后可以转世，在喝了的饮料中获得新生。平时，雅诺马米人在接待来访的客人时，也要举行吞食已故亲友骨灰的仪式。他们把骨灰搅在泡过车前草的水里，盛在葫芦瓢内，大家传着喝。

尼亚瓦人死后，部落要举行隆重的悼念活动。他们在尸体上盖上一种特殊的布，这种布是由一种树上取下的木棉织成的，然后把尸体葬入很深的墓穴中。**整个葬礼活动都很庄重、平静，没有哭泣与叫喊，以让死者的灵魂静静地离开这个世界。**

第 五 章

阿根廷的礼仪

　　阿根廷位于南美洲的东南部，地域狭长，从北到南几乎通贯南美洲。阿根廷在饮食颇为考究，不仅讲究色美味香，喜爱辣味，而且有很多特殊的礼俗。在日常生活中穿着上要求很高。一年四季都着正装。社交活动中也有很多礼仪禁忌。到阿根廷人家中坐客时务必要事先了解并注意遵守礼仪习俗。

一、阿根廷概况

阿根廷的正式名称是阿根廷共和国，位于南美洲东南部、东濒大西洋，西同智利接壤，北接玻利维亚、巴拉圭，东北部与巴西和乌拉圭为邻，南与南极洲隔海相望。面积 2780400 平方公里，人口约 4062 万，人口密度每平方千米 15 人。海岸线 4000 千米，为南美洲的第二大国，面积仅次于巴西。

1. 阿根廷历史简介

阿根廷原为印第安人居住地。1516 年西班牙船队第一次进入拉普拉塔河，来到阿根廷这一带。以后西班牙殖民主义者陆续到来，在这一带大肆屠杀印第安人，1535 年，该地沦为西班牙殖民地。因误传这里有一座银山，就以"银"为这里命了名。在西班牙语中，"银"的发音就是"阿根廷"。**18 世纪初，这里出现了移民高潮，大批欧洲移民陆续到达，其中主要是西班牙人和意大利人。**18 世纪末，这里的农牧业、手工业和商业已有了相当的发展。土生白人对宗主国的控制、压迫与剥削越来越不满，加以美国独立战争和法国资产阶级大革命的影响，殖民地人民要求推翻殖民统治、争取国家独立的呼声越来越高。

1806 年，英国派军队来到这里，占领了布宜诺斯艾利斯。阿根廷人民奋起反击，英军被迫投降。第二年，英军又一次入侵。在爱国军民的英勇反抗下，英军遭到彻底失败。对英军的斗争大大鼓舞了阿根廷人民的斗志，增强了他们反对西班牙殖民统治、争取国家独立的信心。

1810 年 5 月 25 日，阿根廷人民掀起了反对西班牙殖民统治的热潮，成千上万的人拥向布宜诺斯艾利斯市议会广场，强烈要求罢黜西班牙总督，成立革命政府。迫于压力，市政议会同意人民的要求，拉普拉塔临时政府宣告成立。这就是阿根廷历史上有名的"五月革命"。此后，在著名的独立运动领袖圣马丁将军的领导下，**经过几年艰苦卓绝的斗争，阿根廷人民终于战胜西班牙殖民军，摆脱了西班牙殖民统治，在 1816 年 7 月 9 日宣告独立。**

1853 年，阿根廷制定第一部宪法，建立了联邦共和国，乌尔基萨当选为第一任总统。1862 年巴托洛梅·米特雷担任总统，结束了独立后长期的分裂和动乱局面。

自 20 世纪 30 年代起，阿根廷出现军人与文人交替执政的局面。1983 年，阿方辛民选政府上台，恢复宪制，大力推进民主化进程。

2. 阿根廷的地理与气候

阿根廷地势由西向东逐渐低平。西部是以绵延起伏、巍峨壮丽的安第斯山脉为主体的山地，纵贯南北 3000 余千米，约占全国面积的 30%；东部和中部的潘帕斯草原是著名的农牧区；北部主要是格兰查科平原，多沼泽、森林；南部是巴塔哥尼亚高原。主要山脉有奥霍斯·德萨拉多山、梅希卡纳山。海拔 6964 米的阿空加瓜山为南美洲万峰之冠。巴拉那河全长 4700 千米，为南美第二大河。主要湖泊有奇基塔湖、阿根廷湖和别德马湖。

阿根廷北部属亚热带湿润气候，中部属亚热带和热带沙漠气候，南部为温带海洋性气候，大部分地区年平均温度在 16℃ ~ 23℃ 之间。东北部降水丰沛，年均降水量在 1000 毫米左右，西北部和南部为 250 毫米；夏季雨水较多。巴拉那—拉普拉塔河全长 5580 千米，为南美第二大水系，主要支流有巴拉圭河、乌拉圭河等国际界河。南部安第斯山区多冰蚀湖。

3. 阿根廷的民族与语言文化

阿根廷人口增长迅速，1850 年人口只有 110 万，1900 年 467.3 万，1930 年 1493.6 万，2010 年约 4062 万。主要种族是欧洲人和印第安人，其中白种人占 97%，多属意大利和西班牙后裔，是南美洲各国种人比例最高的国家。混血种人、印第安人、印第安人及其他种人占 3%，城市人口占 4/5。

阿根廷的官方语言为西班牙语。

阿根廷教育水平较高，实行义务初等教育。高等教育则实行"宽进严出"政策。阿根廷著名的大学有布宜诺斯艾利斯大学、商业和社会科技大学、萨尔瓦多大学、科尔多瓦大学、拉普拉塔大学、洛马斯德萨莫拉国立大学、罗萨里奥大学和国立技术大学等。

阿根廷的文学比较发达，受古代印第安文学和宗主国文学的影响较小，而受欧洲文学的影响较大。"探戈"是阿根廷的国舞，具有"探戈之城"之称的布宜诺斯艾利斯是个新移民很多的城市，生活不易的社会中下阶层的人，为转移生活中的痛苦，发明了探戈音乐。新移民里包括来自欧洲和非洲文化背景大不相同的人，也因此不论在旋律、节奏、乐器等方面，探戈都融合了各种文化的特色。

阿根廷的体育活动十分活跃，经常参加一些洲际和世界性国际比赛，许多体育项目的水平不断提高。比较普及的项目有足球、篮球、排球、田径、网球、游泳等。其中尤以足球、篮球、排球3大球最为普及，并且水平较高。阿根廷拥有各类先进的体育设施，为群众开展各项体育活动提供了有利条件。阿根廷足球以其自由洒脱的风格而风靡世界，多次获世界杯冠亚军。

延伸阅读：

阿根廷的探戈

阿根廷探戈是世界知名的高雅舞蹈。它是特殊环境下产生的一种特殊艺术形式，其舞蹈是在米隆加、哈巴涅拉、坎东贝等拉美、非洲等多种民间舞蹈基础上演绎而成的。阿根廷探戈非常不同于国标舞中的探戈表演。它是一种唱多于跳的艺术形式，清一色男性唱，且都是独唱，偶尔有几个小滑稽剧穿插。激昂的键盘手风琴是伴奏的主旋律，它特有的切分节奏总是给人以心灵的撞击。该舞蹈发源于首都布宜诺斯艾利斯的港口地区。十六世纪以后，大批来自非洲、北美甚至欧洲的移民滞留在港口，形成了一个特殊的外来社会群体。他们大多社会地位低下，生活不稳定，在酒吧里靠唱歌、跳舞来消磨时光。从而诞生了这种舞蹈形式。阿根廷的探戈舞演员已经不止一次地把飘逸、洒脱、典雅、含蓄的舞蹈和以独特切分音为鲜明特征、节奏明快的音乐带给人们，激起了人们的浓厚兴趣。

阿根廷出现过许多著名的探戈作曲家、演奏家、歌唱家。其中最著名的是卡洛斯·卡德利尔（1887～1955）和胡利奥－德·卡罗（1890～1980）。卡德利尔是探戈歌曲形式的创造者。他将探戈舞曲发展成歌曲，编了许多优美的探戈歌曲，并亲自参加了演出。卡罗首创了用六重奏和管弦乐演奏的探戈舞曲，使探戈得以向管弦乐方向发展。卡罗把一生都献给了探戈的发展，除去创作和演出，他还培养了众多的探戈音乐家。

探戈音乐和舞蹈今天仍然活跃在阿根廷的舞厅、剧院当中，它们是阿根廷民族艺术的代表，是世界艺苑的奇葩。

4. 阿根廷的政治与经济

阿根廷是联邦制国家，实行代议制民主，内阁是政府执行机构。总统、副总统由普选产生，总统是国家元首、政府首脑和武装部队总司令。议会是国家最高立法机构，国会分参、众两院，拥有联邦立法权，参、众议员均由直选产生，可连选连任。

阿根廷全国划分为 24 个行政单位，由 22 个省、1 个地区（火地岛行政区）和联邦首都（布宜诺斯艾利斯）组成。

阿根廷首都布宜诺斯艾利斯，是拉美较繁华的都市之一，西班牙语意为"好空气"。该市位于拉普拉塔河西岸，风景秀美，气候宜人，有"南美巴黎"之称。市内以街心公园、广场和纪念碑众多而著名。城市建筑多受欧洲文化影响，至今还保留有几个世纪前的西班牙和意大利风格的古代建筑。

延伸阅读：

阿根廷的国旗、国徽与国歌

国旗：由自上而下排列的浅蓝、白、浅蓝三个等大长方形组成，白色长方形中央是一轮"五月的太阳"。浅蓝色象征正义；白色象征信念、纯洁、正直和高尚；"五月的太阳"象征自由和黎明。

国徽：国徽呈椭圆形，椭圆面上蓝下白，为国旗色，上端有一轮"五月的太阳"寓意同国旗。椭圆中有两只紧握的手，象征团结；手中握有"自由之竿"，象征权利、法令、尊严和主权；竿顶为红色"自由之帽"。

椭圆形图案由绿色的月桂树叶环绕，绿色象征忠诚与友谊，月桂树叶象征胜利和光荣。

国歌：国歌是《祖国进行曲》。

━━━━━━━━━━━━━━━━━━━━━━━━━

阿根廷是经济发展较快的国家，工业部门较为齐全，农牧业发达，是世界重要的粮食及肉类生产国和出口国，被誉为"世界粮仓和肉库"。矿业资源主要有石油、天然气、煤炭、铁、铀等。此外，还有银、铅、锡、硫黄、石膏等。水力资源和渔业资源都很丰富。森林面积约占全国总面积的45.06%。工业产值占国内总产值的34%，有石油、钢铁、水泥制造、化工、纺织、汽车制造、食品加工等工业部门，技术水平较高。核工业列拉美前列，有独立生产浓缩铀的能力，拥有三座核电站。钢产量位居拉美前列。食品加工业有肉类加工、乳制品加工、粮食加工、水果加工和酿酒等，它是世界主要葡萄酒生产国之一。主要农产品有小麦、高粱、玉米、大豆、向日葵和亚麻等。

阿根廷的旅游资源也十分丰富，是南美最大的旅游国。

二、阿根廷的生活礼俗

1. 阿根廷的服饰礼俗

在穿着打扮方面，阿根廷人的一个显著特点，是喜欢以"衣帽取人"。换而言之，着装是阿根廷人据以对他人进行"人物评价"的主要标尺。

在正式场合，阿根廷人的着装讲究整齐干净。做不到这一点的人，就得不到他人的尊重。一般情况下，不论是进行正式拜访，还是外出去餐厅进餐，一定要男穿西装套装，女着套裙或长裙。

在阿根廷，人们反对服饰过于华丽，讲究服饰规范和庄重。男士在穿西装时，不仅最好要穿套装，而且尽量要内加一件西装背心，并且一定要系上领带。此外，还要注意服饰在色彩上的协调。

阿根廷人在公共场合十分讲究体面。不论是乘车还是娱乐，衣冠不整者会令他人嗤之以鼻。即使脱下上衣，挽起袖管，也会让许多人看不惯。弄不好，还会被人干预。

阿根廷人在社交场合通常是着西式服装，男子穿西装打领带还要配上背心，女士则着各式西式裙服。当地人不喜欢灰色的西装。中小学生有全国统一制作的服装，这种服装主要是一件白色的亚麻布外套。同时，各校还有自己的校服。师生们在参加各种庆典活动时，总是穿上整齐的服装。

阿根廷的牧民通常穿一种自织的羊毛上装，这种上装无领无袖，印有彩色条纹，钉有纽扣，四周装着穗子，称为"穗饰披巾"。牧民穿这种服装在野外放牧，活动自如，并能根据气候的变化，随时穿脱，极为方便。

在阿根廷乡间，人们往往着装相对自由一些。在一般情况下，人们主要穿衬衫、长裤。气温低的时候，则多会往身上加一件深色披风。它大多以羊毛手工织成，无领无袖，钉有纽扣，四周装有穗子，有时还印有一些彩色条纹。穿在身上之后，头上再戴上一顶礼帽，会令人看上去极为潇洒迷人。

在阿根廷现有民族服装中，要数高乔人的最为华丽且最具有民族色彩。他们穿着肥大的灯笼裤，方格独布做成的短衣，腰系宽皮带，短衣上面披一件斗篷，脖子上围着围巾，脚穿草鞋或软皮鞋。高乔人是西班牙人和印第安人通婚所生的后裔，他们是南查科、乌拉圭草原及阿根廷潘帕斯草原到巴塔哥尼亚以北广大地区的主要居民。

礼仪
提醒

在阿根廷，最好不要穿灰色的套装或套裙。阿根廷人认为，灰色的服装令人感到忧郁、悲伤。人们对穿灰色服装的人，在印象上往往要大打折扣。

2. 阿根廷的饮食礼俗

阿根廷人注重菜肴的色美味香、口感鲜嫩，不喜欢太咸的食品，喜欢吃辣味，偏爱用烤、炸、煎等烹调方法制作的菜肴。主食吃米、面，偏爱吃炒面；还爱吃鱼、蟹、虾、鸡、蛋类、牛肉、羊肉、兔肉等；蔬菜爱吃土豆、南瓜、番茄、黄瓜、辣椒、洋葱等；调料爱用胡椒粉、辣椒粉等。

阿根廷人尤其爱吃牛肉，而且颇为考究。他们按不同部位将牛肉分为几十个品级，并烹调出名目繁多的牛肉品种菜肴，其中最爱吃烤牛肉。阿根廷本土传统的烤肉方式是：将鲜红的牛肉穿在十字铁架上，让蓝色火焰烤出诱人的香味，外焦内嫩是阿根廷烤肉最大的特色。阿根廷也喜欢中国的京菜和清真菜，很喜欢西瓜盅、软炸虾球、奶油黄瓜、烤肉、番茄牛肉、金丝海蟹、黄油煎鱼、辣子鸡丁、红烧牛肉、煎里脊土豆等风味菜肴。

在饮品方面，阿根廷不怎么喜欢喝烈性酒，一般爱喝葡萄酒，饮料则爱喝咖啡和可可，晚上一般习惯喝柠檬茶。而且，阿根廷人最爱喝马黛茶，但说是喝又不是喝，真正的饮用方法是用银制的吸管吸，管的一端是吸嘴，另一端有一个略扁的带小孔的管头。饮茶时，将马黛茶放在瓢筒中，冲入开水，然后用吸管慢慢地吸。马黛茶是由产自南美热带雨林的多年生木本植物马黛树的叶子加工而成的纯天然健康茶饮，与足球、探戈、烤肉并称阿根廷的四大"国宝"。据说马黛茶富含196种天然健康的活性物质，具有非常好的保健功能。

此外，**不同地区的阿根廷人还有着独特的饮食礼仪文化。**比如：居住在阿根廷潘帕斯草原的高卓人，利用固有的特殊条件，摸索出一种奇特的"马背捣焐"烹制菜肴的技术，成为他们的代表名肴。这道菜肴的制作要从清晨牧人出发前开始，即把生肉切成薄片放入马鞍座下，然后牧人赶马上路。经过一天的骑奔颠簸，马背产生的热能足以把鞍下的肉片焐熟。回到家中后，取出肉片，再投入些适合的调味品，便是一道别有风味的佳肴。

三、 阿根廷的社交礼仪

阿根廷人在日常交往中所采用的礼仪与欧美其他国家大体上是一致的，并受西班牙的影响为最。后来，随着意大利移民的增多，意大利的礼仪逐渐对阿根廷人的待人接物也产生了不小的影响。另外，因为阿根廷人大多都信奉天主教，所以一些宗教礼仪也经常见诸阿根廷人的日常生活之中。

1. 阿根廷的会面礼仪

在交际应酬之中，阿根廷人所采用的见面礼节，一般都是握手礼。当**亲朋好友相见时，男性之间通常会互相进行拥抱，而女性之间则大多要一边用双手紧握着对方的两手，一边与对方互吻面颊。**

在与交往对象相见时，阿根廷人的一个特殊的讲究，是与对方握手的次数多多益善。他们认为：不断地与交往对象握手，非但不是多余之事，反而是表示亲热、友好的必行之法。因此，与阿根廷人打交道时，首先要对对方不断握手的做法表示理解。

告别之际，阿根廷人惯于与交往对象互致祝福。此时此刻，一定要注意与对方"有来有往"，因为"来而不往非礼也"。**阿根廷人最常用的祝福语，有"祝您走运"和"祝您幸福"。**

在交际场合，对阿根廷人一般均可以"先生"、"小姐"或"夫人"相称。对未婚的阿根廷青年男子，亦可称之为"少爷"。在许多场合，将上述尊称与交往对象的学衔、职衔连在一起使用，例如，称之为"校长先生"、"工程师小姐"、"博士先生"等，往往更受对方欢迎。

阿根廷土著居民普通习惯于"隐姓埋名"。在他们看来，人的姓名是人体的组成部分之一。听任他人对自己指名道姓，必然会给自己带来不幸。所以，**在一般情况下，阿根廷土著居民很少会将本人的真名实姓告诉给陌生人。**

礼仪
提醒

有意思的是，阿根廷土著居民向初次交往者进行自我介绍时，几乎总是会以别人的姓名代替自己的姓名。有的时候，他们则会临时为自己起上一个新的名字。他们这样做，并不认为自己是在说谎，或是对交往对象不够诚实。

大多阿根廷人对人很友善；心态很平和、开放，对什么都不那么在乎；生活很悠闲，节奏也不是那么快。与阿根廷人打交道，重要的是诚心、诚信。

阿根廷人的许多风俗习惯都受西班牙的影响，随着英国人的传统习俗和文化教育的不断渗透，那里的人们既有南欧人的热情好动、爽快、好说话的脾气秉性，又不时表现出西欧人的彬彬有礼、温文尔雅的风度。

在阿根廷，除占人口绝大多数的白人之外，还有少量的当地土著居民。有机会与对方进行接触时，务必要尊重他们在称呼方面的特殊讲究。一般而论，阿根廷当地土著居民的自尊心极强，他们一向认为自己才是阿根廷的主人，并且生于斯，长于斯。因此，他们对所谓"印第安人"这一带有外来移民色彩的称呼十分反感。近几年来，有一些中外学者总是在想方设法地论证，所谓"印第安人"是在殷商时期迁往美洲大陆的中国人。实际上，这一说法是极令阿根廷当地土著人反感的。非要如此这般与对方"套近乎"、"攀亲戚"，搞不好就有可能难以下台。

2. 阿根廷的拜访礼仪

与阿根廷人相见时，最好事先约会。受到邀请到阿根廷人家中做客时，应准时到达，并且适宜给女主人送鲜花或糖果。但是阿根廷人忌讳送菊花，因为菊花是在丧礼上死人使用的，是令人悲伤的鲜花。

阿根廷人不喜欢别人送他们衬衫、领带之类的贴身物品。他们还忌讳送礼送手帕，因为送手帕会招致悲伤。客人一般会在主人就座后才会坐下，在主人为他们开门后才会离去。

在交谈中，最受欢迎的话题主要有：足球及其他体育运动、夸奖他们的孩子、家里的陈设和他们的饭菜，等等。不宜谈论诸如政治和宗教之类有争议的问题，诸如军人干政、马岛战争、白人与土著的关系，等等。如果席间有妇女在场，不宜讨论商业事务。当然也千万不要沉默寡言。

阿根廷人交谈时，彼此间的距离通常很近，他们认为距离靠得近些是亲近的表示。在阿根廷，一个人用手指轻敲脑袋是"我想想"或"动动脑子"的意思；吻指尖是"啊哈，漂亮"的意思，其所指可以是一位妇女、一朵鲜花或是一辆高级轿车。

礼仪提醒

阿根廷人大多信奉天主教，有少部分人信奉基督教新教、犹太教、东正教。他们忌讳"13"和"星期五"，认为这是令人懊丧和不吉利的数字和日期。所以，人们都想方设法回避"13"和"星期五"。

阿根廷政府规定，每个星期五为"禁肉日"，禁止市场在星期五出售牛肉，同时禁止餐馆供应牛肉。

四、阿根廷的商务与旅游礼仪

1. 欧式的商务礼仪

阿根廷人的商务着装因场合不同而不同，平时着装比较随便，在正式隆重的场合，如到公司或机关访问，或到客商家做客，必须注意仪容仪表，男士最好穿保守式样的西装，打领带。参加正式酒会和宴会，穿中式或西式深色服装均可。女士衣饰以得体大方为宜。如果衣冠不整，他们就认为对方不正派。在餐厅吃晚餐，也要穿西装，系好领带。穿灰色西装访问对方不宜。保持体面，重视礼节，是阿根廷人的习惯，已经根深蒂固。

凡谈生意最好是面谈。**阿根廷人愿意面对面地谈判，通过电话联系很少能成交业务。**

阿根廷人往往在一番社交寒暄后才开始谈论商务。并且切不可期望一次会谈生意就能成交，耐心是很重要的。一般而言，谈生意态度仍以保守谨慎较佳。

在阿根廷从事商务活动，要避免谈论政治和宗教等有争议的问题。阿根廷人喜欢听赞美的话语，赞美对象可以是他们的孩子、饭菜以及足球运动等，对别人以居高临下的态度同他们谈生意极为反感。

同拉美其他国家相比，阿根廷商务习俗非常欧洲化，特别是在阿根廷首都布宜诺斯艾利斯以及罗萨里奥、科尔多瓦等大城市，由于商业文化受到了较多的国际影响，因此，**人们的时间观念较强，约会守时，谈判讲究效率，礼仪也较正统。在这些地方从事商务活动，必须注意着装整洁，举止文雅，遵守约会时间。**

在阿根廷从事商务活动，交换名片频繁。当地商人大多会说英语，有的也会说意大利语和德语。

在阿根廷从事商务活动，合同也是极其重要的。

2. 商务活动的时间安排

千万不要考虑邀请阿根延人在早餐时间商谈业务，对方绝对不会接受。

阿根廷人起得较晚，不习惯一大早从事商务活动。约会一般在 9：50 较为合适，如果你的阿根廷商业伙伴迟到亦不必惊讶。

阿根廷实行每周 5 天半工作制。政府机关工作时间一般为早 8 点至晚 6 点，中午 1 小时午餐时间。商店营业时间是上午 9 点至晚上 8 点，周六上午半天营业，周日除了大型超市、购物中心和食品店营业外，商店一般都不开门。

商务活动，5 月最宜往访。圣诞节与复活节前后两周不宜。1 月至 3 月为阿根廷"暑假"度假期。

3. 阿根廷的旅游礼俗

阿根廷恰好位于同中国遥隔太平洋而斜对的西半球的南部，我们这里是白天，他们那里是黑夜，我们这里是严冬，他们那里是酷暑。因此，若去阿根廷旅游，切勿忘记冬带夏装，夏携冬服。

阿根廷的旅游最佳季节是 5 月至 11 月。

阿根廷的著名城市和景点是游客云集的盛地，主要有如下几处，

◇ 布宜诺斯艾利斯

布宜诺斯艾利斯是拉美最繁华的都市之一，西班牙语意为"好空气"。该市位于拉普拉塔河西岸，风景秀美，气候宜人，有"南美巴黎"之称。市内以街心公园、广场和纪念碑众多而著名。城市建筑多受欧洲文化影响，至今还保留有几个世纪前的西班牙和意大利风格的古代建筑。有人口278万（2001年），包括近郊19个区的大布宜诺斯艾利斯市共1383万人（2001年）。

◇ 科隆大剧院

科隆大剧院是著名剧院，仅次于纽约大都会歌剧院和米兰的拉·斯卡拉剧院名列世界第三。其绝妙的音响效果，完美到无以复加的地步。位于布宜诺斯艾利斯的七月九日大街广场上，是座典型的文艺复兴式的庞然大物。大理石走廊里有无数根圆柱如一尊尊雕像，有耀眼的金箔。多拉多沙龙更是鹤立鸡群。满屋黄金饰镀，那一排排晶莹透亮的菱形吊灯，把屋子映照得一片辉煌。巨大的礼堂，四壁金光灿灿，脚下铺着红色天鹅绒地毯，透出一派奢华。在2500个观众席外，还能容纳1000个站着的观众。单是正厅前排就有632个座位，座位之间宽敞舒适。

◇ 阿根廷湖

阿根廷湖这是一个坐落于阿根廷南部圣克鲁斯省的冰川湖，面积1414平方千米，这里以著名冰块堆积景观而闻名于世。该湖接纳来自周围150多条冰河的冰流和冰块。巨大的冰块互相撞击，缓缓向前移动，有时形成造型奇特的冰墙，高达80米。最后全部汇集到阿根廷湖，组成了洁白玉立的冰山雕塑。**湖畔雪峰环绕，山下林木茂盛，景色迷人，为阿根廷最引人入胜的旅游景点。**

◇ 冰川国家公园

冰川国家公园在阿根廷南部的阿根廷湖区，有一座景观奇特的冰川国家公园。发源于安第斯山脉深处的巨大冰川一直延伸到冰冷的湖水中，甚至越过湖泊，直冲对岸。冰层像巨型水坝一样将湖泊升到30~40米时，巨大的水压便将水坝冲出一个缺口，形成壮观的冰崩。巨大的冰块像山崖崩塌一样随着急流汹涌而下，发出惊天动地的响声。这种场面每 2 到 3 年就会出现一次。

◇ 地球最南端城市——乌斯怀亚

乌斯怀亚市坐落在阿根廷的最南部地区，为地球最南端城市，是火地岛的首府。"乌斯怀亚"是印第安语"观赏落日的海湾"的意思，城市前面是透明的比格尔海峡，后面为雪白的勒马尔歇雪峰。世界各国许多科学考察队从这里出发前往南极探险，也常有各国客人来此旅游，这里不仅有很多天然奇景可供观赏与游玩，还有特殊风味的餐馆供应蟹、蚌等海鲜和美味兔肉，令游客大饱口福。

在阿根廷旅游，乘坐汽车既自由又舒服，不失为一种明智的选择。阿根廷交通运输业发达，陆、海、空运能力均居拉美国家前列，其中公路运输最为发达，公路运输能力为全国总运输能力的95%。在大城市，人们乘坐的主要交通工具仍是公共汽车，由于公共汽车全部属于私人公司，所以，同行业之间竞争激烈。司机兼管售票，工作效率高，待客热情，服务周到。长途汽车也由私人公司经营，为了招揽乘客，车辆十分现代化，车身又高又长，分上下两层，上层载人，下层载货，车尾部设有酒吧，咖啡、汽水等饮料自取，不必另外付钱。

五、阿根廷的节庆礼仪

1. 阿根廷葡萄节的礼仪

阿根廷最隆重的传统节日是葡萄节。

每年 2 月底 3 月初，爱喝葡萄酒的阿根廷人都要举办盛大的"葡萄节"庆典，庆祝活动就是在盛产葡萄、清洁宁静的小城——门多萨省省会门罗萨市。届时全国 18 个行政区都派自己的彩车队参加。庆典上还要选出葡萄女王，此外还要在城外露天剧场举行盛大歌舞剧演出。

门多萨省地处安第斯山东麓，太平洋方向吹来的降雨云被高山挡住，因而气候干燥少雨，地貌、植被和温湿的潘帕斯平原截然不同，很像我国的新疆。高高的蓝天，淡淡的白云，地平线上安第斯山的雪峰拔地而起，清晰可见。干燥的气候和充足的日照为葡萄的生长提供了有利的自然条件，使这里成为盛产葡萄和葡萄酒的王国。出了门多萨市，葡萄园一个挨着一个。这里看不见凉棚式的葡萄架，葡萄藤是缠在一道道垂直的篱笆墙上的。大部分葡萄都用来酿造葡萄酒，还有一部分葡萄制成葡萄干。

葡萄收获季节，门多萨人民都要举行庆祝活动，后来这个传统变成了一个每年一度的节日——葡萄节。每年2月最后一个周末开始，到3月上旬结束。1938年这一节日被联邦政府定为国家葡萄节，庆祝活动在门多萨市举行，届时全国18个行政区都派自己的彩车队参加。

节日期间，人们身着节日服装，载歌载舞，随着彩车游行。节日的高潮是全国的选美比赛，最后选出葡萄女王。选美结束后，还有西班牙绘画、雕塑等艺术展览和探戈舞表演。

2. 土妈妈节的礼仪

土妈妈节是阿根廷比较特殊的节日。居住在阿根廷图库曼省山区的土著居民克丘亚人，在每年的9月28日都要举行庆祝活动，庆祝人们心中万能的上帝——土地妈妈。在这一天有丰富多彩的活动，人们身穿节日盛装。妇女们用各种鲜艳的花纸贴在脸上和身上，男人用淀粉调成糊状涂在脸上，大家一边击鼓一边唱歌，人们围在被装扮成土地妈妈模样的一位老年妇女身边，齐声高唱："**土地妈妈，帮助我，给我幸福，给我快乐。**"这一节日还带有浓厚的宗教色彩，人们在傍晚时会进行听教和祈祷。

在阿根廷的一些牧区，如阿亚库乔地区，自1970年开始每年都要举行一次杜犊节。节日期间，要举行传统的赛马和骑术表演。晚上在为杜犊节专门兴建的两座大型娱乐厅中，由全国最优秀的艺术团体表演民间传统戏剧和歌舞。

9. 劈柴舞节的礼仪

在阿根廷西南部的安第斯山东麓，有一个名叫巴利洛切的城市。这里的居民70%是瑞士、德国和奥地利等国的德语民族移民后裔。他们的祖先在很早以前从欧洲远涉重洋来到这里定居，尽管他们祖辈几代已在南美洲生活了一百多年，但至今仍保留着一些欧洲人的生活习俗。故而，巴利洛切素有阿根廷的一块"欧洲国土"之称。

巴利洛切的冬季是在北半球的七八月间。每年隆冬时节，这里都要下几场厚厚的大雪。在大雪覆盖下，千山万壑银装素裹。一片秀丽风光，分外妖娆。因此，巴利洛切又有"白色天堂"之美称。为了表达人们对大雪的欢迎，巴利洛切人每年要在举办盛大滑雪比赛的同时，进行别开生面、妙趣横生的劈柴节劈柴比赛。

劈柴比赛与当地人民的日常生活有密切联系。巴利洛切周围有一望无际的林区，当地人冬季常喜爱以柴取暖。人们在劈柴时愿意进行速度和质量的较量，久而久之，劈柴活动便成为巴利洛切地区人民的一种极为喜好的体育运动。

按规定，参加劈柴比赛的选手们必须是当地的男人，女子禁止参加。比赛时，每个选手必须用长柄板斧把一段长2米、直径为80厘米的树干劈成碎片，先劈完为优胜者。比赛前，从各村小伙子中选出的劈柴能手们，个个摩拳擦掌，跃跃欲试。有的选手一个人要准备三把斧头，以备替换使用。比赛的哨声一响，比赛场上顿时沸腾起来，上百把板斧上下飞舞，此起彼伏，木片、木屑四处横飞，噼啪之声不绝于耳，掌声、欢呼声、喝彩声一浪高过一浪，刹那之间，一大截木头就变成了一堆碎片。选手们过人的臂力、识辨木头纹理的眼力以及落斧的准确，给观众们留下了极为深刻的印象。

第 六 章

古巴的礼仪

　　古巴位于加勒比海西北部，由1600多个岛屿组成，是西印度群岛中最大的岛国。古巴人多为西班牙移民，所以在礼仪文化上受其影响较大。在古巴的饮食文件中，酒和米饭是当地人最喜爱的。古巴人诚实谦逊，勤奋热情，乐于与人交际，待客十分友善。但在与古巴人的交往中，也要了解其礼仪的禁忌，以免引起误会甚至敌意。

一、古巴概况

古巴全称古巴共和国，位于加勒比海西北部，由古巴岛和青年岛等1600多个岛屿组成。面积 11.086 万平方公里，是西印度群岛中最大的岛国。

1. 古巴历史简介

1492 年哥伦布航海抵达古巴。1511 年古巴沦为西班牙殖民地。1868年至 1878 年，古巴人民爆发了反西班牙统治的第一次独立战争。1895 年 2月，民族英雄何塞·马蒂领导第二次独立战争。

1898 年美国占领古巴。1902 年 5 月 20 日成立古巴共和国。1903 年 2月，美、古签订"互惠条约"，美强行租占海军基地两处，至今仍占领关塔那摩基地。1906 年美出兵镇压人民起义，并对古实行 3 年的军事占领。

1933 年，军人巴蒂斯塔政变上台，于 1940 年至 1944 年、1952 年至1959 年两次执政，实行军事独裁。

1959 年 1 月 1 日，菲德尔·卡斯特罗率起义军推翻了巴蒂斯塔政权，成立革命政府。1961 年 4 月美中央情报局策划的雇佣军在吉隆滩登陆入侵，被古击败。卡斯特罗宣布开始社会主义革命。1990 年 8 月，古巴政府宣布进入"和平时期的特殊阶段"。1991 年 10 月，古巴共产党召开四大，会议决定坚持社会主义道路，坚持共产党的领导，坚持计划经济。1993 年起，开始进行改革，每年均有新的改革举措出台。2000 年 6 月 26 日，古巴全国人民政权代表大会通过一项对 1976 年共和国宪法进行修改补充的法律，进一步确定宪法规定的社会主义制度的不可更改性。

2. 古巴的地理与气候

古巴是位于加勒比海西北部，东隔向风海峡与海地和多米尼加共和国相望，南与牙买加之间有开曼海沟相隔，西濒墨西哥湾，北距美国佛罗里达半岛 217 公里。战略位置重要，素有"墨西哥湾的钥匙"之称。主岛古巴岛面积 110860 平方公里，是大安的列斯群岛中最大的岛屿。除此外周围还有 1600 多座大小不等的岛屿。这些岛屿由 5 个群岛组成：萨瓦纳群岛、卡马圭群岛、科罗拉多斯群岛、王后花园群岛和卡纳雷奥斯群岛。

古巴岛大部分地势比较平坦，山地只占总面积的 1/4。主要山脉为东南部的马埃斯特腊山脉、中部的埃斯坎布拉伊山脉和西部的瓜尼瓜尼科山脉。其中位于马埃斯特腊山脉的图尔基诺峰海拔 1974 米，是古巴的最高点。由于古巴岛狭长的地形，所以古巴的河水流短浅湍急。其中东部的考托河全长 370 公里，为最大河流。

古巴岛海岸线曲折，多天然良港。主要海湾为哈瓦那湾、尼佩湾、关塔那摩湾、圣地亚哥湾、西恩富戈斯湾、翁达湾和马坦萨斯湾等。

古巴全境大部分地区属热带雨林气候。仅西南部沿岸背风坡为热带草原气候，年平均气温为 25.5℃。1 月为最冷月。5－10 月为雨季，常遭飓风侵袭，其他月份为旱季。除少数地区外，年降水量在 1000 毫米以上。

3. 古巴的人口与民族

古巴有人口 1110 万（2000 年），城市人口占总人口的 75%。居民中白人占 66%，黑人占 12%，混血人种占 21.4%。古巴的主要民族有古巴人（大多为欧洲白人和印第安人的混血后裔）、西班牙人、加泰隆人、加利西亚人、巴斯克人、海地人、犹太人和华人等。官方语言为西班牙语。在古巴，多数居民为无神论者，部分居民信奉天主教，有些人属基督教中的卫理公会、长老会等各种教派。黑人民间还保留着非洲宗教的一些残余。

4. 古巴的政治与经济

古巴全国划为 14 个省，1 个特区。省下设 169 个市。各省名称如下：比那尔德里奥、哈瓦那、哈瓦那市（首都，为省级市建制）、马坦萨斯、西恩富戈斯、比亚克拉拉、圣斯皮里图斯、谢戈德阿维拉、卡马圭、拉斯图纳斯、奥尔金、格拉玛、圣地亚哥、关塔那摩和青年岛特区。

古巴为独立的社会主义主权国家，古巴共产党是古巴唯一的合法政党。全国人民政权代表大会为国家最高权力机构，享有修宪和立法权。每届任期 5 年。国务委员会是大会休会期间的常设机构。国务委员会主席是国家元首、政府首脑、革命武装部队总司令。

延伸阅读：

古巴的国旗、国徽与国歌

国旗：呈横长方形，长与宽之比为 2：1。靠旗杆一侧为红色等边三角形，内有一颗白色五角星；旗面右侧由三道蓝色宽条和两道白色宽条平行相间、相连构成。三角形和星原是古巴秘密革命组织的标志，象征自由、平等、博爱和爱国者的鲜血。五角星还代表古巴是一个独立的民族。三道蓝色宽条表示未来的共和国将分成东、西、中三个州；白条表示古巴人民在独立战争中怀着纯洁的目的。

国徽：为盾徽，盾面上部的蓝色部分代表加勒比海；一轮太阳从海面升起，横置的钥匙表示古巴为墨西哥湾的一把钥匙（古巴岛形似钥匙），表明其地理位置的重要。盾面左下方为蓝、白相间的斜纹，右下方的图案为草地、山峦、棕榈树。盾徽两侧为橡树枝叶和月桂枝叶；背后是一根束棒，象征权威；束棒之上是一顶"自由之帽"，表示争取自由、为自由而斗争。

国歌：为《巴亚莫之歌》。这首歌在 1868 年首次在巴亚莫战争期间演唱。词曲作者皮德罗·费圭雷多参加了这次战争，并创作了这首歌曲。两年后，费圭雷多在与西班牙人的战争中被杀害。1902 年这首歌曲正式成为古巴国歌。

古巴经济长期维持以蔗糖生产为主的单一经济发展模式，是世界主要产糖国之一，被誉为"世界糖罐"。工业以制糖业为主，占世界糖产量的7% 以上，人均产糖量居世界首位，蔗糖的年产值约占国民收入的 40%。农业主要种植甘蔗，甘蔗的种植面积占全国可耕地的 55%。其次是水稻、烟草、柑橘等。**古巴雪茄烟享誉世界**。矿业资源以镍、钴、铬为主，此外还有锰、铜等。钴矿藏量 80 万吨，镍蕴藏量 1460 万吨，铬 200 万吨。古巴 1938 年发现沸石（专家们称为"世纪矿物"），但到 1986 年才开始大力开发，其蕴藏量估计达 30 亿吨，仅次于美国。目前已制出许多活性产品，各有各的功能。森林覆盖率约 21%，盛产贵重的硬木。

古巴旅游资源丰富，几百个风景点像翡翠般点缀在海岸线上。明媚的阳光、清澈的海水、白沙海滩等自然风光使这个享有"加勒比明珠"美誉的岛国成为世界一流的旅游和疗养胜地。近年来，古巴充分利用这些独特的优势大力发展旅游业，使其成为国民经济的第一大支柱产业。

二、古巴的生活礼俗

1. 古巴的服饰礼俗

古巴地处热带，一年四季气候温暖。总的来说，古巴人的穿着比较随便。但不同身份的人，在不同的场合，对穿着的要求也有所不同。古巴人的衣着有两个比较明显的特点。一是衣着无种族的区别。无论是白人、黑人、各种混血种人，还是华人，穿衣的标准和流行的款式，都差不多。二是对男人的要求比对女人严，不管天气多热，男人绝不能穿短裤，也不能穿凉鞋，而且还必须穿袜子，否则会被人瞧不起。而女人则不然，可以光着脚，穿着拖鞋，在大街上行走，或出入公共场合，也不伤大雅。

古巴男人常穿长袖衬衫或短袖衬衫，但里面从不穿背心。天气较冷时，穿各种夹克。西服一般在正式场合下才穿。古巴女人多穿裙子，不少人喜欢穿连衣裙，古巴女人上身穿着比较袒露。古巴少女还特别爱穿牛仔裤。近一二十年来，不少年轻姑娘时兴穿短裤。

古巴国务委员会主席卡斯特罗和一些领导人喜欢穿一身橄榄绿军装。

在正式场合下，古巴男人除穿西服外，也穿猎装，但更多的是穿古巴的国服——瓜亚维拉。瓜亚维拉流行于加勒比海、中美洲、墨西哥和菲律宾一带，有较悠久的历史。它是一种衬衫，颜色以白色为主，也有蓝色、绿色、紫红色等。

古巴人去影院、剧场时，很注意衣着。古巴的在校中小学生一律穿校服。

礼仪提醒

瓜亚维拉的主要特点是在胸前和胸后各扎两排并行的竖道，竖道通过左右两个衣兜，有的在胸前再加上不同的花纹。与其他国家的瓜亚维拉不同，古巴的瓜亚维拉一般都掐点腰。

2. 古巴的饮食礼俗

古巴人很讲究营养学，很注意饮食结构中蛋白质和热能的含量。古巴居民饮食中的蛋白质和热能的日平均摄取量在拉美国家中是比较高的。**古巴人日食五餐，即在早餐和午餐之间、午餐和晚餐之间各加一餐。**饮食中除西方常有的牛奶、面包、酸奶、黄油、咖啡以外，木薯则是重要的主食。煎土豆片和煎香蕉古巴人也很喜欢。

◇ 古巴的主食

古巴人的主食尤其离不开大米。"没有吃米饭，就等于没有吃饭。"据古巴人说，这种饮食结构和饮食习惯是华侨带来的。美洲特别是拉美国家，几乎都有华侨。但将大米引入主食结构的据说只有古巴。不过，古巴人的吃法同中国人不尽相同。他们一般都是吃黑豆米饭，或和木薯混合制作，而且都必须油炒了以后再吃。很少有人像中国人那样，吃白米饭就菜的，也很少用大米做稀饭。古巴人常吃的主食还有木薯、芋芳、白薯、玉米、马铃薯和面包等。

◇ 古巴的菜肴

古巴的名贵佳肴是烤乳猪，烤乳猪在古巴已有几个世纪的历史了。据说，最早也是祖籍中国广东的华侨传到古巴的。其制作过程十分讲究。首先是烤制的乳猪必须经过严格的挑选，其重量一般不超过 80 磅（36.32 千克），饲养时间一般不超过半年。这样精心挑选，是为了保证烤制出的肉质保持鲜嫩。传统的烤法通常是用番石榴枝条和叶子熏烤，用这种方法烤制出的肉质味道更鲜美，但现在在大城市，常常用现代的烤箱来烤了。

不管哪种烤法，其调料的过程大体一致：先用小茴香粉、蒜泥、辣椒面、食盐、牛至粉，加上酸橘汁，调成糊状物。然后将这种糊状物调料均匀地涂抹在加工好的乳猪身上，等调料慢慢渗透进去以后，即可烤制。烤制过程中，要不断地加以翻动。待猪呈红亮时，即可食用。烤出的乳猪外皮香酥，油而不腻，美味可口。

古巴人也爱吃牛排、烧牛肉、肉末、鸡肉、火鸡肉、兔肉。古巴人还喜欢吃油炸肉皮、油炸牛肉和油炸香蕉片等。古巴的海鲜和水产品十分丰富，龙虾、对虾、海蟹、海贝、鳟鱼、鳜鱼、鲑鱼等。20 世纪 70 年代以前，古巴人很少吃鱼。后来，由于肉类供应比较困难，只好改变饮食习惯，吃鱼渐多。

◇ 古巴的饭后甜食

古巴的饭后甜食种类丰富多样，有科贝利亚冷饮店制作的各种风味的冰淇淋、糖渍番石榴、糖渍柚子皮、香子兰布丁、牛奶布丁等。古巴人通常爱喝一小杯很浓并加糖的咖啡，即"古巴咖啡"或"小咖啡"。早晨，一般喝牛奶咖啡，古巴人把大杯比较淡的咖啡称作"美式咖啡"。**古巴人喝茶时常常加柠檬**。在农贸市场可喝到当场用甘蔗榨出的甘蔗汁。

◇ 古巴的朗姆酒

古巴的朗姆酒（ron，又译龙酒）即甘蔗酒，是古巴的一种独特的饮料。它同雪茄一样，驰名世界。古巴最有名的朗姆酒是"哈瓦那俱乐部"牌。根据酒储存时间的长短，朗姆酒一般分为："白牌"（3 年）、"金牌"（5 年）和"陈酒"（7 年）。"哈瓦那俱乐部"牌朗姆酒最早于 1878 年产于卡德纳斯市，但现在主要酿酒的工厂是在哈瓦那东部的北圣克鲁斯市。古巴最早的朗姆酒还有"巴卡第"牌，也是于 1878 年开始生产，是在古巴圣地亚哥市。但因 1960 年"巴卡第"牌商标在波多黎各注册，原生产"巴卡第"牌朗姆酒的工厂现在生产"卡乃依"牌等牌的朗姆酒。朗姆酒可以同蜂蜜、酸橙汁、柠檬汁和冰块兑和，其风味很别致。

古巴人特别嗜好啤酒，不分男女老少，不管是什么节庆，或外出旅游，或朋友聚会，都不能缺少啤酒。但古巴人只喝冰镇的啤酒。

礼仪习俗　　古巴人常喝的汤是一种叫阿希亚科的蔬菜肉汤。这是一种杂烩汤，通常有胡萝卜、土豆、洋葱、猪肉或鸡肉。此外，古巴人还爱喝鸡汤、豆汤等。

3. 古巴的居住礼俗

古巴居民住宅的建筑风格多种多样。不同的风格反映出不同文明来源和历史的变迁。在哈瓦那、圣地亚哥等大城市，至今仍可以看到西班牙殖民时期古典主义式、新古典主义式、巴洛克式、安达卢西亚式的建筑；20世纪50年代的美国和西欧现代风格的摩天大厦与豪华别墅以及古巴革命胜利后所兴建的住宅区。在古巴不少中小市镇，至今仍然保存着西班牙殖民时期兴建的住宅，有大片洁白的墙面，两面坡或四面坡的赭色瓦顶。窗户特别大，窗户外普遍罩有花色多样的铁窗棂。每个城镇都有一个中心广场，广场中央有亭子、花坛、铁椅、林荫道和一个雕塑像。广场周围排列着教堂、市政府、市法院、市议会及商店，**广场是城镇居民政治、宗教、文化娱乐和商业活动的中心**。

古巴革命胜利后，为了解决广大居民的住房困难，革命政府于1950年3月10日颁布了第155号法，将房租下降了50%。1960年10月14日，又颁布了城市改革法，承认每个家庭都有拥有一处住房的权利，使古巴所有的居民在5～20年内通过支付房租成为所住房子的主人。古巴政府在哈瓦那市东部兴建了大片居民住宅，在圣地亚哥市兴建了"新美景"住宅区，大大改善了居民的住房条件。然而，近一二十年来，由于经济方面的困难，新建住房的数量减少，再加上人口的增加，居民住房缺乏的状况加剧。在哈瓦那等市的旧市区，一些旧的建筑已年久失修，亟待维修。

革命胜利后，古巴农村也盖起了不少新住宅，广大农民的居住条件也有了明显改善。然而，在农村，依然保存着古代印第安人所居住的圆形尖顶的、原始的茅屋（bohio）。古巴农村的住宅以及不少城市的住宅一般都有门廊，这种门廊比较宽敞，既可以遮阳，也可以避雨。门廊里一般放有几把木制或铁制的摇椅，男女老少，一有空就半躺在上面，一边前后摇动，一边聊天，悠然自得。

在古巴的大城市，根据社会地位和收入的不同，各社会阶层的住房也有所不同：有的住别墅，有的住公寓，有的住大杂院。但是，**在古巴，看不到其他拉美国家大城市都有的贫民窟。**

三、古巴的社交礼仪

1. 古巴的称呼礼仪

谈到称呼，首先涉及到姓名。古巴人的姓名同其他讲西班牙语国家的人民一样，通常由三部分或四部分组成，其排列顺序一般是：名—父姓—母姓。但有不少人的名字为复名，由两个或两个以上的名字组成。人们通常只使用复名中的第一名，其余的名字只写第一个字母，如：Jose Maria Alvarez Bravo（何塞·马利亚·阿尔瓦雷斯·布拉沃）其中 Jose Maria 为复名，通常写成 Jose M. Alvarez Bravo。与其他讲西班牙语国家不同的是，古巴女子在结婚后，仍保持原来的姓名，而其他讲西班牙语国家的女子，在结婚后，一般要将婚前全名中最后一节的母性去掉，改用夫姓。华侨一般都取一个西班牙文的名字，放在姓的前面，如：Antonio Li（安东尼奥·李）。在一般场合通常用名—姓，在朋友、亲属之间，习惯以名字或名字的昵称相称。如古巴国务委员会主席是菲德尔·卡斯特罗·鲁斯（Fidel Castro Ruz），**中国报刊和中国人一般简称为卡斯特罗主席。但是，古巴人则亲切地称他为菲德尔。**多数名字的昵称是在名字后面加上小后缀，如路易斯（Luis），其昵称为路易西托（Luisito）。少数名字的昵称为固定的变体，如何塞的昵称是佩佩（Pepe），曼努埃尔（Manuel）的昵称是马诺洛（Manolo），帕特里西亚（Patricia）的昵称是帕蒂（Paty），瓜达卢佩的昵称是卢佩（Lupe）等。

礼仪提醒

同其他拉美国家不同，古巴人普遍互称同志。无论在机关、工厂、农场，还是在学校、街道，不管是否认识，不管年龄大小，社会地位高低，互相都称同志，老百姓对国家领导人也称同志。

当你同古巴人打了几次交道后，古巴人很可能会称你为"朋友"或"兄弟"，但这往往只是表示认识，并无深交意义。古巴的女性，在交往中常常称不太熟悉的男性为"亲爱的"，这种称呼并没有爱情之意，这只是一种称呼而已。在血统关系中，晚辈对长辈相应地称爷爷、奶奶、爸爸、妈妈、叔叔、婶婶等，但平辈之间或长辈对晚辈，直呼其名者居多。

中国和古巴都是社会主义国家，两国友谊十分深厚。中国人到古巴访问，古巴人常常友好地称中国人为"契诺"或"契尼托"，意即"中国人"。

2. 古巴的交际礼仪

古巴人的见面礼节与其他拉美国家相似，一般采取打招呼、握手、拥抱和亲吻四种方式。在邻居、同事之间，如果只是一般认识，关系不是太密切，见面时可点头说声"你好"，不一定要握手。但是，在正式社交场合，不管有没有第三者介绍，两人初次见面相识，要边握手边问候，必要时，还可以相互交换名片。在宾主之间，主人先伸手；在男女之间，女子先伸手，握手时，男子不要太使劲；如果女子无握手之意，男子可点头致意或说声"你好"；在熟人、朋友、亲属之间，根据关系的深度，可以相互拥抱、亲吻。拥抱时可以正面贴身拥抱或搂肩拥抱，后者比较随便，亲吻时根据关系的不同，亲吻的具体部位也不同，夫妻或情人之间可亲吻，长辈与晚辈之间可吻前额，亲友之间可以吻面颊。

古巴人热情好客，比较讲究礼仪和礼节，但并不苛求。古巴人重视日常问候，不管是朋友、同志、亲人之间，还是互不相识的人之间，都要打招呼。常用的问候语是："你好！""早晨好！""下午好！""晚上好！"或"你怎么样"等。在分别时，古巴人一般都要话别："再见！""很高兴认识你（您）"或"我们还会见面的"。

古巴人以热情开放著称，而且极易相识。有相当身份的人，一般首先递名片。普通人交往，常常是一见如故。问候以后，几句话一谈，很快便进入无拘无束的阶段。对方会马上主动地把他的经历、爱好、家庭等情况滔滔不绝地向你介绍，甚至个人的婚变、隐私、欢乐和烦恼等，也会统统给你端出来。用他们自己的话说，他们心中没有秘密。初次相识，如果方便，他们会邀请你去家中做客，喝咖啡，谈天说地。在野外、公园或娱乐场所时，他们会随时邀请并不相识的人加入他们的行列，并拿出随身带的食品饮料招待你，或请你同他们一起留影，一起跳舞。如是农民，他们会主动将马送给你骑，尽管此时，他连你的名字都还不知道。

古巴人特别愿为他人服务。对于不相识的人问路、打听事等，他们总是帮忙到底。你问他一件事，他可以告诉你许多有关的事。如果你给他哪怕是一点很小的礼物，他都会感谢不尽。海明威曾说，你给古巴人一分好处，他会给你以十分的报答。

礼仪提醒

随着古巴经济的对外开放，到古巴做生意和旅游的外国人越来越多，古巴人也慢慢习惯称来访的外国人为先生、太太或小姐了。但是，古巴人有时候对"先生"这个称呼往往表示不满。如当某人在前面挡住你的路，你可能会说："先生！"

在古巴，每逢节日、生日、婚礼、探视病人时，或应邀去人家家里做客时，免不了要送礼。根据不同的情况，可以送盒蛋糕、送瓶酒、送束鲜花或送件衣服等。古巴人十分喜欢花卉。遇节日喜事，赠送新鲜花束是很普通的礼节。**在古巴送礼，一般都讲究包装。**有时候花在包装上的钱可能

超过礼品本身的价值。

到古巴人家里做客或同古巴人约会，无论是官方还是私人约会，须事先约定。做客或赴约时，应注意仪表和衣着。男子最好刮一刮胡子，换一套干净整洁的服装。做客时，不必过于拘泥，既要彬彬有礼，又要落落大方。到人家家里做客，不要随便翻阅主人的书籍和材料，也不要随意去抚摸主人家的摆设。另外，要善于掌握时间，做客的时间不宜太长，但也不能在吃完饭后立即就走。一般在饭后应同主人交谈一会儿后再走。

四、古巴的节庆礼仪

很难精确统计古巴人一年四季中大大小小、形形色色的节日到底有多少。古巴的节日，大体可分为以下几种：与历史事件有关的节日，如 1 月 1 日解放日；与英雄人物有关的节日，如 10 月 18 日是格瓦拉逝世纪念日；与宗教有关的节日，如圣诞节、狂欢节等；国际例行节日，如三八妇女节、五一国际劳动节；以馈赠礼物为主要活动的儿童节（4 月 4 日）、爱情节（2 月 14 日）、母亲节（5 月的第二个星期日）、父亲节（6 月的第三个星期日）；以文化交流为宗旨的音乐节、戏剧节、电影节、芭蕾舞节等；与收获季节有关的节日，如每年 10～11 月青年岛的柚子节等。有法定的全国性的节日，也有一个地区、一个省、一个市镇、一个村或一所学校的节日。各种节日庆祝方式五花八门、各具特色，通过这些节日及其不尽相同的庆祝方式，可以了解古巴悠久的历史和灿烂的文化，体察古巴人的民族性格和丰富多彩的生活方式。

1. 圣诞节的礼仪

圣诞节原为基督徒为庆贺耶稣诞辰而定的一个节日，自 354 年由罗马天主教会规定的。然而，后来圣诞节已不再只是宗教的节日了，它已成为全社会的节日。古巴政府曾于 1969 年取消圣诞节，理由是每年年底正是甘蔗收获季节，如放圣诞节假，会影响收成。1997 年在罗马教皇访问古巴前夕，古巴政府又宣布恢复圣诞节为公众节日。圣诞节的庆祝活动从 12 月 24 日夜间开始，午夜时分达到最高潮，这一夜就是圣诞之夜。古巴圣诞之夜的传统食品有火鸡、烤乳猪、花生糖、苹果等。吃完丰盛的晚餐后，大家一起唱歌跳舞，共叙天伦之乐。而教徒们则在灯火通明的天主教堂里，参加纪念耶稣降临的午夜礼拜。

2. 狂欢节与嘉年集会的礼仪

◇ 狂欢节

从 7 月中旬开始，古巴各地在民间举行盛大的狂欢节，狂欢节长达 10 天左右，到 7 月 26 日前夕，狂欢节达到高潮。艳丽的彩车，热情的歌舞，鲜明的节奏，奔放的乐章，使古巴这个岛国一片欢腾。

◇ 嘉年集会

嘉年集会是古巴最大的祭祀活动，其历史可上溯到奴隶制盛行的时代。当时奴隶主在每年的主显节祭日这一天，给奴隶们放假一天，奴隶们尽情地唱歌跳舞，欢度一年中难得的节日。现在，古巴人每年都为迎接嘉年集会订做新衣服，联系舞蹈和歌唱。不论是来自非洲的黑人还是当地土生的黑人，都穿上传统的民族服装游行。

五、古巴的婚丧礼俗

1. 古巴的婚姻礼俗

古巴实行一夫一妻制。《家庭法》规定，男女双方在家庭中享有同等权利和义务。但实际上大男子主义相当普遍，男子很少做家务活。妇女虽日益走向社会，但一旦怀孕生孩子，便辞去工作在家里照顾孩子和操持家务。如果是双职工，即使没有孩子，或孩子已长大成人，家庭负担也主要落在女方肩上。

古巴地处热带，热带人成熟早，谈恋爱早，结婚也早。对于少女来说，过完15岁生日，就独立地走向社会去找心上人了。家长一般不干涉子女的恋爱和婚姻。古巴男女青年往往都同时有好几个异性朋友。古巴青年从谈恋爱到结婚常常是速战速决，一般不超过一年。**在城市，男女青年一般在十七八岁结婚；在农村，还更早些**。婚前发生性关系相当普遍。

古巴人的婚姻分成两类：世俗婚姻和宗教婚姻。世俗婚姻是指不采取宗教仪式的婚礼。世俗婚姻的婚礼比较简单，男女青年先到民政部门登记结婚并领取结婚证书。双方向民政部门有关官员表明愿意结为夫妇以后，官员向他们宣读《家庭法》中的有关条文。最后，双方在结婚证上签字，即确认夫妻关系。然后，双方在亲友的簇拥下，回到男方家或女方家。大家为他们举杯祝福。新婚夫妇喝交杯酒，并为前来祝贺的人们分发蛋糕和糖果。在一片祝贺声中，众人和新婚夫妇一起跳舞，直至深夜。近二三十年来，古巴不少食品一直实行定量凭本供应，糖果、蛋糕也不例外。但是，古巴政府对登记结婚的新婚夫妇，专门配给一定数量的平价糖果、蛋糕和其他食品。当然，经济条件好的家庭也可到饭店为子女举办婚礼。

古巴不少人信教，因此，宗教婚姻仍是古巴人婚姻比较普遍采用的形式。这里介绍一下天主教的婚礼。天主教的婚礼通常在当地的教堂举行。在管风琴奏出的婚礼曲声中，新郎新娘在伴郎伴娘和亲友的陪同下，慢慢地通过教堂的走廊走向祭坛。这时，负责撒花的女孩走在前面，从花篮中把一把把花瓣撒在走廊上。接着，新郎在左，新娘在右，面向牧师站好，由牧师为其举行传统的仪式。牧师分别询问新郎和新娘愿不愿意同对方结为夫妻，等新郎新娘分别表示"愿意"后，牧师郑重其事地说："现在，我宣布你们两人正式结为夫妻。"随后，新郎新娘回到走廊上，手挽手在音乐声中步出教堂，参加婚礼的亲友纷纷向他们抛撒玫瑰花瓣或五色纸屑，向他们表示祝福。在婚礼上，新郎穿黑色礼服、白色衬衫，新娘一般穿白色婚纱服，披白头巾，戴白手套，手捧花束。婚礼后，通常要举办婚宴招待亲友。其规模大小及丰盛程度取决于新婚夫妇家庭的经济状况。

在农村，结婚时常常要杀猪（牛、羊）宰鸡，以丰盛的酒肉和各种自制的糕点款待宾客。

延伸阅读：

古巴人的"无痛"离婚

古巴的离婚率相当高。庆祝银婚日的夫妻极为罕见，金婚的就更不必说了。许多男人都是结过两次三次婚的。女人离异以后，再找配偶一般较为困难。古巴人离婚一般都是好说好散型的。双方感到性格不合，或者其中一方另有新欢，就可和平协商去法院办理手续。离婚后双方也并不互为仇人，而是仍以礼待，仍可做朋友，仍可互访。离婚后，孩子多数归女方，但可自由地去找生父。这类孩子一般也无多少痛苦感。在古巴，很少看到因父母离婚而使孩子在心灵上留下严重创伤的情况。

---

2. 古巴的丧葬礼俗

古巴人死后，一律实行土葬。不管在城市，还是在农村，均不实行火化。葬礼比较简单，城市的葬礼在殡仪馆举行。死者的亲友们到殡仪馆向死者的遗体告别，然后，一部分亲友将死者的遗体送到公墓埋葬。**如死者是教徒，葬礼则按死者所信仰的宗教习俗举行**。农村的葬礼仪式在死者的家中举行，死者的遗体也到公墓安葬。

第 七 章

智利的礼仪

　　智利的全称为智利共和国。 "智利" 一词，是由印第安人克丘亚语 "奇里" （即 "寒冷" 之意） 衍化而来的。 智利位于南美洲西南部，安第斯山西麓。 东邻阿根廷，北界秘鲁、玻利维亚，西濒太平洋，南与南极洲隔海相望。

　　智利独特的历史与地理环境形成了独特的文化，也形成了独特的礼仪。

一、智利概况

1. 智利历史简介

智利原为印第安人居住地，曾是印加帝国的一部分。16 世纪 30 年代，西班牙殖民者弗朗西斯科·皮萨罗征服秘鲁以后，派他的伙伴阿尔马格罗于 1535 年侵入智利。因遭印第安人袭击，1538 年逃回秘鲁。1540 年，皮萨罗又派巴尔迪维亚再次侵入智利，陆续建立圣地亚哥、康塞昔西翁和瓦尔迪维亚等城镇，智利遂沦为西班牙殖民地。智利初由秘鲁总督管辖，1778 年西班牙王室设置智利都督府和检审庭，作为智利的最高统治机构。1810 年 9 月 18 日，圣地亚哥的土生白人推翻了殖民政权，成立执政委员会实行自治，此后在民族志士在奥希金斯领导下进行武装斗争，终于 1818 年正式宣布智利独立，成立共和国。

智利独立后，政权为土生白人地主所掌握。奥希金斯政府采取了一些进步措施，如取消贵族爵位，允许传布新教，发展公立学校，鼓励对外贸易等。1831 年保守党上台执政。1833 年制定宪法，赋予总统以极大权力，以天主教为国教，巩固了大地主阶级的统治，开始了此后 30 年比较稳定的政治局面。

2. 智利的地理与气候

智利的地形比较特殊，是世界上最狭长的国家。南北长 4200 千米，东西最宽处 362.3 千米，最窄处只有 96.8 千米。在这狭长的国土上，有南北走向的三条并列带：东面是安第斯山脉的西坡；中部是冲积而成的盆地，其北部是阿塔卡马沙漠；西面是海岸山脉。境内多火山。有 30 多条独流入海的河流。其地理环境可谓变化多样。

由北向南，智昨大致上可分三个区域，不同区域气候差异很大。

北部多山，许多山峰在 6000 米以上。在安第斯山脉的两条山脊之间是阿塔卡马沙漠。这是地球上最干燥的地方，往往终年无雨。过去这里有硝酸矿被开发，当今是铜矿开采。这个地区较大的城市是安托法加斯塔及伊基克。

中部气候类似地中海气候。这个区域土地非常肥沃，人口众多。首都圣地亚哥就在这里。除此之外还有瓦尔帕莱索和康塞普西翁是重要城市。智利阿塔卡马沙漠附近的塔拉尔盐湖南部人烟稀少，降雨极丰富。海岸前有许多岛屿。大陆南方有火地岛，智利和阿根廷各占一半。火地岛前的一个岛上的合恩角是智利和南美洲的最南点。

由于国土横跨 38 个纬度，而且各地区地理条件不一，智利的气候复杂多样包括多种形态，使得很难用一句话总结智利全国的气候状况。按照柯本气候分类法，在智利国境内至少包括了七种主要的气候亚类型，包括有北部的沙漠到东部和东南部的高山苔原和冰川，复活节岛上的湿润亚热带性气候，智利南部的海洋性气候以及智利中部的地中海气候。全国大多数地区有四个季节：夏季（12 月至 2 月），秋季（3 月至 5 月），冬季（6 月至 8 月）和春季（9 月至 11 月）。

9. 智利的人口、教育与文化

◇ 人口

智利居民主要是智利人，还有少数的阿干人和克丘亚人等，其中印欧混血人种占 75%，白人 20%，印第安人 4.6%。官方语言为西班牙语。在印第安人聚居区使用马普切语。居民中绝大多数信奉天主教，部分人信奉基督教新教、犹太教及地方传统宗教等。首都圣地亚哥。货币为智利比索。

◇ 教育

智利教育高度发达，其教育在发达国家普遍承认。大部分的大学都和世界著名大学在本科和研究生学习上拥有协议，其中有在美国，中国，德国，瑞典，澳大利亚，巴西，芬兰，日本，西班牙和英国等等的著名大学。比如，智利天主教大学每年接收将近1350名外国留学生；基本来自于美国，欧洲和新西兰。

◇ 文化艺术

智利是拉美文化艺术水准较高的国家之一。全国有图书馆1999家，总藏书量为1790.7万册。有电影院260家。首都圣地亚哥是全国文化活动中心，有25个美术馆。诗人加夫列拉·米斯特拉尔获1945年诺贝尔文学奖，成为第一个获此奖的南美洲作家。诗人巴勃罗·聂鲁达获1971年诺贝尔文学奖。

智利的复活节岛位于太平洋东南部，以神秘巨像名闻遐迩。岛上有600多尊面对大海的古代巨大半身石雕像。1996年2月，该岛被联合国教科文组织宣布为世界文化遗产。

4. 智利的政治与经济

智利全国共分为15个大区，下设54个省和346个市。大区主席和省长由总统任命，市长由直接选举产生，任期4年，可连任。首都为圣地亚哥，南美洲第四大城市，位于国境中部，坐落在马波乔河畔。

圣地亚哥是一座拥有400多年历史的古城。今天的圣地亚哥是一座现代化的城市，是智利最大城市，全国政治、经济、文化和交通中心。

智利是南美社会最为稳定、经济最为繁荣的国家之一，很少发生政变和政府政策多变的情况，而许多南美其他国家则因政变与政府政策多变而深受其害。智利也是拉美地区腐败最少的国家，是企业经商求发展的好处所。在智利，法律统一，执行公正。

延伸阅读：

智利的国旗、国徽与国歌

国旗：右上角为一蓝色正方形，中央有一颗白色五角星，左上部是一白色长方形；下部是红色长方形。蓝色象征海洋；白色象征安第斯山高峰的白雪；红色象征为独立和自由、为反抗西班牙殖民军的统治，在兰卡瓜英勇牺牲烈士的鲜血。

国徽：中央为盾形，盾下部为红色，上部为蓝色，盾中一颗白色五角星。盾的上端是蓝、白、红色驼鸟羽毛；左侧是一只戴头冠的安第斯鹿；右侧是一只安第斯秃鹫；下端是戈比爱野百合花图案，象征独立和自由。白色绶带上有西班牙文"依靠公理和武力进行斗争"。

国歌：《亲爱的祖国》，由马努埃尔·罗布雷斯作曲，贝纳尔德多·德·维拉·伊·平塔多作词。

智利矿藏资源丰富，智利素以"铜的王国"闻名于世。 已探明铜储量2亿吨以上，约占世界总储量的1/3，居世界之首。如按目前的开采水平计算，可开采100年。这还不算储量低、目前不具备开采价值的地方（约9900万吨）。

智利的另一宗巨大财产是天然硝石。世界上产这种天然硝石的只有智利一国。硝石是提炼氮、钾、钠、硫及碘的原料。智利的硝石矿带长750千米、宽25～30千米，离地表0.5～2米，厚1～3米，估计储量2亿～3亿吨，按目前的开采量计算，可开采100年。

除铜和硝石外，铁、煤的储量也可观，铁约12亿吨，煤约50亿吨。此外还有钼、金、银、铝、锌、碘、石油、天然气等。智利森林资源丰富，森林覆盖面积8.42万平方千米。

工矿业是智利国民经济的命脉。除铜和硝石外，还生产金、银、铁矿砂等。铜的产量和出口量居世界第一位。2008年铜产量为532.8万吨，出口创汇占出口总额的1/3，2008年金产量为39.2吨，银1405吨，铁矿砂931.6万吨，石油15.35万立方米，天然气18.28亿立方米。

智利渔业资源丰富，盛产鱼虾等，是世界第五渔业大国，2008年捕鱼量为481万吨，主要出口鳗鱼、鳗鱼、沙丁鱼、龙虾、海蟹、牡蛎等。林业和农业也有一定的生产能力。盛产温带林木，林产品主要有木材、纸浆、纸张等，是拉美第一大木材出口国。2008年水果种植面积为30.88万公顷，2007年总产量440.1万吨。

智利的白葡萄酒很有名，可以与世界上最好的葡萄酒相媲美，智利人

也引以为豪。

二、智利的生活礼俗

1. 智利的服饰礼俗

智利服装业发达，在智利的大街上，经常看到各种款式的流行服装。但是一些少数民族仍然穿具有鲜明民族特色的传统服装。

智利男子平时一般都喜欢穿白色的绒布衬衣或绸衬衣，上面套露胸的坎肩和浅色布短衣，腰系红色毛布带。天冷时要披斗篷，斗篷为鲜艳的毛料织成，上面饰有花纹。头戴黑色的宽檐帽，脚上穿着皮靴。

在非常正式的场合，智利人一般穿西式套装和套裙。

阿劳干人系智利土著，居住在阿劳干尼亚地区。他们一向骁勇善战，素有"阿乌卡"（守卫者）或"雷维尔德"（反抗者）之称。西班牙人把"阿乌卡"读成了"阿劳科"，后又逐渐演变为"阿劳干"。

阿劳干民族是个古老的民族，历史悠久，文化发达。阿劳干人不仅勇敢，而且聪明勤劳。早在西班牙殖民者入侵以前，阿劳干人便先于南美最发达的土著民族——印加人，掌握了织布技术。他们利用骆马毛制成各种织物，然后涂以艳丽的色彩，以装点生活。后来，他们又利用羊驼毛纺织布帛。织布业在智利的北部地区得到了迅速发展。

织布业的发展美化了阿劳干人的生活，他们非常讲究穿着。阿劳干男人的普通服装是一件斗篷和一条契里帕。斗篷与墨西哥印第安人"篷恰"相似，用羊毛编制而成，中间开口，饰有精巧的几何图案。色彩艳丽，且可当作小型毛毯。契里帕则是一块兜在两腿之间、两头用腰带束住的彩色布条。妇女们喜爱用一幅又宽又长、几乎拖及脚跟的染色毛织品裹身，她们将它搭在左肩上，然后在右臂下用别针勾住，再用一根腰带系紧，出外时，上面加一件精美小巧的披肩。

阿劳干人的发式也堪称别致。男人喜欢留长发，妇女则梳成各种各样的辫子，再在前额系根彩带。

阿劳干人首饰有耳环、胸垂、项圈等。印加人入侵之前，这些首饰多用光亮的绿色和淡蓝色宝石串联而成。自从掌握了金、银加工技术以后，金、银首饰便应运而生。他们用金银做成各种精制的饰物，如发针、璎珞、项圈、耳环和戒指。还用银子打造脚蹬，装饰马具。西班牙殖民者入侵后，阿劳干人的家园被洗劫一空，阿劳干人从此很少再使用金银饰物。

尽管如此，深受种族和阶级双重压迫的阿劳干人仍顽强地生活着，他们男耕女织，自强不息。所做的饰带、腰带、斗篷花色繁多，图案精美，具有很强的装饰性。

2. 智利的饮食礼俗

智利的美食十分出名，传统欧式烹调手法加上南美传统的烧烤，再结合本国的蔬菜、香料、新鲜海鲜等天然资源，有少油、低卡路里、清爽的特色。

智利人讲究菜肴的新鲜度和营养价值，喜欢滋味清淡的菜肴和甜食。 偏爱炸、烧、煮、扒等烹调方法制作的菜肴，其中最爱吃烤制品，常吃烤面包、烤土豆、烤肉、烤鱼、烤鸭等。主食以面食为主，也很爱吃米饭；爱吃鱼、虾、蟹、蛤蜊、蛏子、海贝、鸡、鸭、蛋类、野味、牛肉、羊肉、猪肉等；蔬菜爱吃土豆、西红柿、葱头、黄瓜、豆类等；调料爱用黄油、鸡油、番茄酱、胡椒粉、奶酪、桂花、蒜、糖等。此外，智利人尤其爱吃刚捕捞的活鱼，认为活鱼的眼、头和内脏味道最美。

待客时，他们喜欢端上自己的传统美食，如一种叫"乔克洛"的嫩玉米糕，它用新鲜的玉米面制成；用大米、玉米粉、肉汤和蔬菜制成的"肉汤菜饭"；以及用肉沫、葱头、葡萄干、油橄榄、鸡蛋等做的馅饼。如果是夏天，还少不了"乌米塔"。其做法是：将嫩玉米磨碎加上辣椒、西红柿、糖、猪油等调和在一起，用玉米大苞包起来煮熟，放冷之后，再在火中烤熟食用。

一般来说，智利人习惯一日四餐。 早晨一般喝咖啡，吃"吐司"（一种点心），以简便为原则；下午一时左右吃午餐，以量多质佳为好；下午四时再喝咖啡，吃"吐司"；晚九时吃晚餐，惯以西餐为主，用餐时，使用刀叉等餐具。而且，**智利人嗜酒如命，酒吧遍及全国各地，十三四岁少年的酒量也相当惊人。**

3. 智利的居住礼俗

智利城市建筑的最大特点是殖民时期遗留下来的建筑物和现代化的住宅形成鲜明的对比。农村房屋一部分是欧式的，其余大部分是平房。

礼仪提醒

在智利有的印第安部落仍然过着原始不定居生活，他们或从事狩猎、采集浆果，或捕鱼抓虾、采集贝壳动物，身穿兽皮斗篷，以两端尖翘的独木舟为家，不断变换住处。在智利北部保留地内过着定居生活的印第安人则耕种梯田，驯养美洲驼，织染驼毛用以编织，他们还擅长制造精致陶器。

三、智利的社交与商务礼仪

1. 智利的社交礼仪

智利人性格豁达，举止大方，待人友好热情。在社交场合与客人相见时，一般习惯以相互握手为礼。亲朋好友见面时习惯相互拥抱。女子一般亲吻对方的面颊。一些上了年纪的人见面，还习惯行举手礼或脱帽礼。在正式场合，智利人一般称呼男子为"先生"，已婚女子为"夫人"或"太太"，未婚女子为"小姐"。**智利人还习惯在称呼前加行政职务或学术头衔。**

此外，智利人还有一个非常特别的习俗，即当他们与他人发生口角而受到侮辱时，会用"扫帚"这个词予以还击，意思就是把对方的污言秽语扫去。

在智利，人们有妇女优先的习惯，在公共场合，年轻人总是将方便让给老人、妇女和孩子。

谈话时，如果客人对他们的孩子比较关注，他们会感到高兴。

智利人绝大多数信奉天主教。他们忌讳"13"和"星期五"；忌讳黑色和紫色，认为这些颜色不吉利；忌讳送礼送刀剑，认为这暗示着友情的完结；忌讳菊花，视其为"妖花"，因为菊花是敬献死人放在灵前的，所以在房间里是不应摆菊花的，更不能拿菊花当作礼花送给别人。

2. 智利的娱乐活动礼仪

在智利丰富多彩的娱乐活动中，"围牛节"算得上是一个别开生面的传统节日。

围牛比赛源远流长。它最初始于16世纪的智利牧区，是牧民们制服野牛的方式，后发展成为竞技性娱乐活动。后来又受到墨西哥斗牛的影响，遂逐步演变发展为今天这样的民族娱乐活动。

智利的围牛与墨西哥的斗牛和委内瑞拉的摔牛不同。既不是手持利剑，按照既定程序将牛刺死，也不是骑在马上同牛周旋，乘机拉住它的尾巴，连拖带拽，将它摔倒。智利的围牛通常在一个被称为"半月"的场地上进行。"半月"场形似半月，四周筑有围墙和看台，两边设有通道，一为入口，一为出口。半月场内侧有一块10米长的挡板。围牛士二人一组，身穿智利牧民的传统服装，骑着训练有素的骏马，神采飞扬，气宇轩昂。三头疯狂不羁的公牛一出场，他们一个居左，一个断后，将它们赶到挡板旁，逼迫它们停住脚步。动作愈迅疾有力，他们的得分也就愈高。

要摘取围牛的桂冠，确非易事。首先，骑士需有默契的搭档和精壮的坐骑，尤其是坐骑，它乃是决定骑士能否胜利的关键。因此，坐骑应当具备三个条件：其一，是速度快，力量大；其二，是具有快速转弯的高超技能，因为骑士们必须一左一右，左挡右赶，配合默契，以便在奔驰中将牛猛然制服在挡板上；其三，是敏捷顺从，能迅速领会和执行骑士的指令。

围牛比赛由专职裁判打分，最高分为 4 分，最低分为 0 分。骑士利用高超的骑技从后边将牛挤到挡板，且动作干净利落，才能获得最高分。而压迫的位置距牛头愈近，积分也就愈低。

除了马好，还需人俊，骑士的精神和风度有时会直接影响他的成绩。骑士的服饰一般由鲜艳的紧身套服和象征着智利国旗的红、白、蓝三色斗篷及一顶科尔多瓦草帽、一双黑色马靴组成。他们骑着骏马奔驰在"半月"场上，神采飘逸，意气昂然，令人眼花缭乱，应接不暇。

骑士不但要有好马、有风度、有高超的技艺，而且必须大胆果敢，沉着冷静。每组围三头牛，牛大牛小，全凭运气。小的 300 千克，大则可达半吨。牛越大，也就越难制服，而且会给骑士带来意想不到的危险。因此围牛比赛也是骑士们意志和力量的较量。

参加围牛比赛的人数多少，并不统一，但规则都是分三个程序：首先围牛士在鼓乐声中骑马列队进入"半月"场，绕场一周，向观众频频致意；然后分组围牛；最后领奖。奖品通常是象征性的，很少用实物，从不用金钱。围牛结束后，观众照例进入"半月"场，同围牛士们尽情联欢。夜幕降临后，在奔放的昆卡舞曲声中，围牛士们同姑娘们翩翩起舞，围牛节进入高潮。

礼仪提醒

在智利印第安人的一些部落中，还保留着原始宗教的咒术。咒术实行于某些仪式中，有时对病痛治疗也是用咒术。其时，巫师在身上洒上神酒，再祈祷，吸烟，祷告台上扭动着身子，进入一种忘我的境界中。

3. 智利的商务活动礼仪

智利的商务礼仪基本上与欧洲相似，他们信守时间，事先预约会是必要的。会议一般会准时开始并且准时结束。商业会谈开始之前，一般先聊一些轻松的话题，但应避免谈及当地的政治和宗教。

智利人一般不邀请他人到家中做客，除非是感情深厚的朋友，如果你被智利朋友邀请到家中做客，应视为一种荣幸，不可出自客气或其他理由而谢绝，否则会被主人认为是瞧不起自己而生气。

应邀到智利朋友家中做客，应按时赴约，迟到或早到都是不礼貌的行为。因为他们的时间观念比较强，凡事都习惯按预定的时间进行，这是与许多美洲国家所不同的。到达主人家，客人应主动送一束鲜花或包装精美的糖果给女主人，先向女主人表示问候，随后问候男主人和其他家庭成员。

客人一般不能径直入内，应等在门外待邀请后方可进屋。

智利的商务礼俗随便，宜穿保守式样的西装，公私访问均需先预约。持用英文、西班牙文、中文对照之名片最佳，当地可印英、西文名片，两天取件。与销售有关的文字最好用西班牙文。姿态宜低而谦虚，最忌盛气凌人。圣地亚哥商人对此事甚敏感。许多当地商人的英语、德语流利。商界招待多在大旅社或饭店，午餐于下午2时开始，晚餐晚间10时开始。

礼仪提醒　　在拉美国家中，智利人所说的西班牙语最为标准。许多智利商人受过良好的高等教育，普遍能说英语。

第 八 章

玻利维亚的礼仪

　　玻利维亚位于南美洲中部，是个内陆国家。玻利维亚物产资源极为丰富，是矿产品出口国家。作为西班牙曾经的殖民地，玻利维亚人普遍讲西班牙语，受其文化影响，沿用了很多其礼仪规范，玻利维亚人性格开朗，热情好客，女性普遍谦恭善良。生活中各地方有很多传统习俗，人际交往时十分注重礼仪。玻利维亚人在节庆和婚表活动中，各地方有很多不同的宗教习俗要求和礼仪程序。因此，在与玻利维亚人交往时应格外注意。

一、玻利维亚概况

1. 玻利维亚的地理与气候

玻利维亚是位于南美洲中部的内陆国，领土面积为 1098581 平方千米。西部通向智利和秘鲁，南部与阿根廷和巴拉圭为邻。东部和北部与巴西接壤。东部和东北部大部分为亚马逊河冲积平原，约占全国面积的 3/5，人口稀少。中部为山谷地区，农业发达，许多大城市集中于此。西部为著名的玻利维亚高原。海拔 1000 米以上。森林覆盖面积 50 万平方千米，占国土面积的 48%。

玻利维亚东部和中部为热带草原气候，向西部山地过渡到亚热带森林气候，内陆高原属山地气候。气温随地势而异，低地炎热潮湿，年平均气温 25℃；高原温和，年平均气温 15℃；高山寒冷，年平均气温 10℃。年平均降水量从东北往西由 2000 毫米递减至 100 毫米。

2. 玻利维亚的民族、语言文化与宗教

玻利维亚是一个多民族的国家，印第安人占 60%，混血人种（梅斯蒂索人）占 26%，白种人和其他民族占 14%。

按官方统计，玻利维亚约有 36 个印第安民族。这 36 个印第安民族是：艾马拉、阿拉奥纳、鲍莱、贝西洛、卡尼查纳、卡维内尼奥、卡尤巴巴、查科沃、奇曼、埃塞埃亚、瓜拉尼、瓜拉苏阿维、瓜拉尤、伊托纳马、莱科、马查胡亚伊－卡利亚瓦亚、马奇内里、马洛帕、莫赫尼奥－特里塔里奥、莫赫尼奥－伊格纳西阿诺、莫莱、莫塞特、莫维、帕卡瓦拉、普基纳、克丘亚、西里奥诺、塔卡纳、塔皮埃特、托洛莫纳、乌鲁奇帕亚、文哈耶克、亚米纳瓦、尤基、尤拉卡雷、苏姆科。

玻利维亚的梅斯蒂索人主要分布在全国各地的某些城镇化农村地区，白人则一般集中在城市。最早的白人来自西班牙，后来，欧洲其他一些国家如德国、英国、荷兰、意大利、瑞典和瑞士，以及美国、加拿大、墨西哥和拉美其他一些国家也有移民移居玻利维亚。此外，也有为数不多的亚洲人居住在玻利维亚。

玻利维亚的官方语言为西班牙语。主要民族语言有克丘亚语和阿依马拉语。

多数玻利维亚居民信奉天主教。

3. 玻利维亚的政治与经济

玻利维亚实行总统内阁制。总统为国家元首、政府首脑和武装部队统帅。玻利维亚宪法规定，国体为总统共和制，总统和副总统均由直接选举产生，总统任期为五年，不得连任，但可隔届当选一次；副总统不得在下届当选总统或副总统。

玻利维亚议会是多民族立法大会由参、众两院组成。国会拥有通过和修改法律、审查议员资格、处理违法议员、弹劾政府部长等职权。众议院设130席，按各省人口比例分配，68位众议员经各区选民直接选举产生，其余在大选中产生。参议院设36席，每省3席，参议员经大选直接选举产生。每届国会任期五年。参、众议长由两院分别选举产生，任期一年，可连选连任。

延伸阅读：

玻利维亚的国旗、国徽与国歌

国旗：呈长方形，长宽之比为3：2。旗面自上而下由红黄绿三个平行相等的长方形组成，中间绘有国徽。原来红色象征为国献身，黄色象征希望，绿色象征神圣国土。现则分别代表玻的动物，矿产和植物。正式场合用带国徽的国旗，一般场合用不带国徽的国旗。

国徽：中间为椭圆形，圆面上有太阳、山峰、面包树、驼羊、谷物等图案。圆周下半部有九颗五角星，代表组成玻利维亚的九个省；上半部用西班牙文写着"玻利维亚"。椭圆形两侧各悬挂三面国旗；背后交叉着束棒和武器，象征权威；左边的束棒顶端有一顶"自由之帽"。椭圆形上端是一只被称为神鹰的大兀鹰，象征力量和自由。鹰两旁饰有月桂枝和橄榄枝，代表该国人民对民族自由的自豪感和与其他国家人民和睦相处的愿望。

国歌：《玻利维亚人，有利命运》。

玻利维亚是拉美主要矿产品出口国，工业不发达，畜牧产品可满足国内大部分需求，粮食需大量进口。自 1985 年以来，玻利维亚历届政府推行新自由主义经济政策，稳定宏观经济，调整经济结构，减少国家干预并通过立法对主要国营企业实行资本化（即私有化）。经济改革取得一定成效，国民经济保持一定增长，通货膨胀得到遏制。2011 年，玻利维亚国内生产总值 230 亿美元，同比增长 5.2%，人均国内生产总值 2283 美元。2012年，玻利维亚着力推动能矿生产和基础设施建设，国内生产总值达 245 亿美元，人均国内生产总值约 2470 美元，外汇储备 140 亿美元。

玻利维亚主要有食品加工、酿酒、卷烟、纺织等轻工业。矿业是玻利维亚国民经济的重要组成部分。为矿产品出口国，矿产资源丰富，有锡、锑、钨、银、锌、铅、铜、镍、铁等。已探明石油储量为 1.88 亿桶，天然气 1.13 万亿立方米。森林面积 5600 万公顷。古柯种植在玻利维亚国民经济中占有较重要的地位。农牧产品可满足国内大部分需求。主要粮食作物为玉米、水稻、小麦、马铃薯和大豆，藜麦作为后起之秀产量逐渐增大。主要铁路和公路网集中在西部，边远地区依靠航空沟通。由于交通不便，通讯困难，基础设施缺乏，旅游业较为落后。

二、玻利维亚的生活礼俗

1. 玻利维亚的服饰礼俗

服饰方面，玻利维亚的城市居民和农村居民差别很大。在城市，虽然一般人平时着装随便，但在正规、隆重场合，很多人则都穿西装。**特别是妇女，每到这种时候，她们一般都很讲究，所穿服饰大多色彩艳丽，打扮得花枝招展。**拉巴斯的贵妇人尤其讲究，她们至少要穿一条浆洗过的刺绣裙子，外面再套一件色彩艳丽的丝绒衫或长袍，并有意露出美丽的裙子饰边，脚上还要穿法国式高跟鞋。丘基萨卡妇女甚至还沿袭西班牙卡斯蒂利亚人的传统，喜欢穿巴黎式或伦敦式的服装，以显示她们的高雅风度。

但是，在广大的农村地区，特别是落后的土著居民地区，则完全是另一种情况。克丘亚人一般仍保留着古代服饰的许多特色。男子穿短外衣，下穿长仅过膝的裤子，肩上披一件斗篷。短外衣和裤子都是用自家织成的毛料做成的；斗篷是用两块方形的、有鲜艳图案的厚羊毛料子做的；缝制的时候沿边缝在中间留下一个空当；穿时利用这个空当将斗篷从头上套下，披在双肩，胸前后背各一半；热天可以把斗篷撩起来，像围巾似的搭在肩上。妇女的传统服装是短外衣、裙子和披肩。短外衣一般是白色，并用金属饰物装饰起来；裙子通常都要穿好几条（有时甚至多达 8 条），一条比一条短，以使每一条裙子的彩边都可以显露出来；披肩用粗毛料做成，穿时在胸前用一个银制胸针别住，后背折叠成口袋状，可以用来背小孩或物品。克丘亚人大多赤足或穿凉鞋，只有在盛大节日的时候才有一些头脸人物穿皮鞋。

艾马拉人的服装也相当传统。男子身穿一条长及踝骨的裤子，紧身短上衣，外罩一件斗篷，腰系一宽大腰带。妇女穿束腰紧身衣，腰上束一宽而长的腰带，肩上披一件披巾，披巾一端束在头上，打成一个蝴蝶结；只有在节庆的时候，她们才穿上宽大多褶的长裙，披上彩色缤纷的披巾，戴上她们心爱的首饰。一般来说，艾马拉人的服装都是他们自己用大羊驼毛或羊驼毛纺织的粗毛料缝制的；服装所用的料子、刺绣的颜色和图案，都是他们社会地位和部落的重要标志。现在，虽然已有一些艾马拉人从市场购买工厂生产的布匹或成衣，但充其量也只是土洋结合，没法同城里人比。艾马拉人无论男女，皆穿凉鞋，鞋带系在脚脖上。有些地方只有男子穿凉鞋，女子则全年赤脚，甚至在严冬时也如此。

延伸阅读：

玻利维亚人喜欢戴帽子

玻利维亚人戴帽子的历史由来已久。戴帽子并不仅仅是为了御寒、防晒、好看，而是同他们的宗教信仰有联系。他们认为，帽子是保护头的，头又是人体最神圣的部位，是灵魂的庙宇；头如果被磕伤，人的魂魄也就被撞跑了。

蒂亚瓦纳科后期，艾马拉人就戴一种无檐锥形帽。印加时期，印加首领虽然不戴帽子，可是头上却缠着一条带子作为他地位尊严的象征。西班牙殖民者到来以后，随着欧洲文化的进入，玻利维亚的制帽业迅速发展。目前，帽子的品种已达一千多种。被称为"欧贝洪"的羊毛毡帽在玻利维亚六个省内广为流行。这种帽子制作简单，把羊毛压紧成形，使其坚硬结实为好。式样可根据人们的爱好设计，比较受欢迎的是大檐高顶毡帽，这种帽子色彩很多，主要以深蓝、深咖啡色为主。

每逢节庆日，人们为了给节日增添艳丽的色彩，喜戴各色羽毛制的大帽子，有的直径达 1.5 米。节日里人们不分男女老少，都戴贴花帽，即用花布剪成各种花朵、星状物贴到帽子上。在举行婚礼时，新郎必须向来宾展示他撒满五颜六色纸片的帽子。在举行大型宗教仪式时，教堂负责支付钱财的人在迎接各位参加祈祷的人时，要在他们的帽子上放一顶玉米花做成的大帽冠。而祈祷者要把 20 或 50 玻利维亚比索别在对方的帽子上。

2. 玻利维亚的饮食礼俗

在玻利维亚的大城市，很多人现在都已习惯吃西餐（即吃西方饮食，用刀和叉），主食有大米、玉米、小麦、木薯、甘薯等，副食有豆类、水果、家禽和肉类。山区和农村印第安人所用主副食原材料虽然与城市大致相同，但其做法、味道却都是传统的。**他们以玉米为主食，肉类不多见，但干鱼、鲜鱼、青蛙、昆虫是他们食品中的重要组成部分。**居住在安第斯山一带的印第安人还有咀嚼古柯叶的习俗。古柯叶有生津止渴增强身体御寒和承受劳苦的功效。玻利维亚城市居民的饮料主要是红茶以及从西方引进的可口可乐和百事可乐，还有近年来大规模生产的啤酒；而农村居民的饮料则主要是古柯马黛茶和各种各样的土酒。譬如卡里古埃奥人以喝烧酒为人生最大的快乐；莫霍人爱喝一种自己酿造的发酵饮料；帕卡瓜拉人喜欢喝用玉米和木薯酿成的奇恰酒；西里奥诺人的饮料则是用水和从树上割下的蜂蜜经搅拌、发酵而制成的一种类似甜酒的东西。每次节庆活动，他们常常是以舞蹈开始，而以酩酊大醉结束。

玻利维亚还有一些有名的风味食品，如萨尔塔馅饼、里脊拼盘、辣鸡等。萨尔塔馅饼以肉末、鸡块、葡萄干、土豆块和油橄榄为原料，混合后在火炉上烧烤。烤好的馅饼质地松脆，十分可口。里脊拼盘的制作方法是将里脊肉油炸，再配上鸡块和炸香蕉。辣鸡的制作方法是将鸡块油炸，再配以炸葡萄干、辣椒及一种独特的、称之为"丘尼奥"的配料。

"丘尼奥"是克丘亚人的一种传统食品，用土豆粉做成，分黑白两种。黑"丘尼奥"的制作方法是将土豆放置在空旷的地上，白天洒上水，晚上冻结，冻透后在白天气温上升时用脚踏踩，使土豆融化，分离出水分，做成一种糊状物，然后再将这种糊状物反复冻、晒几次，最后在冻态下保存。白"丘尼奥"的制作方法是将苦涩的土豆放入河水或湖水中浸泡数星期之后取出，用石器压榨，挤出水分，然后加以冷冻。"丘尼奥"通常做成糊状饮用，亦可做成各种饮料。干"丘尼奥"可以保存较长时间。

3. 玻利维亚的居住习俗

玻利维亚的城市建筑多是欧式的。每个城市大抵都有一个中心广场，广场周围分布着教堂、政府机关、警察局、商业区等。首都苏克雷是一座极豪华和高雅的城市。科恰班巴以漂亮的建筑和秀丽的风光而被誉为"花园城市"。**塔里哈的欧式建筑、茂密的森林和优美的风光在南美享有盛名，素有"玻利维亚花园"之美称。**

同豪华市区建筑形成强烈对比的，是印第安农民简陋的斗室或棚屋。艾马拉人过去世世代代都住在一种用黏土和石头砌成的、矮小的圆形建筑中；整个建筑只有一个门洞，形状类似碉堡，叫作丘尔帕。艾马拉人建筑这种房子，既可以用来居住，抵御高原的恶劣气候，又可以用作掩埋死人的墓室。今天在玻利维亚的高原上，仍可以见到不少这种房子的遗迹。

但总的说来，玻利维亚农民的住房，特别是落后地区农民的住房，还没有摆脱传统的式样，而且也比较简陋；大体上是用砖块或石头砌成，用石板盖顶，有的用土坯垒成，搭上茅草；虽然比较结实，但离现代生活的要求还相距甚远。

礼仪提醒

玻利维亚的莫霍人过着游移不定的生活，他们的房屋极其简陋，只不过是一些用以避雨的棚子而已。西里奥诺人的茅屋和草棚有的盖得很大，有的则简单得只是用棕榈叶覆盖在一个用长短不齐的棍子搭成的架子上。

三、玻利维亚的节庆礼仪

玻利维亚是一个节日众多的国家，各种缘由的、各个种族的、各个地区和各种宗教色彩的大大小小的节日数不胜数。

1. 玻利维亚现代公众节日的礼仪

现代公众节日数量不多，分全国性的公众节日和地方性的公众节日两类。全国性的公众节日主要有 8 月 6 日国庆节（纪念 1825 年 8 月 6 日玻利维亚正式宣布独立，建立玻利维亚共和国），6 月 4 日苏克雷牺牲纪念日（纪念南美独立战争著名领袖、玻利维亚首任总统 1830 年 6 月 4 日在去基多途中遇害的日子），5 月 1 日劳动节（纪念美国芝加哥工人 1886 年 5 月 1 日英勇罢工并争得 8 小时工作制的胜利）和 8 月 20 日植树节（1939 年玻利维亚政府法令规定的节日）。

地方性的公众节日主要有 2 月 10 日奥鲁罗节（纪念 1781 年 2 月 10 日塞瓦斯蒂安·帕加多尔领导的反对西班牙殖民统治的起义），3 月 23 日阿瓦罗亚节（纪念 1879 年爱德华多·阿瓦罗亚在卡拉马抵抗智利，为保卫玻利维亚领土而牺牲），4 月 15 日塔里哈节（纪念 1817 年玻利维亚游击队联合阿根廷第四军在拉塔布拉达打败保皇派军队的胜利），5 月 25 日丘基萨卡节（纪念 1809 年 5 月 25 日苏克雷城首先发出要求自由的呼声），7 月 16 日拉巴斯节（纪念 1809 年 7 月 16 日穆里略等先烈领导的南美洲第一次独立运动），9 月 14 日科恰班巴节（纪念由埃斯特万·阿尔塞领导的第一次击败西班牙人的 1810 年革命），9 月 24 日圣克鲁斯节（纪念 1810 年 9 月 24 日圣克鲁斯参加独立战争），11 月 10 日波托西节（纪念 1810 年爱国者佩德罗·科斯塔斯领导的反对西班牙总督的起义）等。

2. 玻利维亚传统节日的礼仪

玻利维亚由于种族繁多，宗教信仰多，传统势力大，所以传统节日非常多。按玻利维亚民间艺术日历所标出的庆典活动来计算，玻利维亚全国的传统节日总计在 1000 个以上，有的村子甚至每周一个节日。在这众多的节日中，最重要的、流传最广的传统节日有一二十个。

◇ 1 月 1 日权威节

权威节是玻利维亚安第斯地区的共同节日。这一天，这个地区所有的公社和艾柳都要祝贺和款待任期届满的官员（市长、镇长、司法官员、教育官员等）。虽然这一天，权杖将交给新的一届政府，但被款待的人只是退位的官员。这里的农民将把现金放在这些官员和他们夫人的衣服上，把面包圈放在他们的帽子上，把橡皮球项链挂在他们的脖子上，以表示当地农民对这些官员所完成工作的认可。

◇ 1 月 6 日主显节

这是玻利维亚人纪念"东方三王"朝拜耶稣圣婴的节日，也是贝宁省巴利维安州国王村的保护神节。这一天，贝宁省的首府特里尼达德市将举行盛大的民间艺术表演游行。游行仪式的主题是一辆名叫"巴尔科"的

"圣婴车"。车上有几个打扮得花枝招展的土著妇女装扮成正在照顾刚降生的耶稣圣婴的样子，同时，圣婴的周围还有头戴五彩缤纷葫芦冠的 3 个东方朝圣者，他们就是所谓的"东方三王"。一大帮黑人围绕着"巴尔科"圣婴车一边随车行进，一边翩翩起舞。这个仪式被称作"巴尔科的入场"。

◇ 1 月 24 日阿拉西塔斯节

它是拉巴斯城纪念"埃凯科神"的节日，也是拉巴斯城最重要的手工艺品交易会。"埃凯科"是艾马拉人家族的保护神，象征丰收、欢乐和繁荣。在节日开始后的一周内，拉巴斯各主要街道上人山人海，水泄不通。街道两旁的货摊上摆满了精致玲珑的小物品，最吸引顾客的还是那些现代化的小商品，如微型小汽车、玩具小火车、模拟小别墅和一捆捆小钞票等。

延伸阅读：

阿拉西塔斯节的由来

艾马拉人把从集市上采购来的小商品敬献给埃凯科神。敬奉的礼品不限种类，也不限多少，但敬献的方式颇为有趣。他们先做好上百个像火柴盒大小的小布袋，袋内装着买来的礼品，再用线绳或布条把小布袋穿在一起，挂在埃凯科神身上。神像身材矮胖，挺着大肚子，两手前伸，笑容可掬。在古印第安时代，这个神像是用金银铸成，或用石头雕塑而成，现在则大多用陶土烧制而成，身上穿着艾马拉人的民族服装，头上戴着一顶用羽毛装饰的帽子。据说，向埃凯科神敬献什么，将来便会得到什么，敬献的礼品越多，得到的幸福也就越多。因此，善男信女争相敬献，这个象征"富足"的埃凯科神，就全身挂满了人们认为一个家庭所必不可少的用品，或人们所渴望获得物品的象征品。

在历史上，这个节日一般都在 10 月举行，自这个城市发生克里奥尔人被土著人围困，最后克里奥尔人取得胜利的事件之后，就改在每年的 1 月 24 日举行，以纪念"拉巴斯圣母"对他们的保佑。从此之后，这个矮胖胖的、微笑着的西班牙人的形象，就得了"埃凯科"这个名字。除了向埃凯科神敬献礼品外，艾马拉族男女还发挥其能歌善舞的特长，在节日里尽情地欢跳各种民族舞蹈。

◇ 5 月 3 日十字节

它是流行于玻利维亚全国的一个宗教节日。早在西班牙殖民主义者来到美洲以前，这个地区的古印第安人就有一个"十字节"，叫"查卡纳节"，但与西方的"十字节"完全不同，是纪念标志收割季节开始的十字星座出现的节日。自西班牙殖民主义者征服这个地区之后，印第安"十字节"开始同西班牙"十字节"慢慢地融合起来，逐渐变成了有纪念基督蒙难的意思。在一些艾马拉人公社里，人们开始用自己的农产品和水果来供奉钉在十字架上的基督。在科帕卡巴纳的十字节期间，人们不仅礼拜十字架，而且还要跳"利菲斯舞"和"印加人的忧伤"等舞蹈。

◇ 6 月 24 日圣胡安节

它是纪念命运之神圣胡安的节日。**水与火是决定农民命运的两个主要的因素，因此，在节日这一天的晚上，所有的家庭都要在自己的住所点燃篝火。**人们相信，圣胡安的火会清洗他们的土地，然后让土地长满牧草和鲜花。南美洲的 6 月尽管是最冷的天气，但很多地方都要进行玩水的游戏，相互泼水。在圣克鲁斯省的贝拉斯科地方甚至还要集体沐浴，沐浴之后要光着脚从燃烧着的炭火上走过去，同时还要表演"摇篮舞"、"托莫里奥舞"和"奥希里斯舞"。有些地方，人们还选择这一天理发，相信在这一天理发后，头发会长得更多、更漂亮。

◇ 6 月 29 日圣佩德罗和圣巴勃罗节

这是一个敬奉保护神的节日。这一天，很多地方都有自己的保护神节，一般都要跳专门的舞蹈。如在阿查卡奇地方，有一种特别的舞蹈，是一群"士兵"围着一个头戴巨大纪念面具的"著名舞者"跳舞。据传说，这个舞者注定是要带着这个地区所有的罪孽去见阎王的，因此，在节日前夕的一段时间里，这个地区一定要给他好吃好穿，并整天用甜言蜜语哄着他，好让他尽职尽责地把所有的罪孽一个不漏地带走。

◇ 7 月 16 日卡尔门节

这是拉巴斯城纪念军队保护神卡尔门圣母的节日，同时也是拉巴斯城市民纪念 1809 年 7 月 16 日拉巴斯城爆发南美洲第一次独立运动的节日，所以，**这一天是整个拉巴斯省人民都热烈庆祝的节日。**很多地方要上演各种各样的舞蹈和滑稽剧，特别是要表演从西班牙传入、目前尚残存在玻利维亚土地上的中世纪骷髅舞《狂人帕利亚—帕利亚》。在苏克雷城，这一天则要举行"耶稣蒙难节"，其特点与上述的"阿拉西塔斯节"没有什么区别。

◇ 7 月 25 日圣地亚哥节

这是一个礼拜土地圣徒圣地亚哥的节日，土著人则把这一天看做是纪念闪电神"伊利亚帕"的节日。节日的突出特点是有许多的舞蹈队跳舞。特别是的的喀喀湖畔瓜基港的节日活动最引入注目。

瓜基港附近的手艺人，特别是拉巴斯城的手艺人，都要来这里参加节日活动，他们来的时候带来许多舞蹈队，如魔鬼舞蹈队、黑人舞蹈队、"库利亚瓦斯"舞蹈队以及土著人的农民舞蹈队等。这一天还要举行纪念渡神"巴尔塞阿达"的仪式。

◇ 8 月 5 日科帕卡巴纳圣母节

这是礼拜玻利维亚最著名神殿中的湖泊圣母——科帕卡巴纳圣母的节日。这个节日历史悠久，早在西班牙殖民主义者来到美洲之前，科帕卡巴纳神殿就是印加帝国塔万廷苏约的主要神圣之所。节日期间，有许多民间艺术演出队参加，参加节日活动的不但有来自玻利维亚本国的朝圣者和许愿者，而且还有许多来自秘鲁的朝圣者和许愿者。

◇ 8 月不幸者节

这是艾马拉人传统的民间节日。于每年 8 月举行，一般要持续一个月。前半个月是祭祀土地圣母帕查妈妈的活动。为此，人们要用美食来祭奠帕查妈妈；要在一些神圣的地方组织纪念"耶稣蒙难"的活动；还要进行集体斋戒，以表示对土地圣母的崇敬。后半个月则举行一系列妖术性的仪式，以供奉人们心目中的恶魔。**节日期间，大多数活动都是魔幻般的宗教**

仪式，使得各种有专门训练的魔术师和巫师大显身手。

◇ 9 月圣罗克节

它是塔里哈城主要的传统民间节日，于 9 月的第一个星期天举行，为期 8 天。有狗的游行，以纪念狗的保护神。节日的独特之处是有一大批三音管乐器吹奏者登台表演。另外，表演琼丘斯舞和体现野蛮部落遗风的杂技舞，也是节日的主要内容。

◇ 10 月罗萨里奥节

这是丘基萨卡省的传统民间节日，于每年 10 月的第一个星期天举行。特别值得一提的是丘基萨卡省塔拉布科地方的纪念活动。在那里，有来自各地的土著居民参加，还有他们的斗牛活动。另外，传统金银器商业中心乌拉马的纪念活动也很重要，那里的舞蹈都以各种银器装饰起来，并有最大型的"西库斯"乐队伴奏。

◇ 10 月土豆开种节

一般于每年的 10 月或 11 月上半月举行，时间的选择取决于当年的气候条件。举行节日的那一天，也就是在土豆开种的那一天，人们要把自己最满意的一对阉牛，用镜子（挂在牛的头顶上）、漂亮的驮鞍和彩色飘带装饰起来，牵到选定的地点。土豆开种前要举行一个奇妙的"哈普奇里"仪式。**"哈普奇里"**是一个作为神鹰化身的人的名字。参加该仪式的只能是妇女和这个叫作"哈普奇里"的人。在土豆生产的关键时刻，"哈普奇里"带着汤药和妇女们在他身上撒满的薰香登场，表示土豆的病虫害已完全在他的掌握之中。接着，妇女们登场，她们开始用古柯叶"治疗"头几颗种子。"治疗"程序结束后，"哈普奇里"就指定第一对阉牛开犁第一条垄沟，播种正式开始。

◇ 11 月 1 日、2 日万圣节和亡灵节

这是天主教教徒纪念众神和祈祷亡灵的节日。印第安人也利用这个机会举行纪念哥伦布以前时代自己祖先的仪式，方法一般是在家里举行纪念仪式，礼拜自己所热爱的一些死者，并去墓地装饰死者的坟墓。

◇ 12 月 24～25 日圣诞节

它是玻利维亚最流行的传统节日之一，有各种各样的地方风采。譬如

在丘基萨卡，流行着一整套很重要的圣诞歌曲，还表演克里奥尔人降生的故事。在塔里哈，则有一整套出名的圣诞舞蹈节目，如"发辫舞"、"圣诞四对舞"等。在贝尼省，过去一般都要在12月28日演出滑稽剧《希律》，现在，这种滑稽剧已作为民间戏剧中的一种不良习俗而被取消，取而代之的是上演一种取名《小天使》的舞蹈。

延伸阅读：

玻利维亚日期不定的传统节日

三圣节，日期不定。节日期间，一般都有大规模的民间艺术表演。在拉巴斯城的格兰波德尔区，参加演出的民间艺术团体达40多个。在贝尼省，三圣节还是该省首府特里尼达德市的保护神节，因此，这里的三圣节以民众参与广泛著称，民众可以欣赏到许多重要的民间舞蹈节目，如《用砍刀开路者舞》、《砍蔗工舞》等。

圣灵降临节，是纪念圣灵和土地圣母帕查妈妈的节日，日期不定，盛行于整个安第斯地区。纪念的方法一般是在住所点燃薰香植物巴西普罗蒂乌木和一种叫"科阿斯"的神木，在矿山和田野宰杀大羊驼，以祭献土地圣母。在有些地方还要表演舞蹈节目。

圣体节，日期也不定。节日期间人们都要穿戴最好的衣帽，售货摊都要用兰花装饰起来。在科恰班巴还保留着喝"奇恰酒"的习惯。

3. 玻利维亚狂欢节的礼仪

狂欢节是玻利维亚最盛大传统节日。日期不定，一般在每年四旬节开始前的几天内举行。因各地风土人情不同，狂欢节也有明显的地区差异。**在全国各地的狂欢节中，规模最大、组织得最好、盛况最为激动人心的要算锡矿之城奥鲁罗市的狂欢活动。**该市的狂欢节与其他地方的狂欢节不同，有着浓厚的地方色彩和异教的神秘特点。

奥鲁罗是一个矿城，居民很早以前便从事锡矿开采。那时坑道内事故频繁，严重威胁着矿工的生命安全。所以，矿工很早便信奉"坑道女神"，每年都要为"坑道女神"举行一次祭奠活动，以求得女神的保佑。每到这个时候，他们几乎把一年的积蓄全部花光，尽情地吃喝玩乐，以向"坑道女神"表示虔诚之心。1789 年举行第一次狂欢节的时候，只有矿工们参加，他们跳着"魔鬼"舞，作为向保护神的供奉。现在则已打破行业界限，不分职业和年龄，人人都参加狂欢活动；但是，矿工仍是活动的主体。

在狂欢节前的那个星期五，矿山要举行所谓"阿丘拉"仪式，由矿工代表向矿主介绍矿山最好的产品，然后，矿主将大量的饮料和糖果作为报酬散发给矿工。星期六是狂欢节开始的一天，上午 8 点，狂欢节正式开始，各色各样的民间艺术队伍，带着各自的用各种银器装饰起来的彩车，载歌载舞，一队接一队地沿着通往"坑道神庙"的大街行进。行进在队伍最前面的是一只彩船，船上装满了奉献给"坑道圣母"的各种金银器具和五花八门的古钱币。以魔王为首的魔鬼队伍跳着魔鬼舞紧随其后。他们个个头戴五光十色、长着犄角、瞪着大眼和张着血盆大口的魔鬼面具。舞蹈最后以天使圣·米盖尔制伏魔鬼，正义战胜邪恶作结。魔鬼队伍后面是一只人工操纵的保护"坑道女神"的大神鹰。为了再现印加帝国征服各部落的历史画面，"印加人"的队伍头戴羽毛高冠，不断地表演战争舞和狩猎舞。最后，队伍缓步来到"坑道神庙"。这时，舞蹈队要表演令人伤心的民歌《终点》，以纪念矿工的保护神"坑道女神"。这天晚上，各家各户都要为"坑道女神"举行守灵晚会。

第二天凌晨，所有的游行者又都要带着他们的乐队来到"坑道神庙"，举行黎明弥撒。接着是每个民间艺术团体的综合舞蹈表演。下午，狂欢节进入高潮，除了民间艺术队伍参加外，还有真正具有狂欢节特点的化装人群和滑稽丑角参加。他们身穿奇装异服、面涂古怪脸谱，表演着各种滑稽动作。夹杂在青年人中间的白发老人，则以他们幽默的表情和舞姿，博得了人们热烈的掌声和喝彩声。星期一开始狂欢节的告别弥撒。星期二是狂欢节的"奇阿利亚日"，举行播种赐福仪式（包括举行各种产品的竞赛活动），以作为狂欢节的结束。**别具风采的奥鲁罗市狂欢节，每年都吸引着来自全国各地和世界各地的众多游客。**

四、玻利维亚的婚丧礼俗

1. 玻利维亚的婚姻礼俗

玻利维亚城市居民的婚丧嫁娶同欧美国家相似，是按天主教习俗进行的；而印第安人的婚俗虽然也有遵从天主教习俗的，但基本上按传统方式进行。譬如塔彼特等部族的男女青年只要互相表示亲昵，便可结婚。**表达爱情的最好方式是恋爱双方用手捂住对方的脸，这被认为是非常亲昵的举止。**寡妇若再婚，须把头发齐根剪掉，每天哭一小时，直到头发重新长出来为止；否则就不能结婚。科恰班巴妇女谦恭、善良、正直和诚实，是典型的贤妻良母。通奸对该族来说是最严重的犯罪。莫霍人的婚姻由家庭包办，允许多妻，丈夫常虐待妻子，因而，时有妻子被丈夫打死的现象发生。

艾马拉人和克丘亚人的婚姻同他们的手工业关系密切。这两个高原民族的印第安人，无论男女老少，都擅长纺织，他们织的布色泽艳丽、图案别致。每到农闲季节，人人几乎都成了纺织业的能工巧匠。姑娘为吸引小伙子的爱慕，常给自己织一件漂亮的衣服，以显示自己的能干；小伙子则通常要织一条带子送给心上人作为报答。这时，姑娘可以为自己心爱的人织一只盛放古柯叶的口袋。在小伙子眼里，织布技艺高超的姑娘，必定会成为料理家务的能手，因此，这样的姑娘是小伙子追求的对象。艾马拉人实行严格的外婚制，任何人都不允许在母方氏族内结婚。也有的印第安部落按一种最原始的方式处理婚姻问题，即让年轻姑娘排成一行，由单身男子各自去挑选符合自己心意的人。**结婚后，女人担负一切家务，还要纺织，男人则从事耕作和养殖。**

190

2. 玻利维亚的丧葬礼俗

古代玻利维亚人的丧葬习俗非常残酷，他们在埋葬因难产而死去的妇女时，还要把生下的孩子同死者一起埋葬；无用的老人也要由其子女弄死埋葬；孤儿也没有生存的权利，必须由其亲属弄死埋掉；显赫人物去世时，还要从其众多的妻子中挑选一位陪葬，以使死者在另一个世界里不感到寂寞。在有些印第安人部落，譬如在艾马拉人那里，死者的尸体要制成木乃伊，存放在一个叫作"丘尔帕"的墓室里，并要对木乃伊举行祭祀仪式。在一般的情况下，这墓室同时就是家人的住房。如果是上层人物家庭，其祖先的木乃伊还要装进一个皮袋，用轿子抬着上街展示，以显其家族的荣耀。有的印第安人部落，死人埋了后，过一段时间还要将死者的遗骨挖出来磨成粉，掺进小麦面里做成一种饼子赠给亲友吃。

现在，虽然这些习俗已经少见，并且在天主教影响所及的地区已按天主教的习俗处理丧葬事宜，**但印第安人传统葬俗的残余仍随处可见，**譬如莫霍人实行土葬，死者财产由亲属瓜分；艾马拉人的坟墓比较讲究；有些印第安部落还有服丧的习俗，时间至少为一年，女人服丧要将头发剪短，用宽布将头包上，等等。

第 **九** 章

中美洲有关国家的礼仪

中美洲作为一个地理概念，主要指墨西哥以南、哥伦比亚以北的美洲大陆中部地区，是一片连接南北美洲的狭长陆地，其中包括巴拿马、哥斯达黎加、危地马拉、牙买加、海地、多米尼加、巴巴多斯等国家。这些国家的礼仪呈现出浓重的地域文化特色，在饮食习俗、日常生活以及社交活动中都有一些独特的传统风俗，从而为美洲文化增添了一道靓丽的风景线。

一、巴拿马的礼仪

1. 巴拿巴概况

巴拿马全称巴拿马共和国，是中美洲最南部的国家，位于中美洲地峡。巴拿马东连哥伦比亚，南濒太平洋，西接哥斯达黎加，北临加勒比海。连接北美洲和南美洲，巴拿马运河从北至南沟通大西洋和太平洋，有"世界桥梁"之称。巴拿马全国总面积75517平方公里，海岸线长2988公里。首都是巴拿马城。人口340万，印欧混血人种占65%，黑人占13%，白人占11%，印第安人占10%。西班牙语为官方语言。85%的居民信奉天主教，4.7%的居民信奉基督教新教，4.5%的居民信奉伊斯兰教。

巴拿马国土面积75517平方公里，海岸线长约2988公里。全境地势起伏，沟谷纵横，除南北沿海平原外，多为山地。河流多达400余条，较大的有图伊拉河、切波河及查格雷斯河。地近赤道，属热带海洋性气候，年均气温23℃~27℃。

巴拿马的矿产资源较为丰富，主要矿产有金，银，铜，铁，汞，铝土，锰，盐，石油等。铜，盐，铝土的储量比较大，其中，铜矿石储量占世界第四位，已探明的铜储量可供开采50年。由于境内河流甚多，水力资源也丰富。

巴拿马森林资源丰富，而且树种多，盛产珍贵的红木，雪松等硬质木材。东部大连省森林区分布最广。巴拿马亦盛产香蕉、甘蔗、咖啡等热带经济作物，此外尚有蕴藏丰富的金、银、铜、铁矿。

巴拿马运河位于美洲大陆中部，纵贯巴拿马地峡，是一条沟通太平洋和大西洋的船闸式运河。运河全长81.3公里，最窄处为152米，最宽处为304米。从运河中线分别向两侧延伸16.09公里所包括的地带，为巴拿马运河区，总面积为1432平方公里。

巴拿马运河对巴拿马经济和世界经济产生重要作用。巴拿马运河承担着全世界5%的贸易货运。中国是巴拿马运河的第二大用户。

延伸阅读：

巴拿马的国旗、国徽与国歌

巴拿马国旗呈长方形，长宽之比为3：2。旗面由白红蓝三色的四个长方形组成。白色象征和平；红色和蓝色分别代表原巴拿马的自由党和保守党，也是两党为民族的利益团结奋斗的象征。左上方的白底蓝星代表忠诚和廉洁，右下方白底红星代表法律的权威。十字线分隔成四块的设计方式，代表巴拿马位于南美洲、北美洲、大西洋、太平洋四个地域的交界处。红蓝白三色为沿用支持巴拿马独立的美国星条旗颜色。

巴拿马国徽是由一只昂首展翅的褐色雄鹰衔着一条写有巴拿马格言"为了世界的利益"的白色飘带立于国徽之上。国徽中间是咖啡色的巴拿马地峡，蓝色的太平洋和加勒比海以及连结它们的巴拿马运河；在蓝色天幕下，一轮皎洁的明月已经升起，对应的落日余晖未尽，金光四射，象征巴拿马的独立是在"日落月出之际"到来的；左上部交叉的银剑和步枪，代表巴拿马土地上经历了数百年战争的风风雨雨；右上部的丁字镐、铁锹，代表国家发出的积极建设、努力劳动的号召；下部金币外溢的羊角和金色的双翼飞轮象征国家的进步和繁荣昌盛。四面国旗饰于国徽周围，顶端9颗金色五角星代表巴拿马的9个省。

巴拿马的国歌是《地峡颂》，由杰罗尼莫·德拉奥萨作词，桑托斯·约格谱曲。

2. 巴拿巴的生活礼俗

巴拿马人传统的服装是：男子穿绣花的长衬衫和短裤，女子穿印花连衣裙或绣花短裙。巴拿马草帽是用一种名为多基利亚的植物的纤维或用彩色杆纺织而成的、带有黑条纹或花饰的、边沿上翘的草帽，原产于厄瓜多尔，由于外国游客见巴拿马人多戴这种草帽，故称之为巴拿马草帽。其最大特点是具有柔软细腻的质感，摸起来像丝绸，将其卷成一个斜三角形状的圆筒，收藏到精致的盒子中，戴的时候再打开，仍不变形，没有褶皱的痕迹。

巴拿马农民的传统服装是一种薄料子做的闭领长衬衣，最常见的帽子是一种用彩色禾秆编制而成的带有黑色条纹或花纹的草帽。妇女服装则以普通印花布连衣裙最为普遍。男子老式民族服装以一种饰有垂缨的绣花长衬衣和饰有刺绣的短裤为主，妇女则穿宽大的花裙子，绣花的薄纱短衫，有披肩和草帽。无论男女都在肩上挂一个用纤维织物做的挂包，当地人称之为"恰卡拉"。

巴拿马的印第安部落中保存着一些古老的风俗。产妇临产前要被几位年岁相近的产婆带到远离村落的一间小屋子中，然后横躺在吊床上进行生产。婴儿刚一降生便被放入盛满海水的独木舟，接受海水的洗浴。男性儿童长到 9 岁时，需要到森林里度过一段时间，训练生存技巧，磨炼意志。此后，才可以戴上面具，在身体上涂抹各种颜色，以表明自己能够作为一名独当一面的男子，应该享受一定的职权并受族人的尊敬。

礼仪习俗　巴拿马人以大米和玉米为主食，他们制作的食品讲究五味俱全，比较有名的有大米，肉煮赤豆。巴拿马人很喜欢一种叫桑科乔的食品，当地人常以此宴请客人。

9. 巴拿巴的社交礼仪

巴拿马人热情好客，招待周到，使宾客无陌生感，如同在家一般。印第安的乔科族人尤其好客，且心地善良。

在正式社交场合，巴拿马人同宾客见面时常行握手礼，而在亲朋好友之间除握手外，还要拥抱和亲吻面颊。巴拿马人交谈时喜欢双方的距离近一些，认为这样才显得亲近自然。他们有一些手势语，如吻指尖表示赞美。尤其有意思的是，当地人接电话时往往先问"您是谁"，这与欧美国家先自报家门的习惯不同。

在与巴拿马人接触时，不要谈论政治、运河区的主权以及政府的外交政策等话题。此外，到巴拿马人家做客，也不宜过分赞美一样物品。

4. 巴拿巴的婚姻礼俗

巴拿马的婚姻风俗基本上遵循天主教的传统，国家法律规定实行一夫一妻制。大部分印第安人的婚姻和婚礼按照天主教习俗操办，但仍有一部分保留着本民族的传统。在举行正式婚礼前，少女们必须经历一种开花的成年仪式，证明将要婚嫁。仪式进行时，全村人都要赠送礼物，女方父母要宴请全村人。每年当地要举行一种被称为谢肉祭的狂欢节。节日期间，人们身着华丽的服装，装扮成各种奇异的角色。

二、哥斯达黎加的礼仪

1. 哥斯达黎加概况

哥斯达黎加的全名是哥斯达黎加共和国，位于中美洲南部。国土总面积51100平方公里。海岸线长1200公里。总人口462万，白人和印欧混血人种占95%，黑人占3%，印第安土著居民约占0.5%。官方语言为西班牙语。95%的居民信奉天主教。首都是圣约瑟。国旗自上而下由蓝、白、红、白、蓝五条宽条组成。红色宽条比蓝、白色宽条宽一倍，左侧绘有国徽。国歌叫《哥斯达黎加共和国国歌》。**国花是卡特莱兰花。**

哥斯达黎加位于中美洲地区南部。全境2/5为山地和高原，其余为低地，北部和沿海是平原。高原气候温和，平原气候较热，年降雨量2500多毫米，有"四季长青之国"的美誉。

哥斯达黎加原为印第安人居住地，1564年沦为西班牙殖民地。1821年独立，1823 年加入中美洲联邦，1848 年成立哥斯达黎加共和国。

哥斯达黎加气候温和，四季如春。森林覆盖面积 60 万公顷，植物种类繁多，仅树木就有 2000 余种。象耳树是哥斯达黎加的国树，它的枝干伸出几十米远，棵棵像一把巨大的绿伞。哥斯达黎加的花卉达 6000 余种，仅兰花就有 2000 种之多。整个哥斯达黎加就是一座美丽的大花园。

2. 哥斯达黎加生活礼俗

在这块土地上生存的最古老的居民印第安人，许多方面仍遵循着古代的习俗。他们不轻易和外地人打交道，一般不主动将自己的姓名告诉初来的人。

天主教是哥斯达黎加的国教，有 95% 的人信奉天主教，同他们在一起时，最好的谈资是他们的自然环境等。

在饮食方面，哥斯达黎加的咖啡和香蕉产量极为丰富，是他们日常生活中不可少的食品，出口量也极大。这里每年还会举行盛大的咖啡节庆祝会，届时乐手高奏舞曲，热闹非凡。在普通家庭中，日常饮食主要有玉米、豆类、大米、香蕉等，星期天则常用香蕉和南瓜熬肉汤。此外，他们还有一种特色吃法，即把各种棕榈果实和棕榈树心当作水果吃。在当地，咖啡、加粗糖煮开的郎姆酒、糖酒等是最普遍的饮料。黑人居民多食君子兰、木薯和几种当地产的茎类食物；印第安人则基本上吃玉米和香蕉，极少能吃上鱼和肉。哥斯达黎加男人见面时握手；妇女之间如果是朋友或亲戚，就亲吻面颊。

在穿着方面，一般情况下，哥斯达黎加男子不重装饰，不修边幅。大都上着衬衫，下穿黑色或深色裤子；女子则非常重视妆饰，打扮入时，平时喜穿裙服或紧身裤，肩披叫雷波诺的彩色长披巾。

3. 哥斯达黎加的社交礼仪

在社交礼仪方面，哥斯达黎加人待人热情诚恳，言谈举止总让人觉得是发自内心的，而且对耍花招的一套非常厌恶。男子见面一般行握手礼，关系非同一般的还要拥抱。男子见到较熟悉的女子有的是轻吻她的右手，有的是吻脸。跟初次见面的人打交道时，不能哈哈大笑，也不能询问对方的年龄、种族，称呼时可在名字后面加先生或女士。到当地人家里做客，他们一般都以小吃或饮料招待，客人不应拒绝，否则会使主人感到难堪。

此外，在这里，**人们把野生动物、植物看作生活的一部分，倍加珍惜和爱护**。人们只欣赏盛开的鲜花，绝不会践踏它们。

延伸阅读：

哥斯达黎加的国旗、国徽与国歌

国旗：由自上而下横排的蓝、白、红、白、蓝五个长方形组成，白色长方形比蓝色长方形略宽，红色长方形又比白色长方形宽一倍。红色长方形偏左侧处绘有国徽的图案。

国徽：中央为一盾徽，盾的下部蓝白相间，象征着大海，帆船象征贸易的往来，三座山象征境内的巴尔巴火山、伊拉苏火山和波阿斯火山。旭日象征新时代的来临。上部蓝色的天空中的七颗白色五角星代表着哥斯达黎加的七个省区。盾上端的绶带上用西班牙文写着"哥斯达黎加共和国"，最上端的蓝色绶带上写着"中美洲"。两侧是玉米饰，象征玉米是该国的主要农作物。

国歌：《庄严的祖国，您美丽的旗》，由何塞·马里亚·塞雷东作词，马纽埃尔·马里亚·古铁累斯作曲。

三、危地马拉的礼仪

1. 危地马拉概况

危地马拉的全称是危地马拉共和国，位于中美洲。国土总面积108889

平方公里。海岸线长约 500 公里。首都也称危地马拉。人口 1340 万，土著印第安人占 41%，其余为印欧混血人种和欧洲移民后裔。70% 的居民信奉天主教，20% 的居民信奉基督教新教。官方语言为西班牙语，独立日是 9 月 15 日。国旗由蓝、白、蓝三个相等的垂直长方形组成。中央绘有国徽。国歌叫《危地马拉共和国国歌》。**国花是白兰花。国鸟为格查尔鸟。**

危地马拉位于中美洲西北部。南部为山地高原，地势高峻，有一由 30 余座火山构成的火山带。北部为低地。北部平原为热带雨林气候，南部山地为亚热带森林气候。

危地马拉原为印第安人居住地，是玛雅文化的重要发源地。1524 年沦为西班牙殖民地。1821 年独立。1823 年加入中美洲联邦，解体后于 1839 年建立危地马拉共和国。

危地马拉在印第安语中是"森林茂密的地方"的意思，所以，危地马拉有"森林之国"的美名。危地马拉的森林覆盖率曾达 60%，现已降到 35%。森林分布多在北部。整个佩腾地区仍为原始森林所覆盖。1895 年发现的印第安玛雅人的大型建筑群遗迹就一直被淹没在浩瀚的原始森林之中。

延伸阅读：

危地马拉的国旗、国徽与国歌

国旗：由竖直的蓝、白、蓝三个长方形组成，白色长方形居中，其中央有国徽图案，两个长方形的蓝色分别象征太平洋和加勒比海，白色象征对和平的追求。

国徽：呈圆形，中央有一书卷，上面用西班牙文写着"1821 年 9 月 15 日，自由"，纪念摆脱殖民统治的日子。书卷上栖息着一只绿色的"格查尔"，这是危地马拉的国鸟，被视为自由、爱国、友谊的象征。后面交叉放置着步枪和长剑，象征人民时刻准备捍卫国家的自由。两侧的月桂枝象征和平。

国歌：《幸福的危地马拉》，由何塞·华金·帕尔马作词，拉斐尔·阿尔瓦雷斯·奥瓦耶作曲。

2. 危地马拉的生活礼俗

◇ 服饰习俗

在服饰方面，危地马拉的民族服装色彩艳丽、格调多样，100 多个部落的服装各不相同，穿法、图案和色调等均有自己的特色，只要看服装就可知道其所属部落或居住的区域。不少人还专门收藏手工制作的身着传统服装的布娃娃。此外，他们还喜欢在服装上绣花，除了起装饰作用外，还有象征意义，如头戴羽毛的蛇和太阳象征玛雅人。同时，人们还可以根据服装上的细微变化，区分出人的社会地位、婚姻状况以及这服装是日常穿的还是节日穿的。

危地马拉是以印第安人和混血种人为主体的国家，因此其服饰保持了很多印第安人的传统。他们的服装具有独特的风格，不仅绚丽多彩、美观大方，而且不同地区的服装图案和色调各不相同。根据人的服装特点，可以区别其居住的区域。比如，在索洛拉地区，男人头戴草帽，上身内穿饰有红色花纹和金属图案的衬衣，外穿黄色或咖啡色的丝织短衣，配以披肩，下身穿红色竖条的白裤，外加短裙或围裙；女子上身穿无袖衬衫，下身穿深蓝色的长裙。在奇奇卡特南戈地区，男人上身穿前胸和后背都绣有红花的黑色短上衣，下身穿裤脚边上镶有红色谷穗的黑色长裤，腰间系宽阔的红色布腰带；女子服装颜色浅淡，刺绣考究。

印第安人服装上的绣饰，除起装饰作用外，还有独特的象征意义。比如，头戴羽毛蛇和太阳图案帽子的人大多为玛雅人。根据服装的细微变化，可辨别出着装人的社会地位、婚姻状况，以及穿的是日常服装还是节日服装。在盛大节日期间，印第安人都身着鲜艳的民族服装参加庆祝活动。**危地马拉人参加正式宴会或酒会，一般穿西装，但在服装颜色上不太考究。**

◇ 饮食习俗

危地马拉人饮食上基本上以西餐为主，以玉米、小麦和大米为主食，喜欢吃玉米饼、面包、三明治等。加上当地盛产咖啡，人们每天都要喝咖啡，大多数人午餐都要有一杯咖啡。此外，他们一般以午餐为正餐，晚餐一般在晚上8点以后才开始。

危地马拉人一日三餐，早餐在7~8点钟，午餐为午后1~2点钟。晚餐一般是在晚上8点以后。早餐非常简单，几片烤面包或甜面包加一杯咖啡，也有人吃煎鸡蛋、喝酸奶或果汁，而吃鸡蛋、黑豆和鲜奶酪是远古玛雅人留下的习惯。午餐是一天当中最重要的一顿饭，危地马拉人把它作为正餐。**传统的正餐盘内必定有黑豆、玉米饼、少许奶酪、一小段香肠、一块牛排，有时还有一块青椒酿肉。**

危地马拉的餐馆和小吃店供应不少美味佳肴。小吃店卖夹有肉、奶酪、豆类等的玉米饼，非常香甜实惠。有一种用玉米叶或者香蕉叶把玉米面条、肉等包起来的粽子，与我国的粽子有些相仿。而一种用香蕉叶包危地马拉猪屎豆的粽子，味道非常独特。小吃还有玉米馅饼、玛雅油炸薄饼、西红柿辣椒烩面包等。危地马拉香肠和汉堡包很受人们欢迎。

◇ 特色食品

危地马拉比较著名的大菜有黄牛排骨。制作这种大菜时，把牛排骨放入水中煮，加点盐和香料，然后放进番茄、洋葱、辣椒和肉汤，再加些碎面包和胭脂果，味道很不错。炖海贝是危地马拉的一道名菜，先把鱼头、芫荽叶、芹菜、蒜和洋葱放入锅内煮沸，随后放入切成段的鱼，然后取出汤中的鱼头，把剔去鱼骨的鱼肉置于汤中，在汤中放入辣椒和番茄，最后把海贝、海蟹放入汤中炖，这道菜的味道非常鲜美。此外，有名的菜还有夹馅鸡、奇恰酒鸡、羊肉炖鸡、炸牛排和烤牛排等。

危地马拉特有的粥有幼嫩玉米粥、香蕉玉米面粥、巴旦杏仁糖酱和笋瓜冷粥。饭后的甜食则有牛奶甜食、查皮纳斯馅饼、蜜槟榔青果、小糕点、核仁糖、蘸糖香蕉、萨卡帕甜馅点心、香蕉馅饼和薄皮面包等。

◇ 咖啡之国

危地马拉盛产咖啡，而且高地生产的咖啡质量更好，世界闻名。1750年，杰苏伊特神父最早将咖啡树引进危地马拉。19世纪末，德国殖民者发展了危地马拉的咖啡加工业。咖啡树高约3米，叶呈椭圆形，花开在叶腋部分分为5瓣，果实为青色，成熟时变为深红色，内含两粒咖啡豆。

生咖啡豆中含有糖、蛋白质、脂肪、丹宁酸、矿物盐和维生素，有提神、强心、利尿等作用的咖啡因，和能散发香味的咖啡油。人们所喝的咖啡就是用干燥的咖啡豆碾成的粉末。危地马拉高海拔地带生长的咖啡，具有香料味，是一种混合风味的咖啡。其特硬咖啡豆更是一种难得的好咖啡，它颗粒饱满、味美可口、酸度均衡。此外，其巨型咖啡豆也名闻世界。目前，危地马拉生产优质咖啡的主要地区是阿蒂特兰湖周边和韦韦特南戈省。其他咖啡产地还有圣马科、奥连特—科万、马塔克斯昆特拉等地。

同其他拉美国家一样，危地马拉人对喝咖啡情有独钟，他们每天都离不开咖啡，招待客人也总是端上香浓美味的咖啡。喝咖啡时，危地马拉人大多喜欢加入牛奶和糖，也有些人爱喝带有苦味的纯咖啡。危地马拉人还喜欢喝一种叫阿托尔的甜饮料，其原料是玉米粉或大米粉和糖。人们也喝苏打水、可口可乐、碳酸矿泉水、橙汁、柠檬汁、菠萝汁等。热巧克力是危地马拉人的传统饮料，古代玛雅人举行庆典时，高官显贵都喝这种饮料，但那时不加糖，味道非常苦。目前危地马拉各地最流行喝的还是"救命"（Salvavidas）牌瓶装矿泉水，既健身又卫生。

礼仪习俗 危地马拉人爱喝啤酒。19 世纪德国人在危地马拉建造了第一个啤酒厂，从此欧洲的啤酒技术在危地马拉传播开来。目前在危地马拉最畅销的瓶装和听装啤酒的品牌是"加略"和"莫萨"，最大众化的啤酒则是墨西哥啤酒。危地马拉人很少喝红酒，但常喝甘蔗酒，"克萨尔特卡"和"贝内多"是最著名的两个甘蔗酒品牌。

$\mathcal{3}$. 危地马拉的社交礼仪

在社交礼仪方面，危地马拉人举止大方，性情开朗，他们在熟人之间常拍打对方的肩膀，他们在交谈时，常热情地注视着对方，彼此离得很近，因此到危地马拉应当习惯他们的这种亲热行为。**在社交场合与客人相见时，当地男子多行握手礼。如果是亲朋好友，他们还行拥抱礼。**作为朋友关系的妇女相见，她们之间轻轻搂一搂，并吻吻对方的脸。到危地马拉从事商务活动，须携带印有西班牙文字的名片，当与不熟悉的商品界人士接触时，可以主动向对方递送自己的名片。

危地马拉人习惯直呼对方名字，初次相见才呼其姓。在称呼别人时，为表示尊敬，常在其名字前加上 sefior（先生）、sefiora（夫人）、sefiorita（小姐），或 don（唐）、dona（唐娜）。到危地马拉人家做客，按习惯应给主人带去鲜花或小礼物。

当地人的时间观念比较淡薄。他们不仅认为 13 和星期五是不吉利的，而且还不喜欢 14 这个数字。最好不要在当地人家里或在他家人面前谈论工作。

危地马拉的印欧混血种人占全国人口一半以上，并且还有一小部分人是西班牙人的后裔，因此他们的称谓同西班牙有密切关系。**危地马拉人的称谓同欧美人的习惯一样，名字在前，姓氏在后。**而且，他们的姓分为父姓和母姓，父姓在前，母姓在后。这样，危地马拉人姓名的构成就是本名＋父姓＋母姓。也有一些人的本名有两个或两个以上，人们一般只使用复名中的第一个名字，其余的名字只写第一个字母。

礼仪提醒

危地马拉的印第安人也有自己独特的禁忌，如有的印第安人居住地区不允许开设出售白酒店和奇恰酒的酒店。在危地马拉的个别地区，玛雅妇女因没有社会地位，不得与男人同桌吃饭，不得正视男人；未婚青年男女不得随便来往。

4. 危地马拉的节庆礼仪

危地马拉的节日很多。每逢节日危地马拉人都要放鞭炮庆祝，有的节日还要在危地马拉城及部分村镇举行宗教活动。全国性的节日主要有：1

月 1 日,元旦;1 月 6 日,复活节圣周(通常在 4 月第 2 个星期的周四、周五、周六 3 天举行),当地人称其为埃比法尼亚节;4 月 7 日~9 日,复活节;5 月 1 日,劳动节;6 月 30 日,军人日;8 月 15 日,圣母升天日;9 月 15 日,独立日(国庆节);10 月 12 日,西班牙日;10 月 20 日,革命纪念日;11 月 1 日,清明节;12 月 24 ~ 25 日,圣诞节;12 月 31 日,除夕。

◇ 独立日

16 世纪初,西班牙殖民者占领墨西哥后,1523 年 12 月,佩德罗·德阿尔瓦拉多奉命率兵前往征服危地马拉。殖民军以极大的优势镇压当地印第安人的顽强抵抗,并于次年攻占整个危地马拉,危地马拉沦为西班牙殖民地。西班牙殖民者大量掠夺印第安人的土地,肆意剥削和奴役印第安人,引起当地人民的强烈不满。印第安人为反对殖民统治,不断举行起义。**1821 年 9 月 15 日,危地马拉宣布中美洲独立,并发表中美洲独立宣言**。后来,危地马拉政府便将 9 月 15 日定为危地马拉独立日,即国庆节。

◇ 革命纪念日

1944 年 6 月,危地马拉人民发动全国总罢工,推翻了豪尔赫·乌维克的独裁统治。以胡安·弗雷德里科·庞塞为首的 3 名将军组成执政委员会,乌维克躲在幕后操纵,继续实行独裁统治。同年 10 月 12 日,广大学生、市民和爱国军人发动反独裁武装起义,击败了政府军,庞塞和乌维克等人逃往国外。人民起义胜利后,组成了 3 人军政府委员会。后来,10 月 20 日被定为危地马拉革命纪念日。

◇ 宗教节日

复活节圣周(4 月第 2 个星期的周四、周五、周六 3 天)。危地马拉安提瓜举行的圣周活动,其热闹程度能与西班牙塞维利亚媲美,在世界上久负盛名。届时,天主教徒虔诚专注地抬着圣母像和耶稣受难像在大街上行进,庆祝耶稣的遇难和复活。

处女节。12 月 12 日是危地马拉天主教的处女节。圣胡安是瓜达卢佩的处女守护神,根据当地传统,7 岁以下的儿童都会被带到瓜达卢佩去接受"处女的祝福"。**为纪念保护神圣胡安,孩子们都粘上胡须穿上玛雅服**

装庆祝节日。

圣托马斯节。12月21日是奇奇卡斯特南戈人纪念保护神圣托马斯的节日。节日期间，人们有的敲着鼓，吹响十孔笛；有的手举保护神像在街道上游行，同时鸣放鞭炮。队伍来到节庆中心圣托马斯教堂前面的广场上，一边狂歌，一边跳起传统舞蹈。教堂中摆满了印第安原始宗教各种形状的偶像，人们戴着彩色假面具进行祈祷。

祭祖日。居住在山区的玛雅人一直保留着自己的传统民族习惯，每年4月10日，这里的玛雅人都要聚集在广场上举行化装舞会，祭祀祖先。

◇ 民间节日

每年11月，危地马拉的印第安人都要过自己的传统节日——风筝节。这一天，他们在空旷的土地上放风筝。色彩各异的风筝大多为圆形，大小一般为4.5米，最大的有9米以上。同是放飞风筝，对危地马拉人来说其含义却不同。很多地区的人们通过放风筝凭吊已故的亲人。比如，卡克奇克尔人就把风筝当作悼念已故亲人的祭品，他们将放飞后的风筝收回烧掉，以寄托对亲人的哀思。在萨卡杰别凯斯村，风筝节时，男人们聚到乡村公墓的草坪上放飞风筝，妇女们则在墓前献上用鲜花和松柏制成的花圈。但在有些地区，青年男女借放风筝进行接触和了解，建立感情，促成自己的终身大事。

风筝节既是玛雅人对死者悼念的一种形式，也是青年男女择偶的好时机。

危地马拉的植树节定在每年5月的最后一个周日。届时，很多人自愿拿起铁锹和水桶等工具参加到植树的行列中。

礼仪提醒

危地马拉常年流行疾病较多，在此旅行，只可饮用瓶装饮料（包括水）或烧开过的水制的饮料，勿使用冰块或食用生海鲜、生肉或乳制品，勿食用路边小摊贩的食物。不要在淡水湖、溪、河中游泳。少穿暴露皮肤的衣服。

四、牙买加的礼仪

1. 牙买加概况

牙买加全国总人口约 262 万。黑人和黑白混血种人占 90% 以上，其余为印度人、白人和华人。英语为官方语言。多数居民信奉基督教，少数人信奉印度教和犹太教。领土总面积 10991 平方千米。位于加勒比海的西北部，东隔牙买加海峡与海地相望，北距古巴约 140 千米。为加勒比第三大岛。海岸线长 1220 千米。

牙买加岛属热带雨林气候，四季和昼夜温差不大。年均气温为 26℃，年均最高气温为 31℃，最低为 21.7℃。7 ~ 9 月为高温季节，气温在 30℃ ~ 34.5℃ 之间，最高可达 36℃ ~ 37℃；全年大致可分为两个旱季（6 ~ 7 月和 11 月至次年 4 月）和两个雨季（5 月和 8 ~ 10 月），年均降雨量为 2000 毫米左右。

铝土、蔗糖和旅游业是牙买加国民经济中最重要部门和外汇收入的主要来源。资源主要有铝土，储量约 19 亿吨，为世界第三大铝土生产国。其他矿藏有钴、铜、铁、铅、锌和石膏等。森林面积 26.5 万公顷，多为杂木。铝土的开采冶炼是牙买加最重要的工业部门。此外还有食品加工、饮料、卷烟、金属制品、电子设备、建筑材料、化学制品和纺织服装等工业。耕地面积约 27 万公顷，森林面积约占全国总面积的 20%。主要种植甘蔗和香蕉，其他还有可可、咖啡和红胡椒等。旅游业是牙买加重要经济部门和主要外汇来源。

延伸阅读：
牙买加的国旗、国徽与国歌
牙买加的国旗上有一对交叉的黄色对角线，并有四个并置的三角形，上、下部的三角形为绿色，左右两个三角形则为黑色；黑色代表已克服的和正面临的艰辛，黄色代表自然财富和阳光，绿色则代表着希望和农业资源。

牙买加国徽为盾徽，由坎特伯雷大主教威廉·桑克罗夫特在 1661 年设计。白底，中间为一红色十字，上绘有五个凤梨。上有头盔，花环上有一只鳄鱼。盾的两侧分别一男一女的阿拉瓦克人守护。绶带上写着国家格言："出类拔萃，一个民族"。

牙买加国歌叫《牙买加，我们热爱的家园》。

2. 牙买加的生活礼俗

牙买加人的风俗习惯体现出较强的欧洲和非洲风俗与民情相结合的特征。西班牙和英国在各自的殖民统治时期，都将本国的人文习俗带到了牙买加。随后，大批被贩运到牙买加的非洲奴隶也将本民族的风俗习惯移植至该岛，两种不同的习俗经过相互交融流传至今，从而形成了牙买加本国特色的风俗与民情。

◇ 服饰习俗

牙买加人的服装式样倾向于欧式风格，用料轻薄，花色不拘一格。男女服装只有式样的差异，在色彩上并没有明显的区别，男女都可以穿着色彩鲜艳的衣服。由于气候的缘故，男士经常着衬衫、短裤、长裤，女士则中意穿裙子。从事公务活动或出席某些重要会议，男士则通常着西装。

◇ 饮食习俗

牙买加人的主食是米饭和香蕉粉、果肉与大米混合做成的食物和玉米制品。虽然面粉制品和面包类食品在牙买加越来越多，但因为该类食物的原料都依赖进口，因此价格相对较贵，一般的牙买加人只能将其作为调剂的食物。另外，牙买加人还经常食用甘薯、咸鱼、辣椒等传统的食品；各种肉类、牛奶及奶制品等消费量也逐年上升。**饮料中的可口可乐、啤酒等非常受牙买加年轻人的青睐，而老年人仍偏爱喝茶和咖啡。**

◇ 居住习俗

奴隶制时期，牙买加奴隶们的住房大多是用木棍打桩、木板当墙、棕榈叶或椰树叶做屋顶的茅舍，屋内为泥土地面；木板拼成的床，床上铺着席子；家具仅有一张小桌或两条板凳。而种植园主的住房多为砖瓦房。

在20世纪50年代以前，乡村住宅多数是木板或废旧碎料盖成的小木屋，这种房屋经常遭白蚁蛀食。75%的住房没有洗浴设备，厨房建在主房之外，厕所则一般为坑厕。只有上等和中等阶层的人才能拥有宽敞、经久耐用的住房，且拥有室内厨房、厕所和浴室。1951年在经受飓风灾害后，牙买加开始推广混凝土结构的住宅，居民的住房得到了较大的改善。

现在，**牙买加每个村庄一般都有一个中心广场。广场是整个村子的中心，广场四周有村政府、医院、商店、长途汽车站等**。村里的房子多用水泥和砖瓦建成。城市建筑和规划多采用欧式风格，有许多高层建筑，沿海城市还有漂亮的饭店和游泳场等。

3. 牙买加的社交礼仪

牙买加人的姓名是由名字、第二名字、父姓和母姓的顺序组成，但已婚妇女要将母姓去掉而换成夫姓。在农村地区，非洲人后裔还有着按孩子出生日期起名的习惯，男女孩各异：星期一出生的男孩叫"卡德乔"，女孩叫"珠芭"；星期三出生的男孩叫"奎科"，女孩叫"库芭"；星期日出生的男孩叫"奎希"，女孩叫"奎希芭"，等等。城镇居民的姓名则多为欧美化的名字。

牙买加的称呼礼仪与英联邦国家和拉美国家比较相近，最常用的称呼是"先生"和"女士"、"太太"、"夫人"等，习惯在称呼前面加官衔或职称。参加宴会时，被邀请的人应携带相应的礼物。

礼仪提醒　　牙买加的禁忌与英国相似，如不能问妇女的年龄，认为每月的"13日"是不吉利的日子，一般也不喜欢用"13"这个数字，等等。

4. 牙买加的节庆礼仪

牙买加主要的法定节假日有新年、圣灰星期三、耶稣受难日、复活节、复活节星期一、牙买加劳动节、奴隶解放日、独立日、民族英雄日、圣诞节和节礼日。其中较为重要的节日有如下几个。

◇ 牙买加劳动节

每年的 5 月 23 日是牙买加劳动节。这一节日最初起源于工会运动的庆祝仪式，自 1972 年开始，劳动节逐渐演变成公共服务日，节日当天的活动包括修路、粉刷学校、植树和修整灌木等。

◇ 奴隶解放日

每年的 8 月 1 日是所有前英属西印度群岛殖民地国家共有的节日。1834 年 8 月 1 日《奴隶解放法令》的颁布，标志着西印度群岛奴隶制的结束，奴隶从此成为自由民。为纪念这一重要的历史事件，牙买加将每年的 8 月 1 日定为奴隶解放日。

◇ 独立日

1962 年 8 月 6 日（星期一）是牙买加独立的日子，从此每年 8 月的第一个星期一被定为牙买加的独立日，全国各地举行各种形式的庆祝活动。

◇ 民族英雄日

每年 8 月的第三个星期一是牙买加的民族英雄日。该节日主要用来纪念为牙买加作出巨大贡献的民族英雄，他们包括诺曼·华盛顿·曼利（Norman Washington Manley）、保罗·博格（Paul Bogle）、乔治·威廉姆斯·戈登（Georfl；e William Gordon）、马库斯·加维（Marcus Garvey）、亚历山大·巴斯塔曼特（Alexander Bustamante）和山姆·夏普（Sam Sharp）、马龙奶奶（Nanny of the Maroons）等。

◇ 圣诞节

和其他西方国家一样，牙买加的圣诞节也定在每年的 12 月 25 日。这天，牙买加人的庆祝活动主要包括：去教堂礼拜、互送礼物、拜访亲朋好友。节日活动要延续一个星期（从圣诞节到新年）。

延伸阅读：

牙买加的婚俗礼仪

根据牙买加的习俗，男方在结婚前必须买一栋或建一栋房屋，举行隆重的婚礼，并且具备养活不需外出工作的妻子的能力，但这往往只在上流社会通行。牙买加的女子，大约有1/3在婚前就怀有身孕，当女子一旦有怀孕症状，女方的母亲通常承认这一既成事实，只要婴儿的父亲答应承担抚养孩子的一定费用，就可以住进女方家中。一旦生下孩子，就可以过同居生活，但不举行正式婚礼。

五、海地的礼仪

1. 海地概况

海地全称海地共和国。位于加勒比海北部，伊斯帕尼奥拉岛（海地岛）西部。国土由两个半岛组成，3/4为山地，属热带气候。海地面积27797平方千米，人口约900万，其中黑人占95%，余为混血种人和白人。官方语言为法语和克里奥尔语。居民中80%的人信奉天主教。

海地以农业为主，主要作物有甘蔗、咖啡、可可等。海地是拉丁美洲最贫穷的国家。

海地的矿产资源无论在种类还是在数量上都非常有限，而且几乎都已经被开发。最重要的矿产是铝矾土（Bauxite），南部半岛和北部半岛是海地矿藏储量最多的地区。少量铜矿多集中在北部山脉，20世纪60年代早期就开始在这一地区进行开采。在北部山脉的马卡克山（Morne Macaque）地区还有一些未开发的锰矿，中央平原则有储量较大的褐煤。此外还有一些金矿和银矿。为了满足当地消费的需要，海地很多地区还断断续续地进行一些石灰石、沙子、沙砾、黏土、建筑石料和食盐等的开采和加工。其他矿产还有铁、锑、石墨、锌、镍、煤、硫黄、大理石、斑岩和石膏等，但由于储量太少而无法进行商业开采。迄今为止，在海地并没有勘探到石油和天然气。总之，同在伊斯帕尼奥拉岛上，海地的矿产资源要比多米尼加贫乏得多。

海地的自然条件堪称优越，但由于长期的殖民统治以及独立后统治集团的腐败，经济严重依赖外援，从而成为拉丁美洲最贫穷的国家。

海地农村地区传统的家庭结构被称为"拉古"，这是一种扩展式家庭，通常以男性一系为主干。拉古并不单对家庭成员而言，而是指居住在一个区域内的所有家庭。属于一个拉古的成员共同耕作、共同劳动、相互合作，并对需要的家庭提供资金和其他形式的帮助。但是，土地所有权并不是共有的，每个家庭拥有各自土地的所有权，并传递给自己的子女。随着人口的增长，每个家庭所拥有的份地的面积越来越小，拉古制度也开始逐渐瓦解。到20世纪中叶，小家庭已经十分普遍。当然，必要时农民仍然会向亲属寻求帮助。

在今天的海地，虽然群居的家族群落仍然被称作拉古，但原有的提供共同劳动和公共安全的职能却不存在了。此外，拉古共同耕作的模式也往往成为各类土地纠纷的根源。

延伸阅读：

海地的国旗、国徽与国歌

海地国旗呈长方形，长与宽之比为5：3。由两个平行相等的横长方形组成，上蓝下红。旗面中央为白色长方形，其中绘有国徽图案。海地国旗的颜色源于法国国旗。镶国徽的国旗为官方用旗。

海地国徽图案中间高耸着一棵棕榈树，树上插着一根"自由之竿"，竿顶是"自由之帽"。树前的绿地上有一面战鼓，两旁为战斧、大炮等武器；树两侧各有三面海地国旗和一面三角旗；树后有六支带刺刀的步枪。白色饰带上用法文写着"团结就是力量"。

海地的国歌是《德萨利讷之歌》。

2. 海地的生活礼俗

◇ 服饰习俗

在整个加勒比地区，海地人的服装色彩是较为丰富的，不论是混血种人还是黑人都是如此。

海地的上层社会多为混血种人，穿着非常考究。他们通常穿西装、打领带，在社交场合还要穿礼服。由于皮鞋在海地是阶级特权的标志之一，因此，不管天有多热，他们都会穿皮鞋。但在非工作时间，其衣着风格还是比较休闲随意的。女性在家里或进行休闲活动时通常穿短裤和宽松的衣服，但在太子港的公共场合看不到穿短裤的女性。由于许多上层社会的人是在法国接受的教育，他们的服装主要追随法国流行服装的样式。在太子港就有许多为人量身定做衣服的裁缝，还有许多服装专卖店，店主都自称在巴黎进修过服装设计，出售据称是自己设计的服装。

工薪阶层的穿着比较随意。男士平时只穿质地轻薄的衬衣和长裤。女士穿式样简洁的开领上衣和西装裙，通常在腰部系一条腰带，头上扎一条大花丝质大手帕。虽然服装件数并不很多，但都有几套高档服装，打理得非常整洁、合体，以备出席特殊场合时穿着。

农民的穿着与城市里的工人类似，但式样上有些过时，款式也不多。农村妇女喜欢穿浅色的衣服，许多衣服都是买减价布料自己缝制的。这方面的花费占家庭支出的很大一部分。在田里劳动的时候，无论男人还是妇女都习惯戴一顶宽檐草帽。从成年人到儿童都赤脚，或穿用旧轮胎等材料做成的凉鞋，成品鞋被当作奢侈品。由于海地法律规定在城市中心区走路时必须穿鞋，因此农民进城时都是带着鞋，在快进城的时候才穿上。

◇ 饮食习俗

海地的饮食融合了法国、非洲和西班牙饮食的特色，菜肴品种多样，

而且非常美味可口，在加勒比地区独树一帜。较著名的菜肴有五香虾肉、橙汁拌野鸡肉、海龟肉、野鸭，以及用棕榈叶芯拌的沙拉。海地饮食中的调料品种非常丰富，较著名的是一种用洋葱和香草制成的名为蒂玛利斯的调料。

海地人日常食用的粮食富含淀粉，主食主要有玉米、小米、树薯、大米和香蕉等。与城市居民相比，农村地区的人较少食用面包。绿色蔬菜在海地生长得很好，在太子港可以吃到种类丰富的时令蔬菜。但是，在农村地区，人们可食用的蔬菜品种非常有限，主要食用采摘的野菜。除此之外，柑橘类水果、鳄梨、面包果和芒果也被广泛食用。其中芒果富含维生素，但只能季节性食用。

肉类在城市中的供应比较充足，销售量也较大。牛肉和羔羊肉的价格较贵，大多数海地人都买不起，日常食用的肉主要是山羊肉和猪肉。一般农民都会在家里养几只鸡，但只有城市中市场的才会有鸡蛋出售。海地人较少食用牛奶。鱼类和贝类等水产品种类非常丰富，但主要集中在太子港地区销售。

海地人对糖的摄入量非常大，主要是通过食用一种名为拉巴杜的糖浆摄取的。这种糖浆是在制糖过程中生产出来的，除了可以食用，还可以用来生产克莱兰酒，这是一种烈性的海地朗姆酒，在农村地区非常受欢迎。此外，人们在田间地头咀嚼甘蔗的时候，也吸收了大量的糖分。对上层社会的人来说，甜点和蛋糕就像火腿和火鸡一样，是宴会和餐桌上不可缺少的食品。

总之，在饮食结构方面，城市中生活富裕家庭的饮食种类比农村地区要丰富得多，而且营养更加丰富。即使是城市里工人阶层的饮食质量也要好于农村地区工人的饮食。相比之下，农村人口的饮食结构非常单一。他们很少吃肉，黄油、奶酪和食用油的摄入量也比城市人口少得多。农民的早餐通常是一杯非常浓的咖啡，有时还食用一些用粗树薯粉制成的咸面包。午餐通常由家人送到田间地头食用。晚餐是一天的正餐，通常是一盘米饭和一些豆类食品，或者是烩菜。一些非常贫困的家庭有时一天只吃一顿饭。**如果有客人在吃饭的时候来访，按照当地的礼节，食物要先请客人食用。**

礼仪习俗

海地传统菜肴中较著名的是一种叫作卡拉鲁的汤，先将成猪肉、蟹肉、胡椒粉、洋葱、菠菜、秋葵，以及红辣椒粉混合在一起炖一个小时以上，然后再拌着米饭食用。其他知名的传统菜肴还有被称做达索的烤肉，以及一种用碎甘薯、无花果、香蕉和调料做的布丁。

◇ 居住习俗

上层社会的住房多建在太子港或环境较好的郊区，既有老式住房，也有新建的房屋。老式住房多为方形架构，或由石灰石砌成，有雕刻华丽的木制装饰和精美的铁制花边。新建的住房多在郊区，通常为石头砌成或水泥建成，多为现代派或欧式的建筑风格。

农村和城市工人阶层的住房多为木板房，通常在木板外面抹一层泥浆或灰泥，有的还将其刷成白色。由于石灰石在海地农村地区很常见，因此农民常用石灰粉粉刷墙壁。地板通常是夯瓷实的土地，水泥地板和木地板在城市住房中比较常见。**屋顶多为尖顶，通常用茅草或铁片覆盖。拉美国家常见的土墙和用椭圆形瓦片覆盖的屋顶在海地很少见到。**一般家庭家具非常简单。往往只有几张自己制作的桌椅、碗橱，以及一两张床。对于人口较多的家庭来说，一些年幼的家庭成员会睡在地上，铺上席子即可。城市工人的家具要比农民的家具简单一些，这可能与他们要缴的税比农民多有关。在海地，一度还曾根据家具的数量收过税。

第二次世界大战后，大量人口涌入太子港，造成住房短缺。非法修建的房屋数量激增，大部分都是自己用废旧材料搭建的。一些地方由于人口过于密集，以至可以见到一个棚子直接搭在另一个棚子顶上的情景。

3. 海地的节庆礼仪

海地1987年宪法规定全国性节日有：1月1日，国家独立日和新年；1月2日，敬祖节；5月1日，农业和劳动节；5月18日，国旗和教育节；

10 月 18 日，维第埃尔战役纪念日，即建军节。

在海地，星期日是休息日，但星期六是工作日。不同部门的工作时间并不统一。商店和办公室的上、下班时间各不相同。偶尔有商店会很晚关门。没有固定的午休时间，不过一些公司会在中午休息几个小时。在省一级的城市里，不守时的现象十分常见。在市镇和乡村，几乎见不到工厂企业。最主要的集会是一星期一次的赶集日。市集通常在清晨开始，当货主的货物卖完，或赶集的人都离开之后即结束。

4. 海地的婚姻礼俗

海地传统精英阶层的婚姻形式多为非宗教的世俗婚姻和法定婚姻。由于基本上都是同本阶层的人联姻，因此各家族之间都互有关联。女性最初只是做全职太太，并负责管理家里的仆役。20 世纪七八十年代以来，越来越多的上层社会妇女开始外出工作，成为劳动力的一部分。已婚妇女的法定权利（包括财产权在内）通过立法的形式得到扩大。以往在上层社会非常罕见的离婚事件慢慢增多，人们对离婚的接受程度越来越大。此外，随着经济地位等条件的变化，精英阶层的人选择伴侣的范围更加宽泛。

农民和城市下等阶层通常的婚姻形式被称为"普拉萨"。政府并不认为这是一种合法婚姻，但一般民众都认为这种婚姻关系是正常而合理的。夫妻双方通常在结婚伊始就对他们间的经济关系加以明确并达成协议。协议内容通常包括：丈夫至少应替妻子耕作一小块份地并为她提供一间房子。农民通常是一夫一妻，也有一夫多妻的情况，但非常少见，因为很少有男人能支付得起相关费用。

普通民众如果按照传统或宗教习俗结婚的话，也并非是为了拥有法定的婚姻关系，而主要是出于声誉方面的考虑。由于举行婚礼的费用非常昂贵，许多夫妻都是在一起生活多年后才举行婚礼。法定婚姻并不比普拉萨婚姻来得稳定，也未要求一定要一夫一妻。实际上，由于拥有法定婚姻的男性通常经济条件都比较好，反而更容易产生婚外情并背叛他们的妻子。

在农村地区，男人和女人在家庭生活中所起的作用是互补的。男人主要从事农活，尤其是重体力活，如耕地等。妇女则做些播种和收割的活，以及出售农作物等。大部分家务活由妇女承担，男人也做一些类似砍柴这样的粗重家务活。总体而言，与拉美其他国家相比，海地妇女参与劳动的范围要大一些。海地文化充分肯定妇女在农事方面作出的贡献，认为所有农业收入应归丈夫和妻子共同所有。很多妇女还攒到足够的钱，当起了全职的商贩，从而获得经济上的独立。她们在非农业商业行为中的收入归自己，而无须与她们的丈夫分享。无论是父亲还是母亲都很重视对子女的养育，但母亲通常会承担更多的责任。无论是合法夫妻生下的孩子，还是所谓的"私生子"，父母都会尽量使他们拥有平等的继承权。

六、多米尼加的礼仪

1. 多米尼加概况

多米尼加共和国位于加勒比海大安的列斯群岛中的伊斯帕尼奥拉岛东部。东隔莫纳海与波多黎各相望，西接海地，南临加勒比海，北濒大西洋。面积4.87万平方千米。人口850万（2000年），混血种人（印欧混血种人和黑白混血种人）占73%，白人占16%，黑人占11%。西班牙语为官方语言。90%以上的居民信奉天主教，少数人信奉基督教新教和犹太教。首都圣多明各。

多米尼加共和国境内地势较高，多山，科迪勒拉山脉分3列从西北向东南横贯全国。主要河流有北亚克河和尤纳河。北部、东部属热带雨林气候，西南部属热带草原气候。全年温差不大，平均温度25℃。

多米尼加原为美洲印第安人居住地。1492年沦为西班牙殖民地。1821年11月脱离西班牙独立。1822年2月为海地侵占。1844年2月27日再次宣告独立，成立多米尼加共和国。

延伸阅读：

多米尼加的国旗、国徽与国歌

多米尼加国旗呈长方形，长与宽之比为3：2。白色宽条十字将旗面分成四个相等的横长方形，左上方和右下方为蓝色，右上方和左下方为红色。白色十字交叉处绘有国徽图案。红色象征国家创建者为争取自由、独立而进行的火与血的艰苦斗争，还象征奋斗者的鲜血；蓝色象征自由；白色十字代表宗教信仰，也象征人民的奋斗和牺牲。中心图案为盾徽。盾面由国旗颜色和图案构成。中间有一本圣经，其上方为黄色十字，圣经和十字代表该国人民的宗教信仰，大多数人信奉天主教。圣经两旁悬挂着国旗，表明人民捍卫国家主权的信心。盾徽两侧饰有月桂和棕榈枝叶，上端的蓝色绶带上用西班牙文写着"上帝、祖国、自由"，下端的红色绶带上用西班牙文写着"多米尼加共和国"。

多米尼加国徽中心图案为盾徽。盾面由国旗颜色和图案构成。中间有一本《圣经》，下端的红色绶带上用西文写着"多米尼加共和国"。

多米尼加的国歌是《伊斯帕尼奥拉岛英勇的子民》。

2. 多米尼加的生活礼俗

多米尼加的特色美食是什锦炒饭，原料有米饭、菜豆、肉和蔬菜。这些原料也是多米尼加人最主要的日常食品。黏在锅底的米饭可以用来烹饪风味独特的锅巴，令人垂涎欲滴。大蕉也是一种基本烹饪原料，烹饪方式多样：青大蕉可以整个或切片油炸，制成色香味美的油炸大蕉（片），也可以制成大蕉糊，搭配大腊肠或鸡蛋食用；成熟的大蕉也可以制成大蕉糊、油炸大蕉或糖浆大蕉。另一个独具特色的菜品是甜菜豆，每个受难星期五食用，一般搭配木薯面饼或饼干。木薯香蕉肉（一种午餐菜）也是多米尼加闻名的特色食品，配料有肉（羊肉、牛肉等）、淀粉类食物（木薯、香蕉、马铃薯等），一般搭配菜豆食用。

从殖民时期起，木薯就是多米尼加伊斯帕尼奥拉岛上土著人泰诺人的主要食品原料，如今木薯仍为多米尼加人普遍食用。木薯可以制作木薯面饼和盐水木薯，也可以搭配洋葱和少许酱油食用。

多美尼加的城市居民在正式场合穿西装，平时着装比较简单。一般是上身穿衬衫，下身长裤，妇女一般穿白色的衬衫，下身穿红色或白色的裙子。

多美尼加共和国的城市建筑和欧洲国家相似，首都圣多明各的新建筑大多是高层楼房。农村的建筑也是这样的规划，不同的是房屋都是平房，没有楼房。

3. 多米尼加的社交礼仪

多米尼加人热情好客，比较注重礼仪和礼节。日常问候用语是"你好！""早上好！""下午好！""晚上好！"或"你怎么样？"等。在分别时，多米尼加人一般都要话别，常用的告别语是"再见""回头见！""我们还会见面的"等。

同其他讲西班牙语国家的人民一样，多米尼加人的姓名一般由三至四节组成，按照"名—父姓—母姓"的顺序排列。多米尼加女子在结婚后，一般要将婚前全名中最后一节的母姓去掉，改用夫姓。在一般场合通常用名和姓，在朋友、亲属之间，习惯以名字或名字的昵称相称。多数名字的昵称是在名字后面加上小后缀，如卡洛斯，其昵称为卡洛西托。少数名字的昵称有固定的变体，如何塞的昵称是贝贝。在血统关系中，晚辈对长辈应有相应的称呼，如爷爷、奶奶、爸爸、妈妈、叔叔、婶婶等，但平辈之间或长辈对晚辈，直呼其名者居多。

多米尼加人的见面礼节与其他拉美国家相似，一般采取打招呼、握手、拥抱和亲吻四种方式。如果只是一般认识，关系不是太密切，见面时只要打招呼即可，不一定要握手；在熟人、朋友、亲属之间，根据关系的远近，可以相互拥抱、亲吻。

延伸阅读：

多米尼加的礼仪禁忌

多米尼加的礼仪禁忌很多，多带有封建迷信色彩。例如：

脚朝屋外睡觉会带来厄运；

上午向邻居借盐会带来厄运；

婚礼上穿黑色衣服会给新郎新娘带来厄运；

一个房间里有两盏点亮的灯会带来死亡；

周二、周五、11月结婚会带来厄运；

狗不停地朝某人大叫，此人死期将近；

清晨看到斗鸡把头埋在翅膀下，当天斗鸡必输；

某人脚朝房间正前方睡觉，此人死期将近；

进餐时食物掉到手上，有嫉妒者；

感觉右手痒，近期有财源；

感觉左手痒，近期会破财；

所有母鸡同时叫，此家有人死期将近；

以椅子的某只腿为轴心旋转椅子，此人有厄运；

圣星期四（复活节的星期四）在河里游泳会溺水，并化作一条鱼；

圣星期四和圣星期五打孩子，手会黏在孩子身上；

生病的人去墓地，会患该疾病死亡；

农民在播种木薯时抽烟，木薯会发苦；

狗在夜里无缘无故地吠，定是看到魂灵；

摇晃没有婴孩的摇篮，此婴孩会患疯病；

门后放置倒置的扫帚，意为逐客令；

朝水里投掷物品，溺水者的尸体会浮出水面；

将死者头朝下放置在发现尸体的地方，会发现凶手；

一天当中的第一个顾客用信用卡付费，全天买卖不会顺利……

4. 多米尼加的节庆礼仪

多米尼加人一年四季中大大小小、形形色色的节日数不胜数，大致可分几种：一种是与历史事件有关的节日，如2月27日是独立日；另一种是与宗教有关的节日，如圣诞节、狂欢节和国家及各省市的守护神节等；此外，还有三八妇女节、五一劳动节等国际节日；以馈赠礼物为主要活动的情人节（2月14日）；与收获季节有关的节日，如10月萨马纳省的丰收节等。多米尼加既有法定的全国性的节日，也有一个地区、一个省、一个市镇、一个村或一所学校的节日。**各种节日庆祝方式五花八门，通过这些节日及其各具特色的庆祝方式，可以了解多米尼加悠久的历史和灿烂的文化，体察多米尼加人的民族性格和丰富多彩的生活方式。**

下面按照时间的顺序介绍多米尼加的主要节日：

◇ 圣克里斯托·德·巴亚瓜纳节（1月1日）

圣克里斯托·德·巴亚瓜纳节的宗教、社会、民间和文化庆祝活动始于1505年（西班牙殖民统治时期）。

随着时光的流逝，克里斯托教堂成为信徒们在伊斯帕尼奥拉岛的朝圣地之一。庆祝活动中最重要的两项是：迎接和敬奉公牛、"买卖"公牛。其步骤如下：

①圣克里斯托·德·巴亚瓜纳节开始前的若干星期，圣克里斯托的教士在当地向信徒们募集公牛。信徒们为了感谢神恩或是表示虔诚，向教士提供公牛。12月28日的早晨，骑士、斗牛士、教士和信徒全部到达巴亚瓜纳。公牛被送到当地的寺庙，作为祭品。在途中，在骑马教士的带领下，巴亚瓜纳市乐队、信徒和即将成为祭品的公牛组成浩浩荡荡的宗教游行队伍。人们吟唱圣诗、祈祷、唱赞美诗等，繁华喧嚣的烟花鞭炮声和信徒们虔诚的心灵交融在一起。

②神圣的祭祀仪式结束后，要被作为祭品的公牛被驱赶进附近的畜栏。1月1日，这些公牛将被卖掉。教士和斗牛士12月27日就到达巴亚瓜纳，他们和当地的居民在28日的晚上高唱《公牛歌》（cantos de toros），喝着咖啡。《公牛歌》是即兴创作的诗歌，有一名领唱的独唱者，配以集体合唱。

③1月1日，来自全国各地的朝圣者涌入巴亚瓜纳，参加当天举行的圣克里斯托的弥撒活动。许多病人向圣克里斯托祈求康复，还有人还愿。

④人们把圣克里斯托的神像搬下祭坛，准备宗教游行。在庄严肃穆的气氛中，信徒们虔诚地祈求神恩。然后，教士、僧侣和信徒来到公牛畜栏，购买公牛。卖公牛的利润用于天主教堂的修缮和维护。**这些公牛带有**

十字架，这是圣克里斯托的象征，它代表着信徒的虔诚。最后是宗教游行，这是圣克里斯托·德·巴亚瓜纳节庆祝活动的高潮。

◇ 东方三圣贤节（1月5日—6日）

12月24日，圣婴耶稣降生，这意味着东方三圣贤的出现。他们为降生在马厩的圣婴带来了礼物。

起初，每年的12月24日，人们向孩子们赠送礼物，来纪念耶稣降生。后来，人们装扮成东方三圣贤的样子，在1月6日这一天，向孩子们赠送礼物。

1月5日晚，多米尼加的孩子们在入睡以前，都会在床下或是屋角放置给骆驼吃的水和草，还有给三圣贤吃的甜点、糖果。他们相信，三圣贤会骑着骆驼，来给他们送礼物。

若干年前，在国家区政府的努力下，圣多明各市开始举行东方三圣贤的宗教游行。入乡随俗，三圣贤骑的不是骆驼，而是马。

◇ 阿尔塔格拉西亚女神节（1月21日）

从1月12日起，纪念多米尼加的守护女神和灵魂之母——阿尔塔格拉西亚女神的"九日祭"庆祝活动就开始了。她的朝圣地是伊格依市，位于多米尼加东部。九日祭的高潮是弥撒、祈祷、唱《圣歌》、祷告和唱赞美诗等活动。**多米尼加的《圣母颂》源于天主教传统的礼拜仪式，以音乐和歌唱形式出现。**多米尼加人民把原来的《圣母颂》与本地文化相融合，创作了独特的《圣母颂》的节奏、歌唱技巧和内容。多米尼加的《圣母颂》共有两种：西班牙—欧洲式《圣母颂》和非洲式《圣母颂》。多米尼加的《圣母颂》肃穆庄严，有时有伴舞，单面小鼓、传统的双面鼓和圭罗伴奏。打击乐的节奏、乐器和技巧都来源于非洲。乐器主要是单面鼓，双手敲击鼓面，金属圭罗、小棍和沙球伴奏。乐队一般由三个人构成。1月20日早晨，准备供奉给阿尔塔格拉西亚女神的公牛被送到蒙特普拉塔。人们祈祷、唱圣歌、演奏音乐。1月21日，唱《圣母颂》，在蒙特普拉塔举行宗教游行。

◇ 狂欢节（2月6日~27日）

狂欢节是西班牙殖民者带给伊斯帕尼奥拉岛的"礼物"，至今仍是海地和多米尼加最重要的节日之一。据文献记载，早在 1520 年之前，圣多明各就举行过狂欢节的庆祝活动。时光流逝，**狂欢节也逐渐本土化，成为具有多米尼加特色的重大节日**。与欧洲的狂欢节圣周不同，多米尼加的圣周以独立日（2 月 27 日）告终。在多米尼加不仅演化出"独立狂欢节"之分，还有"复兴狂欢节"和"圣周狂欢节"，后者在盖拉、卡夫拉尔、萨利纳斯、丰达西翁和佩尼翁等农村地区，巴拉奥纳和圣胡安地区都有各具特色的庆祝活动。

2 月的每个星期日，圣多明各、圣克里斯托瓦尔、阿苏阿、拉贝加、萨尔塞多、科图伊、马奥、蒙特克里斯蒂、普拉塔港、萨马纳、桑切斯、圣佩德罗—德马科里斯等城市都举行盛大的"独立狂欢节"节日庆祝活动。在萨尔塞多、马奥和博瑙，庆祝活动甚至持续到 3 月的第二个星期日。

礼仪习俗

狂欢节的游行活动中，多米尼加人们戴着五花八门的面具，装扮成"印第安人"、"非洲黑人"，"阿里巴巴"、"跛脚鬼"等。本土化的"跛脚鬼"是游行队伍的"灵魂人物"，各地区的"跛脚鬼"的名字形形色色，不一而足，如科图伊称为巴佩鲁塞斯或普拉塔努塞斯；萨尔塞多和博瑙称之为马卡拉奥；蒙特克里斯蒂称为多罗斯。

5. 多米尼加的婚姻礼俗

多米尼加实行一夫一妻制。虽然法律规定夫妻双方享有同等的权利，但大男子主义相当普遍。多米尼加人成熟较早，婚前同居现象普遍。

多米尼加的法定结婚年龄是：男 16 岁，女 15 岁。16～18 岁的男青年及 15～18 岁的女青年，其婚姻必须得到双方父母的书面并经过公证的许可，或是在结婚仪式上父母的公开许可。除法官准许的特殊情况，16 岁以下的男青年及 15 岁以下的女青年不允许结婚。法律不允许重婚。除与前夫复婚之外，离婚妇女在离婚后 10 个月内不得再婚。法律规定以自由结合为原则。任何不符合上述任一条件的婚姻均视为不合法。夫妻双方任一方死亡或双方合法离婚，均视为夫妻关系解除。

夫妻双方可以自主选择财产的分配方式，但必须合法且有政府官员证明。 结婚后，女方必须将其收入和财产的全部或一部分作为夫妻双方的共同财产，由男方掌管。女方可以自由支配共同财产之外的其他个人财产，但未经男方或法官许可不得将这部分财产转让他人。夫妻分居后，不存在双方共同财产，而是依照男女双方的个人财产进行财产分割；但女方未经男方或法官许可无权支配财产。

外国人在多米尼加结婚须具备下列附加条件：持有本人护照并提供复印件；有多米尼加公证人在场的结婚意愿声明。最好持有本人旅行证明、居住证明或身份证明。另外，多米尼加法律要求：婚姻必须在结婚仪式前以任意方式对外公开。

多米尼加人的婚姻分成两类：世俗婚姻和宗教婚姻。世俗婚姻是指结婚双方在民政部门登记结婚并领取结婚证书。世俗婚姻不举行宗教结婚仪式。民政部门的有关官员主持简单的结婚仪式，并有权在仪式上宣布婚姻无效，但必须书面写出无效原因，且原因必须符合《婚姻法》。结婚仪式必须有结婚双方及法律要求的证人在场。主持的民政官员询问在场者是否举行过某种结婚仪式；如果有，必须说明举行的时间、地点和结婚公证人的名字。结婚证上必须注明婚姻双方的名字及双方同意结婚的声明，主持婚礼的民政官员、结婚双方和在场证人均须在结婚证上签字。然后，结婚双方登记，婚姻生效。

多米尼加人大多信仰天主教和信教，因此其婚姻普遍采用宗教婚姻形式。 正统的宗教婚姻在罗马天主大教堂举行结婚仪式：结婚仪式结束后，罗马天主大教堂有权直接登记婚姻和宣布婚姻合法有效。还有的宗教婚姻在其他教堂举行结婚仪式；但仪式结束后，结婚双方必须在民政部门的有关官员处登记，婚姻方可视为合法有效。任何形式的宗教婚姻均要求主持牧师在仪式举行后3天之内向民政部门提交书面报告。结婚仪式上，在优美的婚礼曲声和翩翩纷飞的漫天花瓣中，新郎新娘在亲友和傧相的陪伴下，踏着红色地毯、慢慢地走向祭坛。接下来，新郎在左，新娘在右，面向主持牧师站好。牧师分别询问新郎、新娘是否愿意与对方缔结婚姻，得到双方的肯定回答后，牧师郑重宣布两人正式结为夫妻。随后，新郎新娘手挽手在音乐声和亲友的祝福声中走出教堂。婚礼后，通常要举办婚宴。

近年来多米尼加的离婚率不断上升。每年结婚与离婚的比率接近 2∶1。

七、巴巴多斯的礼仪

1. 巴巴多斯概况

巴巴多斯是位于加勒比海与大西洋边界上的独立的岛屿国家，是西印度群岛最东端的岛屿，距委内瑞拉的东北约 434.5 千米，首都布里奇顿。**巴巴多斯的名字来自于葡萄牙语，是指遍地都是的野生的无花果树。**

巴巴多斯岛屿面积 431 平方千米，主要是低地，在岛的内陆有一些山丘。人口只有 28 万左右，是世界上人口密度最高的国家之一，80% 为黑人。英语为官方语言，居民多信基督教。首都布里奇顿，人口 3 万，是全国政治、商业中心，唯一的深水港。巴巴多斯分 11 个教区，有稳固的民主政体，独立于 1966 年 11 月 30 日。现在巴巴多斯是英联邦国家。

巴巴多斯海岸线长 101 公里。全岛最高点海拔 340 米。岛上无河流，属热带雨林气候。气温通常在 22℃~30℃，年平均气温 26℃。

巴巴多斯是拉丁美洲第一个发达国家，也是世界上第一个黑人为主体的发达国家。是加勒比海地区著名的旅游胜地。

巴巴多斯独立后，民主工党和工党交替执政，政局长期稳定。现行宪法于 1966 年独立时生效。

巴巴多斯的重工业只有水泥厂，制造业主要食品加工以及制糖、饮料、朗姆酒和啤酒酿造、化学药品、电子零部件、服装和家具等。

巴巴多斯的全国领土的 65% 为可耕地。甘蔗种植占重要地位，是巴外汇的重要来源之一。根据洛美协定，巴每年可以高于国际市场价格出售糖 5.4 万吨。

延伸阅读：

巴巴多斯的国旗、国徽与国歌

巴巴多斯国旗为长方形，长宽之比为 3：2。旗面自左至右由蓝、黄、蓝三个相等的竖长方形组成。黄色长方形中央镶有一把黑色的三叉戟徽章。两侧的蓝色竖条分别代表着加勒比海和大西洋，中间的黄色竖条代表巴巴多斯的海滩。三叉戟象征希腊神话中的海神波塞冬，也象征民有、民享和民治。

巴巴多斯国徽中心图案为盾徽，盾面上有一棵枝繁叶茂的巴巴多塔树，也称无花果树。树的上方点缀着两朵具有巴巴多斯特色的红花。国徽顶部有一个饰有红、黄两色彩环的头盔，一只粗壮的黑人手臂高擎两根交叉的甘蔗，表示甘蔗种植业和榨糖业是巴巴多斯国民经济的支柱。国徽基部的黄色饰带上是英文书写的巴巴多斯格言"自尊和勤勉"。国徽右侧一只长着白、橙、褐、蓝四色美丽羽毛的鹈鹕展翅欲飞，这是巴巴多斯的国鸟；左侧是一头海豚，有着美丽的红鳍银鳞。

巴巴多斯的国歌为《在熟年，在荒年》，由文·柏尔吉谱词，凡·罗兰·爱德华作曲。

2. 巴巴多斯的生活礼俗

巴巴多斯的早期移民，有的是来自英国的贵族和船员，有的是来自欧洲其他地区的契约劳工，有的是从非洲各地掠夺与贩卖来的黑奴。不同的文化传统与宗教信仰给巴巴多斯带来了不同的生活习惯、礼仪习尚和民情风俗。

非洲黑人后裔占岛上人口的绝大多数，在皈依基督教后，虽然他们原有的宗教仪式被逐渐同化，但许多生活习俗仍然被保留下来。比如，非洲人后裔每天都在 10 点左右吃早餐，要到下午很晚或在傍晚才吃第二顿正餐，家中的男人不和妇女、小孩一起进餐。他们最钟爱的食物是由非洲菜肴改制而成的"三萨姆"（蒸玉米粉再拌些盐或糖干吃）和"卡拉露"

（把蘸了面粉的咸鱼熬熟，再撒上胡椒粉）。在移民初期，黑人家族对妇女的贞操要求极其苛刻，如果一个女人生了双胞胎，他们就会认定她肯定失去了贞洁，并会立即处死她。在生命科学知识广泛普及之后，这一陋习才被废除。

虽然巴巴多斯的官方语言是英语，但非洲后裔的原始语言仍有近千个词。 如有个常见的词叫"Obeah"，意思是施魔法或巫术。魔法或巫术风气从非洲带来，至今在巴巴多斯仍难禁绝。巴巴多斯一位学者说："每一个人都有他自己的魔法经历，自己的恐惧，自己的特殊替罪羊。无可怀疑，所有巴巴多斯人，对于不能理解的力量，就有理由去惧怕、去信仰。"

巴巴多斯是世界上公认的朗姆酒的发源地，该酒的酿造最早可以追溯到1663年，但作为一种合法的制造业则是从1703年2月20日开始的。

巴巴多斯的朗姆酒品牌非常多，其中要数马脱壳、马力宝、口库斯巴等几种品牌最为著名。 马脱壳朗姆酒是世界上历史最为悠久的朗姆酒之一，它使用橡木桶酿制，有各种各样的口味。该酒由西印度群岛的克侬公司生产，在国际各类酒类比赛中获得过无数奖项。马力宝朗姆酒于1980年开始生产，该酒是在白牌朗姆酒中添加椰汁酿制而成，其最大特点是有香醇的椰子味，口味比较清淡，一般可以加橙汁、菠萝汁、苹果汁一起饮用。该酒很适合女子饮用，在欧美年轻人中有着很好的销量。口库斯巴朗姆酒是一种金牌朗姆酒，它自1884年开始酿造。口库斯巴朗姆酒最大的特征是酒呈现鸡血红色。和马脱壳朗姆酒一样，口库斯巴朗姆酒也是用橡木桶酿造的。

巴巴多斯的啤酒也有着很好的国际声誉，班克斯啤酒（Banks Beer）是众多啤酒品牌中的佼佼者。 班克斯啤酒于1961年出品，酒精含量为4.7%，口味较淡，在国际市场上有很好的销量。班克斯啤酒是由位于巴巴多斯圣迈克尔区的班克斯酿酒有限公司生产。

ℐ. 巴巴多斯的节庆礼仪

由于巴巴多斯大多数居民为非洲后裔，因此全国的节日具有非常浓郁的非洲特色，同时也保留着较深的英国印记。全国主要节日除新年（1月

1 日)、劳动节（5 月 1 日）等全世界共有节日外，还有以下多种。

◇ 埃罗尔·巴罗日（1 月 21 日）

埃罗尔·巴罗是巴巴多斯独立后的第一位总理，1 月 21 日是巴罗总理的诞生日。

◇ 爵士节（1 月底）

巴巴多斯的爵士节世界闻名，通常在每年的 1 月底举行。节日期间，全球许多地方著名的爵士歌手和乐队以及爵士音乐爱好者都会齐聚在此，巴巴多斯各地都将举行一系列爵士音乐的演出。节日的高潮是在法利山公园举行露天音乐会。在音乐会当天，爵士乐爱好者成群结队地在法利山公园附近的山坡上野营，一边欣赏动人的音乐，一边享受大自然带来的快乐。

◇ 霍尔敦节（2 月中旬）

这是为纪念 1627 年英国首批移民抵达霍尔敦，每年 2 月中旬举行一系列纪念活动。节日开幕式定在霍尔敦博物馆举行，开幕式结束后，有非常多的带有巴巴多斯特色的庆祝活动，其中包括：历史演讲、时装表演、选美比赛、街道游戏、文身展示、展览会、音乐会、戏剧表演、体育比赛、老爷车游行等。

◇ 康茄舞狂欢节（4 月底）

这是巴巴多斯最为大众化的节日。节日当天，所有参加狂欢节的人都排成一个康茄舞列队。他们从首都布里奇顿出发，一直跳到 6 千米外的南部沿海小镇圣劳伦斯，舞蹈队伍由装满音乐家、乐队演奏家的卡车开道。在圣劳伦斯节日期间要举办一天的工艺和食物展览。

◇ 英雄日（4 月 28 日）

1998 年 4 月，巴巴多斯议会通过了《国家英雄法令》，宣布将**每年的 4 月 28 日定为"英雄日"，以此纪念那些在巴巴多斯历史上为国家作出重大贡献的民族英雄**。1998 年的 4 月 28 日，正好是格兰特利·亚当斯 100 周年诞辰纪念日。目前享有国家英雄荣誉称号的有如下几位：布萨（出生于非洲，在 1816 年奴隶起义中牺牲）、莎拉·安·吉尔（1795—1866 年）、塞缪尔·杰克曼·普雷斯科特（1806－1871年）、查尔斯·邓肯·奥尼尔（1879－1936年）、克莱门特·奥斯伯内·佩恩（1904－1941年）、格兰特利·赫伯特·亚当斯（1898－1987年）、埃罗尔·沃尔顿·巴罗（1920－1987年）、休·沃雷尔·斯普林格（1913－1994年）、弗兰克·莱斯利·沃尔科特（1916－1999年）和加菲尔德·奥宾·索伯斯（1936—）。

◇ 丰收节（6月的后三周到7月的第一个周末）

这是巴巴多斯最隆重的节日。场面有点类似一些南美洲国家的"狂欢节"。该节日最早起源于18世纪80年代，当时巴巴多斯岛是世界上最大的甘蔗生产地。每年甘蔗收获季节结束后，当地人民会举行盛大的活动庆祝甘蔗大丰收。后来随着甘蔗种植业的衰退，丰收节在20世纪40年代曾一度停办，1974年巴巴多斯政府恢复了甘蔗节等一些传统节日，该节日重新焕发了活力，成为巴巴多斯极具特色的传统节日。

节日期间，巴巴多斯人会在露天支起很多卡里普索帐篷，在钢鼓乐队的伴奏下尽情地跳卡里普索舞。**节日活动的高潮是每年一度的卡里普索舞竞赛，夺得比赛冠军的舞者将加冕本年度的卡里普索舞王。**

隆重的庆祝活动到7月的第一个周末就移至首都布里奇顿举行。这时，市内各种车辆停止行驶，街上摆满五花八门的商品，整个城市变成了一个贸易市场。人们披红戴绿，悠闲地挑选自己喜爱的商品。第二天，人们汇集在一起，选举"甘蔗节女王"，同时演出一系列丰富多彩的文艺节目。7月第二周的星期一是丰收节的最后一天，人们相互赠送自己精心制作的服装花边和手帕。最后，在欢笑声中，人们把象征艰难时世的"哈丁先生"（用甘蔗扎成的"甘蔗人"）投入熊熊烈火中，至此，一年一度的丰收节宣告结束。

◇ 解放日（8月1日）

1838年8月1日，巴巴多斯彻底结束了奴隶制度，奴隶们获得了完全的自由。**为纪念这一历史时刻，每年的8月1日被定为巴巴多斯解放日。**

◇ 独立日（11月30日）

1966年11月30日，巴巴多斯获得了完全的独立，摆脱了自1627年以来长达300多年的英国殖民统治。为纪念这一历史时刻，每年的11月

30 日成了巴巴多斯举国欢庆的全国性节日。

礼仪习俗

　　巴巴多斯独立日的庆祝活动多种多样，其中在 Garrison Savannah 举行的游行和庆典仪式是一系列庆祝活动的开始。随后，全国各地将举行诸如体育竞赛、团体活动以及宗教仪式等大型活动。

第 十 章

南美洲有关国家的礼仪

南美洲位于西半球的南部，东濒大西洋，西临太平洋。一般以巴拿马运河为界同北美洲相分。南美洲从地理区域上，可划分为南美北部诸国，安第斯山地中段诸国，南美南部诸国，南美或部诸国。南美洲民族成分庞杂，其中白人最多，印欧混血型其次，黑人最少。南美洲各国受欧洲文化影响，在宗教文化和礼仪中带有明显的文化色彩。

一、委内瑞拉的礼仪

1. 委内瑞拉概况

委内瑞拉位于南美洲大陆北端。北临加勒比海，同小安的列斯群岛相对；东北深入大西洋，与特立尼达和多巴哥相望；东边同圭亚那相邻；南部与巴西相连；西部与哥伦比亚为邻。委内瑞拉面积916700平方千米。人口约2793万，人口密度每平方千米30人。

委内瑞拉民族构成复杂，印欧混血人种占人口总数的一半以上（58％），其余为白人（29％）黑人（11％）和印第安人（2％）。印第安人生活在山区和高原的原始森林中。官方语言为西班牙语。宗教居民多信奉天主教。首都加拉加斯。

委内瑞拉海岸线长2813千米。西北部和北部为安第斯山区；中部为奥里诺科平原；东南部为圭亚那高原。玻利瓦尔峰是委内瑞拉最高峰，海拔5007米。马拉开波湖是南美洲最大湖泊。除山区外，全境基本属热带草原气候。有旱、雨两季，旱季是12月~第二年4月，雨季是5月~11月。安第斯山区为热带山地气候，气候的垂直地带性明显。

委内瑞拉原为印第安人居住地。1567年沦为西班牙殖民地。西班牙的殖民统治引起了当地人民的强烈反抗。白人和混血种人是斗争的主体。1811年委内瑞拉人民终于在西蒙玻利瓦尔的领导下获得独立。1819—1829年与哥伦比亚、巴拿马和厄瓜多尔组成"大哥伦比亚共和国"。1830年建立委内瑞拉联邦共和国。1859—1863年爆发"联邦战争"，主张联邦主义的一派获胜，1864年成立委内瑞拉合众国。后政权落入独裁者手中，在他们的统治下，人民生活十分困苦，享受不到民主和自由。1958**年，委内瑞拉人民武装起义推翻了军人独裁政权，接着选举了总统，组成了民主政府**。1953年曾改称委内瑞拉共和国。1999年改称委内瑞拉玻利瓦尔共和国。

延伸阅读：

委内瑞拉的国旗、国徽与国歌

国旗：由上下横排的黄、蓝、红三个长方形组成，黄色长方形左边有国徽图案，蓝色长方形中央有八颗白色五角星。黄、蓝、红为原大哥伦比亚共和国国旗颜色。八颗五角星代表 1817 年委内瑞拉联邦的八个省。

国徽：中央为盾形，盾面的左上部是一捆紧束的 20 穗麦穗，象征 20 个州的团结和国家的财富；右上部是武器和国旗图案，象征军事上的胜利；下半部是蓝天绿地和白色骏马，象征独立和自由。盾的上方有花饰和两只象征富饶的羊角。两侧是棕榈叶和橄榄枝。下边是三色缓带，左侧的缓带用西班牙文写着"1810 年 4 月 19 日独立"。右边的缓带用西班牙文写着"1859 年 2 月 20 日"。1859 年 2 月 20 日是联邦革命军打响"联邦战争"第一炮的日子。中间的缓带上用西班牙文写着"委内瑞拉共和国"。

国歌：《英勇人民的光荣》，由维森退·萨利亚斯作词，胡安·何塞·兰达埃塔作曲。

委内瑞拉拥有全球已探明储量最多的石油资源，其煤炭、铁、矾土、黄金等矿产资源也很丰富。石油资源是委内瑞拉经济发展的动力。**汽油在委内瑞拉非常便宜**。不过，大部分委内瑞拉居民仍然生活贫困。

进口——原材料、机械装备、运输设备与建筑材料。从美国进口约占 30%。

出口——石油、铝、钢铁、化学品、农产品和初级制成品。对美国出口约占 48%。

汇率——1 美元 = 22 委内瑞拉玻利瓦尔富尔特斯。该新货币于 2008 年 1 月 1 日开始流通。

2. 委内瑞拉的节庆礼仪

◇ 圣黑人祭

黑人节在委内瑞拉是最具有特色的节日，也是黑人的宗教节日。居住在西部的黑人盛行过圣贝内狄克特节。圣贝内狄克是黑人的圣人，故又称"圣黑人祭"。

每年 10 月 1 日至 12 月 25 日，信徒们便举着圣像周游各个村落。先是游行，最后举行村祭，祭奠时所有阶层的人都可以参加。在农村，有"牡牛与蜡烛"的仪式，即由戴着牡牛面具的人在村里来回跑，面具的耳朵上还装有灯。花车游行到灰色的星期三，以"沙丁鱼的埋葬"祭奠宣告结束。在祭奠中有"亚魔"登场，惊吓人群而中断仪式。

◇ 舞鬼节

"舞鬼节"是委中部沿海地区的传统宗教节日。每年耶稣圣体节之日，人们身着红色服装、头戴魔鬼面具，随鼓乐起舞，以示对耶稣的敬仰，并赋还愿、赎罪等宗教色彩。这一节日源于古老的基督教舞仪，由西班牙征服者传入美洲。**"舞鬼节"以其独特的舞姿、别致的服装和面具成为委内瑞拉人民喜爱的传统节日。**

◇ 委内瑞拉的摔牛活动

每逢节假日，委内瑞拉各地的市镇往往要举行一套娱乐节目。首先是宗教性的游行；接着是集体野餐，在广场上唱歌跳舞；而"摔牛"则是欢乐的高湖。

摔牛是委内瑞拉人喜爱的民间娱乐活动，当地人称为"托罗斯·科里亚托斯"，是委内瑞拉草原牧民创造出来的一种民间游戏。摔牛士们骑在马背上与公牛周旋，并设法拉住牛的尾巴，然后使尽力气把它摔倒在地上，借以娱乐观众。与西班牙斗牛不同，"摔牛士"并没有特殊穿戴和防护。通常摔牛场地为一条长 200～300 米的跑道。在广场或宽阔的街道上，四周圈起木栅，就成了"摔牛"的场地。摔牛开始时，场内放进三五头强壮的公牛，摔牛士骑在马背上，向公牛靠近，一旦有机可乘，就俯身抓住牛的尾巴，拼命拖拉纠缠。公牛在几名摔牛士的轮番进攻下，很快就身疲力竭，这时，摔牛士拽紧牛尾，凭着臂力和马前进的冲力，把牛掀翻在地。当然，有时蛮牛也会把人从马上拉下。这是一场生动的斗力游戏，委内瑞拉人对这种游戏总是乐而不倦。十五岁以上的少年，就可以参加摔牛活动，而年过半百仍在摔牛场上称雄的壮士也不少。

为了使摔牛的场面更加热闹，往往邀请一批美丽的少女到场观看。她们都是在活动进行之前挑选出来的。美女们并排坐在一个平台上。摔牛士把牛摔倒后，骑着马绕场地一圈，然后来到美女的行列前，当他挥舞起自己黑色的宽边帽时，其中一个美女就会迎上前去，将一小串玫瑰花佩戴在壮士的肩头上，以示对他机智勇敢精神的奖赏。

礼仪习俗

摔牛活动结束后，就举行野餐会和舞会，并当场宰杀三只乳猪，在广场上烧烤，大家谈笑进食，给壮士们庆功。

9. 委内瑞拉的婚姻礼俗

土著印第安人是委内瑞拉境内最早的居民，如今则散居在国内各个地区。印第安人的部落是社会的基本单位。部落的首脑是酋长，从在部落里的勇敢者中选出或是由世袭产生。**部落里普遍流行拜物教。不过，不同的部落都有自己别具特色的习俗。**有的部落的居民500多人全部居住在一间大草屋里。有的部族实行一夫多妻制，一个男子可以娶三四个妻子，妻子们在法律上地位平等，各自耕种土地。有的部族则分为若干个母系集团，由一些实行一夫多妻的部落酋长统治。

二、秘鲁的礼仪

1. 秘鲁概况

秘鲁全称秘鲁共和国，位于南美洲西部，面积 128.5216 万平方千米，北邻厄瓜多尔、哥伦比亚，南接智利，东邻巴西和玻利维亚，西濒太平洋。中部山区是安第斯山脉的中段，平均海拔 4300 米，全国最高峰瓦斯卡兰山，海拔 6768 米。西部是海滨沙漠。东部为亚马孙低地。与玻利维亚交界处的喀喀湖海拔 3812 米，是世界上海拔最高的大淡水湖。亚马孙河发源于安第斯山脉南部的阿巴查特大裂谷。西部海滨沙漠区属热带沙漠、草原气候，东部亚马孙林区属热带雨林气候。

秘鲁在拉美属中等发展水平国家，森林覆盖率达 58%，仅次于巴西，居拉美第二位。该国矿产资源丰富，是世界十二大矿产国之一。铋、钒储量居世界第一。渔业资源丰富，是世界鱼粉、鱼油的主要生产国。秘鲁是拉美古代印第安人三大文明中心之一，悠久灿烂的印加文化就产生在这里。秘鲁的马丘比丘城遗址闻名于世。该遗址位于高原反应很严重的地区，古代城中居民是如何适应这里的气候环境的，真是难以置信。不过，秘鲁首都利马的海拔高度仅为零，十分宜居。

秘鲁原为印加帝国的一部分。公元 11 世纪，印第安人以库斯科城为首府，在高原地区建立了印加帝国。它的领土不断扩大，曾经包括现在的秘鲁、厄瓜多尔、智利、哥伦比亚、巴西、玻利维亚和阿根廷的部分地区。到 15～16 世纪初，已形成了著名的印加文明。印加的农业已有了相当的发展，即加入造梯田、修水利，种植玉米等数十种农作物。印加的手工业也很发达。人们已能织布制衣，冶炼金、银、铜等金属，制造首饰、器皿和武器，并能烧制陶器。他们修建的库斯科城、马丘比丘城等许多美丽辉煌的建筑物至今犹存。他们还修建了两条长两三千千米的驿道，一条建在西部沿海，另一条建在安第斯山上。这些驿道工程之大、施工难度之高，令人赞叹不已。15 世纪后期印加帝国开始衰落，后分为基多和秘鲁两个王国。基多王国和秘鲁王国先后于 1532 年和 1533 年沦为西班牙殖民地。

此后，西班牙当局对殖民地进行了残酷的剥削和压迫，殖民地人民反抗的斗争此起彼伏。最有名的一次起义发生在 1780 年。当时，印第安人图帕克阿马鲁组织义军，提出"取消赋税、废除徭役"和"不独立，毋宁死"的口号，并颁布了《解放奴隶诏书》。一时间，发展了一支拥有 6 万之众的起义大军，打得殖民军狼狈不堪，解放了秘鲁的半数地区。1781 年起义军在卡库佩遭到失败，图帕克阿马鲁被俘牺牲，起义军被镇压。但他们的顽强反抗精神鼓舞着秘鲁人民为争取自己的解放而奋斗。**1821 年在圣马丁领导下，秘鲁获得独立。**1824 年，圣马丁与西蒙玻利瓦尔一道，捣毁西班牙殖民军最后一个据点，全境解放。

延伸阅读：

秘鲁的国旗、国徽与国歌

国旗：由自左到右竖直排列的红、白、红三个长方形组成，白色长方形中央有军徽图案。白色象征自由、民主、和平与幸福；红色象征人民在独立战争中取得的胜利，也表达人民对烈士的怀念。

国徽：中心图案为盾形，左上部是一只南美骆马，为该国国兽，代表国家的动物资源，也是秘鲁民族的象征之一；右上部棵有一棵金鸡纳树，代表国家的植物资源；右下部是一只象征丰收的羊角，代表该国的自然资源和矿藏。盾的两边是国旗，上方为一绿色环饰。

国歌：《我们是自由的，让我们永远保持自由》。

秘鲁有人口约为 2710 万（2000 年），城市人口占 72%。秘鲁也是拉美印第安人最多的国家之一，印第安人占国内总人口的 41%，印欧混血人种占 39%，白人占 19%。秘鲁的主要民族有克丘亚人（美洲印第安人人数最多的民族）、艾马拉人（印第安人民族之一）、森林印第安人、秘鲁人（占全国人口的 49.9%）以及外来移民（包括日本人、华人、美国人、西班牙人等）。秘鲁是拉美华人、华侨最多的国家，约 4 万多人。秘鲁的官方语言为西班牙语和克丘亚语。

秘鲁的经济发展依赖其矿产、纺织品与农产品的出口。虽然秘鲁拥有丰富的铜、银、铅、锌、石油、黄金与渔业资源，但社会分配不公平，经济发展也很不均等，小部分西班牙裔精英控制着该国的财富和权力，而土著秘鲁人的生活则极度贫困。

秘鲁是世界上仅次于哥伦比亚的第二大可卡因产地。当地武装组织光辉之路与图帕克·阿马鲁革命运动的资金就靠产销可卡因。当然，由此造成的社会问题也很明显。由于秘鲁对经济发展和基础设施建设不重视，所以外商一般不来秘鲁投资。秘鲁的政局一直动荡不定。

延伸阅读：

秘鲁的鸟粪矿

鸟粪矿曾是秘鲁重要资源。鸟粪矿的开采曾经成为重要的经济来源，也是国家外汇的重要来源之一。

秘鲁有数百年的鸟粪开采史。鸟粪来源于沿海几十个岛屿。那里是成千上万野鸟的栖息地。每年，这些野鸟可留下粪便 50 万吨。如此长年积累，便形成了很厚的鸟粪层。有些地方，鸟粪层厚度可达几十米。鸟粪是一种优质的天然肥料，有利于植物的生长。印加时代，印第安人就已经开始利用这种肥料。1859 年开始出口英国，由于效果显著，很受英国人的欢迎，出口量不断增加。中国的大批"契约华工"曾经在此从事繁重的开采鸟粪的劳动，许多人因氨气中毒而死亡。在 19 世纪后几十年中，有多达 1600 万吨鸟粪被运往欧洲。由于长期大量的破坏性开采，以后又由于渔业的发展，鸟的食物减少，鸟类随之减少，鸟粪资源逐渐枯竭。现在秘鲁政府采取了一些保护措施，以使鸟粪矿的生产和开采得到恢复。

2. 秘鲁的生活礼俗

丰富多样的秘鲁菜肴大体可分为两大系：以利马为代表的沿海地区的菜肴，以辣味为主，世称"辣味菜"；以古都库斯科为代表的山区菜肴，以甜味著称，世称"甜味菜"。辣味菜以鱼、海味、鸡和马铃薯为主要原料，做法多为凉拌、清蒸和烧烤；甜味菜则多以牛、羊肉和马铃薯为主料，烹调方法以炖、烩、煎为主。秘鲁的风味名菜有：以蒜末爆炒的小鸡块——"蒜鸡"；用鸡块、鸭块、肉排、腊肠等炖制的"大火锅"；用牛肉、黄甘薯、黄大椒烩成的"桑科恰多"和滋补味美的羊肉汤等。

秘鲁是世界著名的渔场之一，渔业资源丰富，仅沿海所产鱼类即达270多种。以水产为主料制作的美味佳肴种类繁多。其中用浸泡过的鱼心或鱼块佐以辣味调料烤制的"安蒂库乔"、将鱼块填入黄椒内经过煸炒而成的"椒杯鱼块"、用生鱼片加多种作料做成的"鳃尾切"等，都是为美食家所称道的菜肴。印第安人的传统名菜"鳃尾切"，配料讲究，制作精细，色香味俱佳，更是遐迩闻名。这道菜的主料是戈尔维纳鱼。做法：将鱼去骨，切成指头大小的生鱼片，用柠檬汁浸泡一两个小时，再拌进蒜末、辣椒、洋葱，最后在盘子上撒些细葱、香菜和青红椒丝。"鳃尾切"不仅营养丰富，而且可以预防感冒。品尝起来酸辣麻味俱全，味道不可言喻。

秘鲁是马铃薯的故乡。马铃薯在秘鲁菜肴中占有重要位置。秘鲁人用它可以制作出上百种风味各异的食品和佳肴。在我国，马铃薯一般不能登大雅之堂。在秘鲁则不然，炸土豆片、炸土豆条和土豆汤等固然是一般人家的常菜，但是，在盛大宴会上，包括共和国总统府请客也有炸土豆片、色拉、炸土豆条、咸味土豆泥或用锡纸包着的热腾腾的烤土豆。马铃薯与大米、玉米和木薯并列为秘鲁人民的四大主食。秘鲁人民历来视黄色为神圣，多数食品都以黄色为主色，黄马铃薯更加成为不可缺少的食品选料。

秘鲁的风味小吃也独具特色。烤肉串就是其中之一。秘鲁烤肉串是以牛心、鸡心和羊心为主料，阿拉伯式的羊心串比较少，主要是烤牛心串。制作方法是先将牛心切成粒块状，泡进酒、醋、盐、蒜和辣椒，腌半小时，然后用竹签串起在炭火上烘烤，边烤边涂酒。在秘鲁首都利马的街头巷尾，一到傍晚，烤牛心串的熊熊炉火及诱人的香味吸引着大批顾客，甚至国家元首，宴请贵宾时也有烤牛心串。

3. 秘鲁的节庆礼仪

◇ 鲜血节

每年 7 月 27 日至 30 日，在帕鲁罗省首府帕鲁罗，当村民们登上高山去捕捉印加的象征——神鹰（加州或南美产的秃鹰）时，便赋予了"鲜血节"一项新的意义。神鹰被捕下山带到宽阔的斗牛场，在斗牛节上，神鹰将会与西部的象征——公牛相遇。人们把神鹰系在公牛背上后，它们之间便开始了一场你死我活的搏斗。在古代，这场搏斗要结束在死亡与鲜血之间，因为人们相信溢出的鲜血能荡涤大地上的污浊。傍晚来临，狂欢节上的胜利者神鹰将会在一行队列的护送下走街串巷，在第二天黎明时分，村里的姑娘们用绸缎和彩色项链装扮它之后，把它放飞，神鹰重新回到大自然中。

◇ 太阳节

秘鲁人对太阳有着特殊的感情。他们把祖国誉作"太阳之国"，并把"太阳"定为货币名称。他们还将城市建在山巅，以离太阳更近。沿袭 5 个世纪的太阳节活动更是经久不衰。太阳节定于每年 6 月 24 日举行，规模非常盛大。届时人们身穿节日盛装，头戴尖顶帽，欢呼声不绝于耳。乐队奏起圣歌，"印加王"向太阳敬酒致祭，祭司点燃"圣火"，并取出骆马内脏献给太阳神。

4. 秘鲁的娱乐活动礼仪

赛马和斗牛是秘鲁人喜爱的传统娱乐活动，并具有民族特色。

秘鲁的伊卡、兰巴耶克等省盛产骏马。赛马活动在秘鲁历史悠久。大小城市几乎普遍设有赛马场，场地之讲究，马术之精湛在国际赛马界久负盛名。赛马的消息和照片每天都在报纸上占有显著地位。赛马选手头戴白色草帽，身披白色斗篷，装束别致。每当他们骑着骏马出现在赛马场上时，观众欢呼雀跃，气氛之热烈难以想象。**赛马节日一般有速度比赛（包**

括障碍赛）、**马术表演和驯马表演**。传统的活动项目有飞马夺鸡，表演者飞马绕场驰骋数周后急速冲入场地中央的立门前，门楣上倒悬一只山鸡，在飞驰中谁先夺得山鸡则被评为最佳骑手。最引人入胜的节目是"马舞"，在驯马者的口令声中，温顺的骏马翩翩起舞，表演横步舞、回旋舞、双蹄舞和碎步舞等各种舞蹈动作。马步轻盈而有节奏，令人叹绝。

与赛马活动相媲美的是斗牛。首都利马是全国斗牛活动的中心。每年10～12月是举行斗牛活动的旺季。届时，强手云集，高潮迭起，吸引着大批观众。西班牙式的斗牛是人与牛斗，秘鲁斗牛则别具一格，不全是人与牛斗，而主要是鹰与牛斗。活动开始，斗牛士挥舞红布做出各种机敏灵巧的惊险动作引逗蛮牛，待牛发怒，斗牛士便退场，放出一只训练有素的安第斯山巨鹰入场。巨鹰体长1米多，两翼伸开可达6米左右。巨鹰伸出利爪，俯冲下来狠抓牛背或用带钩的尖喙刀啄牛眼。狂牛遭到巨鹰凌空袭击，负痛奔跑，巨鹰绕场直追不舍。当鹰、牛打成一团，搏斗激烈之时，观众的情绪也随之热烈，呼喊声和口号声响成一片。直到蛮牛气绝倒地，斗牛方告结束。秘鲁人把这种巨鹰敬若神明，称为"神鹰"，并把它定为国鸟。秘鲁的国徽就以神鹰为图案。

三、哥伦比亚的礼仪

1. 哥伦比亚概况

"哥伦比亚"是哥伦比亚共和国的简称，是为了纪念哥伦布1492年发现美洲而命名的，意思是"哥伦布之国"，但据说哥伦布从未到过哥伦比亚陆地。1819年西蒙·玻利瓦尔领导起义军在波亚卡战役中获胜后，又解放委内瑞拉、厄瓜多尔，这样三国联合成立"大哥伦比亚共和国"。1830年分裂后，于1863年改称"哥伦比亚合众国"。1886年又改称"哥伦比亚共和国"。

哥伦比亚位于南美洲西北部，东邻委内瑞拉、巴西，南接厄瓜多尔、秘鲁，西北角与巴拿马相连，北临加勒比海，西濒太平洋。境内主要为哥伦比亚人，其中印欧混血种人占一多半，其次为白人、黑白混血种人、黑人及印黑混血种人。首都是圣菲波哥大，货币为比索，官方语言是西班牙语。

延伸阅读：

哥伦比亚的国旗、国徽与国歌

国旗：由上下横排的黄、蓝、红三个长方形组成，黄色长方形的宽度占旗面的1/2，蓝、红各占1/4。黄色象征阳光、谷物和丰富的自然资源，蓝色代表蓝天、海洋和河流，红色象征爱国者为争取国家独立和民族解放而洒下的鲜血。

国徽：中央为盾形，盾面中部绘有"自由之帽"，象征自由和解放。盾的上部两侧是两个羊角，象征富饶；中间是一个红石榴。哥伦比亚历史上曾称"新格拉纳达共和国"，西班牙语"格拉纳达"为"石榴"。盾的下半部的图案描绘哥伦比亚西濒太平洋，北临加勒比海的地理位置。盾的上端有一只展翅飞翔的美洲神鹰叼着月桂编织的花环，象征国家的独立和光荣，神鹰抓着的黄包绶带上用西班牙文写着"自由、秩序"，意为在秩序下实行自由。盾的两侧为国旗。

国歌：《哪，就不褪色的光荣》，由拉斐尔·努涅斯作词，奥累斯特·辛迪西作曲。

哥伦比亚是个农业大国，主要产品特别是出口产品是农产品，主要是原材料；工业产品较少，出口产品有皮革、水果、煤炭、黄金等，质优价廉。进口产品以工业机械产品为主，哥伦比亚从中国进口相当多的机械产品。

哥伦比亚比较缺乏的是有关物流的硬件设施，如公路、铁路建设等，中国企业可以输出技术和设备，到哥伦比亚建工厂或者直接开采矿产。哥伦比亚有42个免税区（自由港），国外企业在哥伦比亚投资可以享受税收优惠。哥伦比亚欢迎中国的农业、矿业、纺织业等企业到哥伦比亚投资。

到哥伦比亚投资成本不高，当地人最低工资为每月 220 美元，在当地注册公司最低只用付 500 美元的注册资金。

哥伦比亚和美国、阿根廷隔海相望，交通以海运为主，到美国只要两小时，中国企业可以把哥伦比亚作为向南美洲市场推广的基地。

2. 哥伦比亚的生活礼俗

哥伦比亚城市居民的衣着基本上已经欧化。在正式的社交场合，他们穿西式服装，男子一般为保守式西装，打领带，穿皮鞋，女子一般穿西式套裙或者长裙。哥伦比亚的女子非常喜欢佩戴项链，并且随着年龄的增加，项链的数量也逐渐增加。

哥伦比亚瓜姆比亚诺部族男女服饰基本相同，头戴灰色礼帽，身披蓝色斗篷，脚蹬靴子，唯一不同的就是妇女佩戴一串串由金属片组成的项链，**项链的多少是妇女贫富的标志。**

哥伦比亚人非常重视菜肴的设计，讲究菜肴的造型色彩，喜欢清淡，偏爱甜味；喜欢用煎、烧、炸、烤等烹调方法制作的菜肴。主食以米为主，也爱面类；爱吃猪肉、牛肉、香肠、火腿、鸡、蛋类等；蔬菜爱吃土豆、辣椒、葱头、四季豆、生菜、芹菜、通心粉等；调料爱用胡椒粉、番茄酱、奶酪、桂花、桂皮、蒜、黄油、鸡油、糖等。而且，当地人有"棒槌香蕉当饭吃"的习俗，尤其嗜吃用香蕉做成的各种美食。如：炸香蕉，将硕大的黄香蕉去皮后用刀切成片，放少许油，翻炸两遍即成；香蕉汤，把香蕉去皮后挤成泥状，和土豆一起加入鸡肉或者牛肉中，放清水煮，半小时后就成了一盆清淡滑润的香蕉汤；香蕉夹心饼，将没有成熟的绿皮香蕉去皮后用刀斜着切成较大的薄片，放入油锅炸一下捞出，把土豆泥、洋葱末、西红柿泥用盐和油拌好，夹在两片炸好的香蕉片之间，用木板轻轻挤压一下，再放入油锅炸 2 分钟即成。

此外，哥伦比亚桑德省会布加拉曼卡市人素有食蚁的特殊习惯，他们招待客人用的杯盘都印有一个体态硕大、双翅欲振的蚂蚁。这种蚂蚁是桑德省人民最喜爱的食品之一，一般是经油炸后食用，价格昂贵，味道极佳。

在用餐礼仪方面，哥伦比亚人平时惯用西餐，使用刀叉。宴请别人时，他们讲究餐桌的摆设，认为恰到好处的摆设才能显示主人的热情和雅趣，是宴会的重要组成因素。

延伸阅读：

哥伦比亚的礼仪禁忌

哥伦比亚人绝大多数信奉天主教，少数人信奉基督教，为人热情，性格豪爽。他们喜欢蟾蜍图案，认为蟾蜍是一种吉祥的动物，象征着五谷丰登和子孙满堂；喜爱数字3、5、7，认为这些数字给人以积极的印象，并视其为吉祥之数；最厌恶"13"和"星期五"，认为它们是代表灾难、厄运的数字和日期；新教派"麻袋人"（将身体的右半边从头至脚用麻袋片遮掩起来，故称）认为人体右边作恶多端，是罪恶之源。所以，只用左手，禁用右手；忌讳黑色、紫色，认为是丧色；最厌恶基督教中传说的叛徒犹大。因此，在每年复活节前的星期六，他们总习惯焚烧犹大丑像，以示解化痛恨；忌讳有人议论斗牛运动的不好。他们认为民间传统的习俗不容他人说三道四，只有不懂礼貌的人才会贬低他们引以为自豪的斗牛运动。

3. 哥伦比亚的社交礼仪

哥伦比亚人注重礼仪，讲究礼貌，待人诚恳，热情好客。他们见到客人十分友善，总是主动打招呼，热情问候。男性之间一般行握手礼，女性之间除握手外，还要互相拥抱并亲吻对方的脸颊。初次交往的异性之间多是鞠躬点头致意，关系好的也有行贴面礼的，但是只贴一次，而不像有些国家贴左右两次。

哥伦比亚人讲究见面时的称呼，最常用的称呼是先生和女士（或夫人、太太）。对未婚男女青年可称为少爷、小姐。对于国家高级官员称先生，可以同对方的职衔连称。哥伦比亚居民绝大多数人信奉天主教，他们见面常用的问候语是"您好"、"见到您非常高兴"、"愿上帝保佑您事业成功"、"上帝保佑我们共同健康"等；告别时握手、拥抱和亲面颊的同时还要说"再见"、"祝您幸福"、"上帝会时时保佑您的"等。

哥伦比亚人注重社交场合仪表，衣着不整是对主人不礼貌的表现。男性应着西装系领带穿皮鞋。女性穿西服长裙、化淡妆，女孩从小就佩戴用白色珠子串起来的挂链，随着年龄的增长逐年增加，有的成年妇女的挂链有一百多条。

哥伦比亚人喜欢聚会，如在外面聚会一般是 AA 制，不过他们更喜欢家庭聚会。

客人拜访当地居民，对方会立即送上一杯咖啡，若客人不接受将被认为是不礼貌的。

哥伦比亚人举止安详，不急不躁，凡事喜欢慢慢来。所以他们在和别人谈生意时并不一定严格遵守约定的时间，但在较大的城市，准时仍比较重要。商务会谈时，他们也喜欢慢慢地思考，并一边饮着清咖啡，一边轻声地讨论问题。

他们在社交场合与客人相见，一般行握手礼。见面或离别时，男人要与在场的所有人握手，妇女一般只和妇女握手。而且，他们召唤人时很有特色，流行的手势是掌心向下，手指与整只手一同摆动。交了好运则用食指与小拇指伸直做牛角状。

应邀到哥伦比亚人家里做客时，通常应该在到达前送去水果、鲜花或巧克力之类礼物；如果来不及，事后送也可以，同时应附上一封感谢信。**礼品一般不应该是个人用品，除非双方非常熟悉。**

此外，哥伦比亚考卡省山区的印第安人与客人见面时还有一个独特的习俗，即从不把身边的孩子撵到一边，为的是让他们从小就长见识，学习与外人相处的本领。

哥伦比亚人很少抽烟，尤其在公共场所，所以不要主动敬烟。

哥伦比亚人喜爱谈论体育运动，特别是足球运动。他们也喜欢谈论艺术和聊聊哥伦比亚的咖啡。如果有人夸奖他们的国土民情等，他们会很高兴。

礼仪提醒

哥伦比亚人接待客人的方式有些与众不同。他们邀请客人吃晚餐时，当客人进门后，一般先举行一个鸡尾酒会表示欢迎，与客人亲切交谈，然后大概到深夜11点钟后才会正式吃晚饭。

4. 哥伦比亚的商务礼仪

哥伦比亚大多数人喜欢自己开公司，因而私人公司很多。私人企业大多都是家庭制结构。一般家庭都会有家庭农场，他们以种地和养牲畜为主，企业的经营决策要家庭成员开会讨论决定，而不是由某个人独自决定。

哥伦比亚商人办事节奏较慢，但有着很强的自尊心。同当地人约会，客人等主人1个小时是常有的事情，不必大惊小怪。拜会公司单位之前一定要先约好，但你得准备等候时候，因此，时间安排要宽裕一点。客人晚到半个小时或一个小时，主人不会见怪。

到哥伦比亚人家中拜访，主人会十分热情地接待客人，用一种加糖的黑色咖啡招待，然后同客人漫无边际地聊天，如果主人谈兴很浓，也许聊上一个小时才会问客人需要什么帮助，客人要表现出极大的耐心。只要同主人有了交情，事情就好办了。

与哥伦比亚商人谈生意，绝对不能太直截了当，一定要用心。比如，在和哥伦比亚人洽谈生意时要学会说"不"，譬如你有某一商品100个，哥伦比亚人问你，150个商品有吗，你不能说我可以提供这么多商品，而是应该说："不，我没有150个，我只有100个。"这样，对方会感到你很诚实，同时也感到这商品很珍贵。

生意从闲谈开始。哥伦比亚人深受西班牙生活方式影响，这同样也表现在做生意上。哥伦比亚人认为做买卖时如果一开口就谈生意不够风雅，**在做生意之前，双方首先要相互询问对方和其家庭成员的健康状况，彼此交换有关天气和生意的看法，以及关于足球运动员、斗牛和政客们的最新**

趣闻。在哥伦比亚人看来，这并不是闲谈，而是表示谈话的一方尊重对方的人格和个人兴趣，把对方放在重要地位。

在贸易谈判和贸易合同中，要准确理解讨论合同内容，要注意细节，措辞要完整准确，不能含糊。哥伦比亚商人容易在细节上找出差错，这样生意就有了障碍。

延伸阅读：
与哥伦比亚人经贸往来的注意事项

和哥伦比亚人经贸往来，应注意以下四点事项。

其一，哥伦比亚的官方语言为西班牙语，产品销售说明书须印有西班牙文对照才行；持有印有中文和西班牙文对照的名片也很有用，如果没有这种名片可在当地印，不过需要两三天时间才能取件。

其二，真正进入谈生意阶段，要讲究时间和效率，一般贸易报价最好不要超过一个星期时间。哥伦比亚商人关注商品质量，但也会讨价还价，不过他们不会刻意追求低价。

其三，哥伦比亚人做生意总是从较小的量做起，逐渐做大，因此不要因为量小就轻视，只要讲诚信，和哥伦比亚人建立友谊，生意就会像滚雪球般越做越大。

其四，到哥伦比亚从事商务活动的最佳时间是每年 3～11 月。

5. 哥伦比亚的节庆礼仪

◇ 巴兰基亚狂欢节

巴兰基亚狂欢节是马格达莱纳河沿岸 50 多个村镇文化游行活动的总称。人们乔装打扮成开曼人或印第安人，讲述如何为了被西班人掠走的妇女名誉而战的故事。故事的讲述伴随着哥伦比亚音乐节奏以及持续 5 天的鼓点。2003 年，**巴兰基亚狂欢节被联合国教科文组织宣布为人类口头和非物质遗产。**

◇ 民间斗牛节

阿尔霍纳小镇举行的民间斗牛节是由当地斗牛爱好者参加的一项活动，在当地已有上百年的历史，因其场面惊险刺激，每次斗牛都能吸引成千上万名观众前来观看。

◇ 哥伦比亚鲜花节

鲜花行业是哥伦比亚的主要产业之一，哥伦比亚也是世界第二大鲜花出口国。鲜花节期间人们会参加鲜花节游行，举行各种活动庆祝。

◇ 黑人白人节

"黑人白人节"起源于民间邻里的聚会，反映当时不同民族友好相处的景象，现已发展成为风格独具的狂欢庆典。节日的第一天，只见大街小巷到处是提着颜料桶的青年人，他们拦住过路行人，给他们脸上涂上黑色颜料，于是大家都成了"黑人"。次日，人们又用白色颜料把满脸涂成白色，转眼间大家都成了"白人"。节日的最后一天举行化装游行，人们身着彩装，戴着面具，随着行进中的彩车载歌载舞，气氛异常热烈。

6. 哥伦比亚的婚姻礼俗

在婚俗方面，蜡烛婚礼是哥伦比亚基督教的传统婚礼。戴戒指仪式结束后，新郎与新娘须各自点燃一根蜡烛，每根即代表着新人各自的生活。随后，他们又会一起点燃另一根蜡烛并吹熄各自的蜡烛，留下共同点燃的那根蜡烛。这一仪式的含义很明显：新郎和新娘各自告别过去，开始新的生活，而那根点亮的蜡烛就意味着新郎与新娘现在是一个共同体，并将开始分享生活的每一刻。此外，有些地方还保持着传统的习俗，如哥伦比亚的土卡罗部落人，基本上处于残存的母系社会。结婚那天，姑娘将红色的染料抹在前额和面颊上，然后驾着独木舟向别的村子划去。到了目的地上岸后，她就大大方方地走到小伙子中去挑选意中人，挑完则带他回娘家，组织新家庭。

四、乌拉圭的礼仪

1. 乌拉圭概况

乌拉圭的全称是乌拉圭东岸共和国，位于南美洲东南部，乌拉圭河与拉普拉塔河的东岸。国土总面积 17.7 万平方千米，海岸线长 660 千米。乌拉圭总人口约 338 万人，有白人、混血人种、黑人，还有极少数的美洲印第安人。信仰的主要宗教是罗马天主教、新教、犹太教和其他宗教。官方语言为西班牙语。首都为蒙得维的亚。

乌拉圭境内地势大部分平坦，南部是起伏的平原；北部和东部有少数低山分布；西南部土地肥沃；东南部多斜坡草地。位于内格罗河上的内罗格水库，是南美最大的人工湖之一（面积约 1 万平方公里）。属温带气候，乌拉圭以优美的自然风光和安定的社会环境，被誉为"南美瑞士"；又因其形似宝石而又盛产紫晶石，被誉为"钻石之国"。

乌拉圭在拉美处于中等发展水平。实行自由市场经济政策，积极参与地区经济一体化。农牧业较发达，主要生产并出口肉类、羊毛、水产品、皮革和稻米等。工业以农牧产品加工业为主。服务业占国民经济比重较高，以金融、旅游、物流、交通业为主。

乌拉圭教育事业发达。实行 9 年制免费义务教育，公立大学和专科学校免收学费。2007 年，15 岁以上人口文盲率为 2.1%，大学及以上文化程度人口占总人口的 9.7%。2007 年乌教育经费预算为 9.51 亿美元，占国内生产总值的 3.67%，占中央政府公共支出的 15.07%。位于首都的共和国大学是全国唯一的公立综合性大学，有 22 个院系。另有世界著名的奥特大学、蒙得维的亚大学、天主教大学、乌拉圭大学、企业家大学等 5 所私立大学。

乌拉圭的旅游业较发达。近年来，旅游收入在外汇收入中占第二或第三位。主要旅游胜地是蒙得维的亚和埃斯特角。

乌拉圭是社会福利较多的国家。失业、退休、残疾、妇幼、工伤、疾病均有补贴。

延伸阅读：

乌拉圭的国旗、国徽与国歌

国旗：由五条白色宽条和四条蓝色宽条组成，上面两条蓝条略短，在左上角形成一白色正方形，中央为一个金色的"五月的太阳"，象征国家的独立。历史上乌拉圭和阿根廷曾是一个国家，两国国旗上均有"五月的太阳"。9个长条代表当时的9个政治区域；太阳放射八道直线和八道波状光芒，象征国家的独立。

国徽：中央为椭圆形的盾。左上部的天平象征正义，左下部的奔马象征自由，右上部的要塞代表首都蒙得维的亚，右下的牛象征畜牧业和财富。盾两侧饰有象征和平与胜利的橄榄枝和月桂枝。

国歌：《乌拉圭东岸共和国国歌》

国花：海红豆。

2. 乌拉圭的日常礼俗

◇ 服饰习俗

乌拉圭人的服饰风格，与美国人有很大差别，与欧洲人有些相近，略显保守。男人衣着比较讲究，正式场合均着西装，打领带。颜色多以深色为主。妇女则穿款式保守一些的服装。

乌拉圭人平时的打扮看上去随意舒适，不太喜欢追赶潮流，个性化非常明显。尤其是乌拉圭的黑人和印第安人，穿着非常简单，喜欢穿着短裤，光着双脚，只在上身围一块大围布。女子则在头上围着深色和花色头巾，有的女性喜欢把头发盘起来，男人大多留短发。

无论男女都很少戴帽子，但一种深蓝色的巴斯克式的贝雷帽则比较常见。

学生一般穿校服上学。在商务会见中，乌拉圭人的着装比较正式。

在乌拉圭的科烈达镇，当地人有个独特的服饰习俗，即他们把戴帽子列为未婚女子的专有权利。**女子一旦结婚，便不能继续戴帽子。若因特殊原因不得不戴，也只能戴有颜色的帽子。**

◇ 饮食习俗

在饮食方面，乌拉圭人以小麦、玉米和稻米为主食，肉类及果蔬等也必不可少，且品种繁多。乌拉圭人是"伟大的肉食主义者"。每年人均消费的各种肉达 103 千克，是世界上人均消费肉类最多的国家之一，排第四位。其中，牛肉是消费最多的肉类，其次是羊肉、猪肉和禽肉。鱼和海鲜产品质量很好，种类也很多（如大龙虾），但却很少出现在乌拉圭人的餐桌上。淀粉类食物、奶及奶制品在人们的食物构成中占有重要地位。

牛肉的做法有很多。野餐烤肉是最具特色的一种。野餐时吃烤肉是一件非常流行的事。在野餐时，人们将牛肉放在铁架上用燃烧的木炭烧烤。做这种烧烤牛肉常常用肥肥的小母牛。为了防止油脂掉下来，有时连皮一起烤。除烤肉外，面包和绿色沙拉也是必不可少的。如果喝些红酒，就更惬意了。另一种在全国流行的牛肉食品是牛排三明治。

典型的快餐有总汇三明治和热狗卷裹辣香肠。乌拉圭人常常食用的传统特色食品有以下一些。

杂烩是很多家庭常吃的菜。这道菜源于西班牙，是肉与蔬菜、香肠、豆子等加上香料及其他调味料一起煮做成一道菜。

杂烩汤是一种类似杂烩的菜，但它的汤较多，是内陆地区最基本的食物。

肉丁菜饭是另一种常见食物，它用肉、米、桃子、梨和葡萄干炖成。

肋骨炖土豆是用肋骨与洋葱、西红柿、土豆和调味料炖成的一种食品。

米兰饼是一种牛肉饼。做法是将调好味道的薄牛肉饼，裹上面包屑和鸡蛋，放入油锅里面炸。这种牛肉饼可以热吃也可以冷吃。

鸡肉面是把鸡肉与面条煮在一起的食物。

复活节饼是一种蔬菜饼。做法是将菠菜或瑞士甜菜与葱头放入油里炸，然后，将油炸过的蔬菜与奶酪、鸡蛋和应季的蔬菜混在一起，最后用软面团将它们上下包裹起来，做成像三明治那样的东西进行烘烤，直至外壳变得焦黄。

土豆饼是将土豆切成片或切成条，加入少量洋葱，放入油锅里一起炸。待土豆和洋葱熟了之后盛出，将它们捣碎，然后加入盐和鸡蛋，再放入油里炸。

当地最有特色甜点是奶昔，味道非常好，它可与布丁、烤薄饼、蛋糕一起吃，也可以单独吃。

随着美国快餐食品的大量流入，乌拉圭传统的饮食结构已发生了很多变化。

乌拉圭人的早餐与欧洲人的早餐差不多。加牛奶的咖啡、面包或饼干是人们最基本的早餐食品。人们也常在面包或饼干上涂上一些果酱或夹上奶酪一起吃。一些富裕的家庭还会吃些牛排或土豆。

对大多数人来说，午餐是最重要的，就餐时间为下午1点至2点。午餐一般为一个汤和一个以肉、土豆或米饭及蔬菜组成的菜，此外还有一盘色拉及法式或意大利式的面包。甜点有奶油蛋糕、加果酱的奶酪、蛋糕、饼干或新鲜水果。有意思的是人们在说吃午餐时，除了用西班牙语午餐"almuerzo"这个词之外，还常常使用英语的午餐"lunch"这个词。

乌拉圭人像英国人那样，习惯喝下午茶。当下午4点至5点半，人们在家或在咖啡店见朋友时，通常会喝茶、咖啡或马黛茶。当然他们也像英国人那样吃一些饼干、糕点等小点心之类的东西。

由于有了下午茶，乌拉圭人的晚餐通常要到9点以后才吃，而且也不像午餐那么重要。午餐时所吃的汤和甜点等食品有时会省掉。在低收入家庭中，尽管他们在晚餐时喝一些酒，但所吃的食品与早餐没有多大区别。条件较好的家庭，晚餐会比较丰盛，与午餐差不多。

礼仪提醒

用餐时，乌拉圭人讲究文雅、清静，不喜欢在饭桌上谈些不愉快的事，对狼吞虎咽的吃相也很反感。如果有事中途离开餐桌，要对主人或旁人轻声相告，并将餐巾放在椅子上。

马黛茶是乌拉圭人的主要饮品。它由草叶制成，尽管它所含的咖啡因比茶叶和咖啡少，但它同样能提神，使人精神焕发。这种草属冬青类植物，主要生长在阿根廷、巴拉圭、巴西等南美国家。这种草的叶子是从一种像树一样的灌木上采摘下来的。叶子和嫩枝在火上烤干直到它们变得松脆，然后人们将这些叶子和嫩枝磨成粗粗的粉末。

喝马黛茶的最好方法是用一种印第安人称之为马黛的圆形小罐泡茶，马黛茶也由此得名。马黛茶用开水冲泡后，人们用一根长长的金属管子吸着喝。这根长管通常由发亮的银子做成。通常来说，男人喜欢喝微苦的马黛茶，而女人们则喜欢喝加糖的巴马黛茶。在牧场，人们起床后，在太阳出来之前喜欢静静地喝马黛茶，上午工作之后在 11 点左右以及晚上一天工作结束后再分别喝一次茶。家庭聚会时，共饮同一罐马黛茶是乌拉圭的一种习惯。这种习惯在 1973 - 1985 年军政府统治时期特别流行。这是家人及朋友相互忠诚的象征。人们会在马黛或中国的茶杯中装满茶叶，沏上开水后，插入一个金属管，传递着一个接一个地共饮同一罐或同一杯茶。

人们常喝的酒有葡萄酒、苦艾酒和啤酒。乌拉圭人喝酒很讲究，不同的菜配不同的酒，如白酒、红酒或玫瑰红酒。

乌拉圭能生产很多很好的葡萄酒。塔纳特红葡萄酒是乌拉圭酿酒业最有代表性的一种红葡萄酒。1870 年西班牙巴斯克地区的移民将塔纳特葡萄引入了乌拉圭。目前乌拉圭是世界上生产这种葡萄最多的国家，超过了原产地——法国西南部的马迪兰和伊罗莱瓜伊。塔纳特红葡萄酒占目前乌拉圭葡萄酒产量的 1/3。这种红葡萄酒色泽较深，口味芳香，很适合在吃牛肉和其他红肉时饮用。

乌拉圭适宜的土壤、充足的阳光和适中的气候非常适宜葡萄的生长，为葡萄酒业的发展创造了良好条件。每年，乌拉圭的葡萄酒都能在国际酒类评比中获奖。1999 年成立的乌拉圭葡萄酒出口商协会在开拓葡萄酒出口市场方面发挥了积极作用，使乌拉圭葡萄酒的出口在过去 5 年增加了两倍，每年的出口量达到 320 万升。

被称为"克莱里科"（由白葡萄酒与果汁混合而成）和"一半一半"（由一半汽酒与一半白葡萄酒组成）的酒在乌拉圭也很流行。

◇ 居住习俗

在城市中，人们大多居住在现代化的公寓或小别墅里。20 世纪 40 年代，乌拉圭政府为了满足低收入人群的住房需要，开始采取一些解决住房问题的措施。1948 年建立了全国经济住房委员会，以帮助建造低成本住房。一些省政府也在住房方面采取了行动。共和国银行和抵押银行为住房建设和搬迁提供贷款。

20 世纪 50 年代，乌拉圭的住房主要有三种形式：一是在多数情况下人们租房住；二是在城市土地上自建房子；三是国家机关提供住房。

在农村，人们通常居住在只有一层的房子里。这些房子通常由红砖砌成，房顶为红色瓷砖，有一个露天阳台。过去，大牧场主通常住在庄园里，但现在，许多牧场主在城市里有别墅，将庄园的事务交给经理人去管理。

非常贫困的人居住在郊外被称为"坎特格里莱斯"的贫民窟中。二十世纪五六十年代，由于大量农村人口涌向城市，特别是首都蒙得维的亚，贫民窟开始出现。八九十年代，出现了另一种人口的转移，日益贫困的工人开始从城市中心区向郊外转移，贫民窟以越来越快的速度发展。

礼仪提醒

乌拉圭人忌讳数字"13"和"星期五"。他们认为"13"和"星期五"会给人带来不幸或灾难。因此，人们平时都想方设法地回避"13"和"星期五"。乌拉圭人还忌讳颜色中的青色，认为青色意味着黑暗的前夕，并会给人以压抑之感，是一种令人懊丧或倒霉的颜色。

3. 乌拉圭的社交礼仪

乌拉圭的许多礼仪与拉美其他国家相同。

在称呼方面，乌拉圭人见面时通常称对方为先生和夫人（或称太太），对未婚青年男女可称少爷或小姐。较熟悉的人之间常用名字而不是姓氏做称呼。一般来讲，人们通常把姓放在中间，姓前面是名字，姓后面是母亲的姓氏。例如，Manuel Cordero P6rez，最前面的 Manuel 是名，中间的 Cordero 是父姓，后面的 P6rez 则是母姓。比较正式的场合应称他为 Cordero 先生。

女子结婚后通常把母姓和父姓去掉，然后加上丈夫的姓，并称作某某太太。如果她离了婚，则恢复父姓。当有人因为公务或正式的目的询问你的名字，男子通常会给出他的姓，已婚女子则要给出她原来的父姓或丈夫的姓。在正式场合，人们常用行政职务或学术职务称呼对方，如"校长先生"、"博士先生"等。

男人之间通常以握手来打招呼或表示道别。如果两个男子很长一段时间没有见面，或一个朋友想对另一个朋友表示祝贺或对一个朋友家人的死亡表示安慰，男子之间也会相互拥抱。但是，当男子遇到熟知的女子，或两个女子相见时，他们会在脸颊上轻吻一下，或轻轻地碰一下面颊。一般来说，乌拉圭男子不吻女人的手。不过，许多有欧洲文化背景的绅士仍沿袭这个习惯。

乌拉圭人性格比较开朗，心里有事就喜欢说出来或显露在面部表情上。他们将手向下一挥表示好样的，但当对方说话手势过多，特别是运用得不恰当时会用摇头等方式直接表示不悦。

乌拉圭印第安人对外来人员一般都怀有一种朴实、友好的感情，但由于历史等方面的原因，对外界也存有一定程度的防备心理。

乌拉圭人在约会或参加活动时不太守时。客人通常会在主人规定的时间内再晚半个小时左右到达。当一个人或一对夫妇应邀吃晚餐或鸡尾酒自助晚餐时，应将花送到男主人或女主人的家里。这种礼节对一个高贵的客人来讲尤其重要。而且花要在聚会开始前几个小时送达。乌拉圭人的晚餐时间大都在晚上9、10点以后，一般正式宴会多在午夜才结束。人们在聚会时，谈论的话题主要是家庭、时事、天气及体育运动，其中谈论最多的还是足球。最好不要谈论政治。

礼仪习俗

在周末或12月至次年1月夏天的假期里，马拉圭的中产阶级一般会到海滨去度假。家里聚会时人们会在屋外围坐在一起吃烤肉，一起喝马黛茶。平时人们大多在家休闲。

4. 乌拉圭的商务礼仪

当地商务礼俗随便，宜穿保守式样西装。会晤政府及私人机构人员时，必须预约。他们喜欢谈论体育，特别是足球。**商务活动时，持有西班牙文对照的名片，使用有西班牙文对照的商品说明书，将大有助益。**商界招待、宴请多夜间在大饭店进行。如应邀到家中做客，可先给女主人送一些花或巧克力。乌拉圭商人和阿根廷商人相似，相当有礼、正式、细心而友好。在饮食上习惯吃欧式西菜，以吃牛、羊肉和猪肉为主。他们在日常交谈中不愿谈论涉及政治方面的话题。

5. 乌拉圭的节庆礼仪

乌拉圭的公众假日有两种，一种是固定公众假日，另一种是可变动的公众假日。固定公共假日有：

1月1日：新年；1月6日：儿童节，或主显节（纪念耶稣显灵的节日）；4月19日：33个爱国者登陆纪念日；5月1日：劳动节；5月18日：拉斯皮德拉斯战斗纪念日；6月19日：阿蒂加斯将军诞生纪念日；7月18日：宪法日；8月25日：全国独立日；10月12日：萨兰迪战斗纪念日，也称种族日或美洲大陆发现日；11月2日：万圣节；12月8日：水祝福日；12月24日下午和25日：圣诞节；12月31日（下午）：除夕日。另外，乌拉圭有些节日是不固定的。狂欢节通常在2月中下旬，时间为复活节之前第7个星期三之前的周一和周二，共放假2天。圣周从每年春分月圆后的第一个星期日开始，一般在3月底或4月初。

从重要性来说，圣周是乌拉圭最重要的节日之一。由于乌拉圭的宗教影响较其他拉美国家小得多，圣周在那里又被称作"克里奥尔周"或"土著人周"，也称作"旅游周"。在这个节日里，观看高乔人的技艺表演是最有吸引力的活动。其中最大和最富有色彩的活动是在蒙得维的亚的普拉多公园举行的为期一周的农村展。2001年的农村表演从4月8日开始，15日结束。在这个节日里，对乌拉圭人来说没有比看高乔人驯马比赛和用索套套公牛更刺激的了。高乔人传统的套索是用皮革做成的一种绳子，在末端有一些很重的球，当准确地投掷到目标时，这个绳子就会捕获到动物的腿，并使它停下来。此外，还有唱歌比赛和舞蹈表演。民歌手在吉他的伴奏下，表演高乔人传统的有关冒险或爱情的民谣。在这个活动中还有工艺品展览和销售等各种特色活动。

乌拉圭的狂欢节虽然不如巴西狂欢节那么有名，但它是世界上历时最长的狂欢节，长达一个半月。狂欢节吸引了许多外国游客。在蒙得维的亚，人们用各种颜色的旗子和彩灯装饰自己的家和夜晚的街道。哑剧演员和化过装的人们又唱又跳，走街串巷。在波西托斯的海边，有令人激动的鲜花大战，而俱乐部、旅馆和赌场则聚集了许多带着面具表演探戈和桑巴舞的人。在很多街区的露天舞台上，有各式各样的滑稽表演，也有严肃的话剧演出。狂欢节的高潮是进行音乐和戏剧娱乐表演。化装师、表演者和音乐家在举行这个活动前，通常要花几个月的时间为此做准备。每个表演小组需按规定的街区进行表演。在狂欢节开始后的第一个星期五，在蒙得维的亚郊区的南街和巴勒莫大街上还举行一种乌拉圭特有的民族节日活动——"召唤节"。全国 50 多支"坎东韦"表演队在这里举行狂欢节游行。参加狂欢的人们在这种节奏感很强的黑人音乐的伴奏下，尽情地欢跳。

礼仪习俗

在乌拉圭，圣诞节的宗教色彩已经淡化，它被称作"家庭节"。在这一天，人们会串亲访友来庆祝。由于天气很热，很多家庭常在宽阔的海滩上举行野餐，或出门度假。

6. 乌拉圭的婚丧礼俗

◇ 婚姻习俗

婚礼的礼节在程序上与美国大不相同。婚礼请柬应在婚礼举行前 15～20 天送出。新郎、新娘的家人或亲戚收到的请柬是粉色的，这意味着他们在举行仪式时将坐在前排。其他请柬则是白色的。如果一个客人被邀请参加婚礼后的招待会，他将在装有请柬的信封里找到一个小卡片。尽管婚礼的世俗仪式是必要的，但一对即将结婚的男女在新郎家由牧师举行例行的手续也是很常见的事。新郎将订婚戒指戴在新娘的右手上。结婚后，她将订婚戒指戴在左手上。

在许多拉美国家，人们通常庆祝圣徒节。但在乌拉圭，人们多以庆祝生日为主。在生日那天，人们一般会在家里或晚会上招待亲朋好友。一些人还在当地报纸的公告栏中发布一个消息。尽管一个人在报纸上得知朋友的生日，但他也不会去参加朋友的生日庆祝活动，除非他收到邀请。在参加亲朋好友的生日晚会时，可以以鲜花和糖果作为礼物。

家庭对乌拉圭人很重要，他们认为家庭"是社会的基本单位"。在乌拉圭，核心家庭占家庭总数的61.2%；单亲家庭占14.6%；传统家庭占17.6%。平均每个家庭有3.4人。较其他拉美国家来说，乌拉圭每个家庭生育的孩子要少得多。其原因是中产阶级希望少生孩子，以便给孩子提供更好的教育。在农村地区，家庭人口较多，生育率也较高。

随着社会开放程度的增加，乌拉圭离婚率逐渐增加，1915年离婚率仅有万分之一，2010年增加到千分之一。现在，越来越多的男女选择同居但不结婚，他们是生活伴侣，而不是配偶。由于经济上及其他方面的原因，乌拉圭人也不再像过去那么隆重地举行他们的婚礼。

◇ 丧葬习俗

在乌拉圭，葬礼的宗教色彩较其他拉美国家淡。穿祭服的牧师很少到葬礼上来。当一个朋友的家人死亡时，人们一般在葬礼那天到朋友家为死者送别。葬礼通常在人死后20～24小时内举行，葬礼大多在家里举行。为死者送别之后，灵柩由马车拉着送到墓地。守卫灵柩的工作由男人承担，偶尔也会有女人承担。**如果逝世的人不是他们的亲密朋友，人们也可以给死者家属发去一个慰问卡，而不是到家里为死者作最后送别。**

与西方大多数国家一样，乌拉圭人忌讳的数字有"13"和"星期五"。忌讳的颜色为青色，青色被看作是一种令人懊丧或倒霉的颜色。

五、巴拉圭的礼仪

1. 巴拉圭概况

巴拉圭全称巴拉圭共和国，是南美洲中部的内陆国家，国土总面积约为40.7万平方千米。首都是亚松森。总人口约623万人，95%为印欧混血人种，其余为印第安人和白种人。官方语言为西班牙语和瓜拉尼语。90%的居民信奉天主教。

巴拉圭是南美洲中部的内陆国家。北与玻利维亚接壤，东邻巴西，西、南同阿根廷交界。地处拉普拉塔平原北部，巴拉圭河从北向南把全国分成东西两部分：河东为丘陵、沼泽和波状平原，是巴西高原的延伸部分，海拔300~600米，约占领土面积的1/3，全国90%以上的人口集中于此；河西为查科地区，大多为原始森林与草原。境内主要山脉是阿曼拜山和巴兰卡尤山。主要河流有巴拉圭河和巴拉那河。大部分地区属亚热带气候。

南回归线横贯巴拉圭中部，北部属热带草原气候，南部属亚热带森林气候。夏季（12月至次年2月）气温26－33℃；冬季（6月至8月）气温为10－20℃。降水由东向西递减，东部约1，300毫米，西部干旱地区400毫米左右。森林面积占全国面积54%，富珍贵硬木林、破斧树和马黛茶树等。石灰石储量较多，还有少量锰、铜、铁等矿藏。水力资源甚为丰富，已同邻国巴西、阿根廷合建大型水电站。巴拉圭和巴西合建的伊泰普水电站装机容量达1260万千瓦，是目前世界上最大的水电站。

巴拉圭的国民经济以农牧业为主，工业基础薄弱，是拉美最落后的国家之一。经济活动主要集中在首都亚松森和东方市，经济受气候及国际初级产品价格影响。

延伸阅读：

巴拉圭的国旗、国徽与国歌

国旗：由自上而下排列的红、白、蓝三个长方形组成。旗面中央正面是国徽图案，背面是财政玉玺图案。财政玉玺图案呈圆形，中央有一头金狮，其背后立一根"自由之竿"，竿上有一顶"自由之帽"，上部有西班牙文"巴拉圭共和国"字样。

国徽：圆形，中央为称为"五月之星"的五角星，象征国家的独立。五角星外是绿色橄榄枝和饰带，橄榄枝上方有西班牙文：巴拉圭共和国。

国歌：《巴拉圭人，无共和毋宁死》，由夫朗西斯科·阿库尼亚·得·菲贵洛阿作词，夫朗塞斯·杜浦伊作曲。

2. 巴拉圭的生活礼俗

巴拉圭人在正式场合多穿西式服装，当地的印第安人有的仍保持着原始的服饰习俗，他们最普遍的饰物是唇饰，这是一种嵌在下唇上的小棍。妇女儿童爱佩戴一种项圈。

在饮食方面，巴拉圭人的正餐是午餐，只要情况允许，一家人通常聚在一块吃午饭。**当你被邀请到巴拉圭人家中做客时，花或酒均是合适的礼品。**一般情况下均要祝酒，但要先由主人祝酒。当地人喜欢饮一种马黛茶，它是一种长青灌木制作而成。客人喝得越多，主人会越高兴。

3. 巴拉圭的社交礼仪

在社交礼仪方面，巴拉圭人热情好客，十分注意礼节。如果是亲朋好友，男子之间见面互相拥抱，妇女之间则互相亲吻。女性如向男性伸手，男性必须和她握手。和朋友一块行走时，他们喜欢挽着胳膊，与人交谈时也喜欢靠得很近。因此，要与当地人成功沟通，就要学会适应表达亲近的方式，如向后倾头，是表示我忘了，等等。

在与巴拉圭人交谈时，应避免涉及政治性话题，恰当的话题是家庭、体育和天气。不要过分称赞对方的私人物品，免得主人忍痛割爱，把它送给你。

4. 巴拉圭的商务礼仪

巴拉圭商人有午睡的习惯，因此商业界人士招待客人喜欢在夜间，大多在酒楼、饭店内举行，并有互赠礼物的习俗。

到巴拉圭从事商务活动，最佳时间为3～11月。因为，2～3月巴拉圭要举办嘉年华会，会放假5天，全国停工；圣诞节及复活节前后一周亦不宜；12月至翌年2月又为休假期。

5. 巴拉圭的节庆礼仪

当地人把每年的最后五天定为冷食日。在这五天里，上自国家元首，下至百姓，都不能动烟火，只能吃冷食。直到元旦零时的钟声响过后，才能点火烹煮食物，庆祝新年。他们这样做，据说来源于一个历史故事：英雄的巴拉圭人民在一次保卫祖国、反对侵略的鏖战中，遇到了极大困难，军队弹尽粮绝，无法煮熟食，这时恰好离新年还有五天，但大家仍然英勇奋战。直到元旦黎明时，援军赶到，局势便转危为安。革命军在元旦中午燃起烟火，杀猪宰牛，欢庆胜利。为了纪念这次战斗，巴拉圭人民把元旦前五天定为冷食日，世代相传，形成风俗。

9月21日是许多南美洲国家的"春天日"，包括巴拉圭在内的南美洲国家纷纷以各种方式庆祝他们的"春节"。

延伸阅读：

巴拉圭：野生动物的乐园

巴拉圭有着多种多样的珍禽异兽，是野生动物的乐园。许多地区仍然保持着大自然的原貌。各种野生动物在这里自由自在地生长、繁衍。

巴拉圭境内鸟类种类繁多，在森林地区和平原地带，有许多的山鸡、鸽子、鹧鸪、鹰和鹫。也有燕子、大雁等候鸟。湖泊、池沼地带有许多水禽。鹦鹉很多，大小不同，羽毛的颜色也各异，有的羽毛很鲜艳，有的则显得灰暗。卡拉卡拉鸟是一种食腐的飞禽，数量多，食量大，能把全固的腐肉吃得干干净净。

巴拉圭境内水生动物的种类也很多，在河、湖、沼泽地带，生活着各种各样的鱼类及其他水生动物。英洲鳄性情凶猛，雄的体长4米以上，雌的有5米，它们时常在水中弄翻船只，到岸上袭击牲畜，有时甚至伤害儿童。美洲肺鱼是一种奇特的鱼类，它有鳃又有肺，鳃比较小，主要用肺呼吸。当干旱季节来临，河湖将近干涸时，它便给自己"挖"一个坑，在坑内用泥巴与皮肤的黏液混合做成一个保护囊，开始在其中休眠。由于体内储存有大量的脂肪，它能休眠几个月，等到雨季到来时再出来。如果干旱时间持续较长，它的休眠期可以自然延长，最长可达四年之久。曼古鲁郁鱼体重可达100千克，头和翅特别大，与身体不成比例。还有牙齿非常锐利的锯齿鱼等。其他水生动物中，比较有名的是水豚，它的形状类似豚鼠，体重可达50千克，性情温顺，以苇草等为食，善于游泳和潜水。水豚肉味道鲜美，因此常被当地居民捕杀。

在森林、沼泽地带，还生长着许多昆虫、毒蛇和其他野兽。昆虫如蝴蝶、南美蝎和毒蜘蛛等。蛇的种类很多。美洲蟒身长可达9米，能不费劲地吞下一只小鹿。有一种生活在沼泽地里的大水蛇，身长可达4~5米，能把一个人整个吞下。这里还有许多的响尾蛇。弗雷列斯卡是一种身体呈灰色的毒蛇，被它咬伤，极易丧命。能致人死亡的毒蛇还有许多，为防蛇咬，当地居民常备着解毒药。这里还有世界最大的啮齿动物犰狳，它身披"盔甲"，肉质却鲜美。食蚁兽专吃蚂蚁，它步态蹒跚，形体古怪。在原始森林里还有凶猛的山狮、美洲虎、美洲豹等。

六、厄瓜多尔的礼仪

1. 厄瓜多尔概况

厄瓜多尔，全称厄瓜多尔共和国，是一个位于南美洲西北部的国家，北与哥伦比亚相邻，南接秘鲁，西滨太平洋，与智利同为南美洲不与巴西相邻的国家，另辖有距厄瓜多尔本土 1000 公里的加拉帕戈斯群岛。

厄瓜多尔面积 25.64 万平方千米，人口 1400 万，主要由印欧混血人种、印第安人、白种人、黑白混血人种、黑人和其他人种组成。官方语言为西班牙语，印第安人通用克丘亚语。居民主要信奉天主教。首都是基多。

厄瓜多尔全国分为西部沿海、中部山地和东部地区三个部分。

西部沿海包括沿海平原和山麓地带，东高西低，一般海拔 200 米以下，有一些海拔 600~700 米的丘陵和低山。属热带雨林气候，最南端开始向热带草原气候过渡。年平均降水量从北往南由 3000 多毫米递减到 500 毫米左右。

中部山地为安第斯山脉，自哥伦比亚入厄瓜多尔国境后，分为东、西科迪勒拉山脉，两山之间为北高南低的高原，海拔平均在 2500 米到 3000 米之间。

东部地区为亚马逊河流域的一部分。海拔 1200－250 米的山麓地带河水湍急，250 米以下为冲积平原，河面开阔，水流平缓，多河曲。属热带雨林气候，全年湿热多雨，年平均降水量在 2000－3000 毫米之间。

厄瓜多尔是南美地区自然景观种类最多的国家，这里拥有安第斯山脉、亚马逊丛林和美丽的海滩。它是南美第二大产油国，石油和香蕉是该国主要的产业。

延伸阅读：

厄瓜多尔的国旗、国徽与国歌

国旗：由自上而下排列的黄、蓝、红三个长方形组成，黄色长方形宽占旗宽的1/2，蓝、红长方形宽各占旗宽的1/4。中央为国徽图案。黄色象征国家的财富、阳光和粮食，蓝色象征蓝天、海洋和亚马孙河，红色象征为自由和正义而战的爱国者的鲜血。

国徽：中央为椭圆形盾徽，上部为太阳和绶带，绶带上写着3、4、5、6月份，是为了纪念1845年3~6月间厄瓜多尔人民为独立自由而进行艰苦斗争的岁月。中部是钦博拉索山，它在厄瓜多尔的独立战争中具有重要的历史意义；下部为航行于海上的轮船，表明美洲历史上第一艘轮船在南美洲西岸建造，也象征海上贸易的重要性。椭圆形两旁为厄瓜多尔国旗和绿枝；上端是大兀鹫，象征自由和勇敢；下端是束棒，象征正义和权威。

国歌：《祖国，我们向你敬礼》，由胡安·雷翁·梅拉作词，安托尼奥·纽曼作曲。

2. 厄瓜多尔的生活礼俗

在厄瓜多尔，不论男女都喜欢文身，妇女穿一种名为图南的五颜六色的衣裙，科方部族的男子穿无袖长衫，妇女穿裙子或带袖的罩衫。他们喜欢佩戴羽毛和花草做成的耳环。厄瓜多尔人常吃的食物有米饭、土豆和肉类（牛肉、鸡肉和猪肉），这样的食品一般都配辣汁，辣汁配方不尽相同。厄瓜多尔的煲汤是世界闻名的，一般在正餐前喝汤，有的汤配肉、土豆和奶酪；有的配鱼肉和蔬菜；还有的配当地有名的牛鞭。

3. 厄瓜多尔的社交礼仪

在社交礼仪方面，厄瓜多尔人与客人相见时，以握手为礼。亲朋好友相见，妇女之间亲脸，男子之间则拥抱。

当地人在交谈时喜欢距离很近，说话时将嘴凑到对方耳边。但他们在大街上行走时，男性之间或女性之间都不能手拉手。

4. 厄瓜多尔的商务礼仪

一般来说，到厄瓜多尔从事商务活动的最佳月份是每年 1～6 月和 10～12 月两个时段。到大公司必须事先预约，准时到达。见面时可递上印有英文或西班牙文的名片。参加会议期间要保持安静。不要过于活跃，行为要含蓄而有礼貌。除非客户提及，不要在用餐时讨论生意之事。商务午餐时一般要喝点三巡马提尼酒或当地酒。

厄瓜多尔人还有送礼的习惯，尤其喜欢具有中国传统特色的工艺品。

在旅游期间，如应邀到当地人家中做客，可多夸奖主人屋内的新陈设。**告别时，每个客人都应向男女主人表示诚挚的谢意。**

延伸阅读：

厄瓜多尔的草帽、软木和"塔瓜"

厄瓜多尔有三种传统工艺产品深受世界游客欢迎，即是草帽、软木和"塔瓜"。

草帽，人们都叫它巴拿马草帽。它产于厄瓜多尔，而不是巴拿马，因为通过巴拿马销往世界各地而得此名。巴拿马草帽是由一种很细的苇草编成，全部由手工制作，工艺考究，式样美观，深受人们喜爱。最初，只有印第安人会编织这种草帽。后来，草帽生产受到政府的鼓励和支援，生产规模不断扩大。如今，每年有几百万顶巴拿马草帽销往世界各地。

软木就是巴尔萨木。巴尔萨树生长在西部沿海地区，是世界上最轻的树种。树干高大挺直，树叶宽大，呈椭圆形。这种树生长很快，六七年便可成材，长成高 15～25 米、直径 80 厘米的大树。巴尔萨木木质轻软，可用来做空运的箱子、盒子等。每年厄瓜多尔都有大量软木出口。

"塔瓜"是另一种树木。这种树能结很大的果实，果实的核像象牙一样坚硬无比，因此被称为"植物象牙"。人们用它来制成工艺品，如首饰、纽扣等，很受旅游者喜欢。

5. 厄瓜多尔的节庆礼仪

厄瓜多尔的节日很多，重要节日有：1月1日新年；2月12日亚马孙河发现纪念日；3月或4月卡尼沃节；5月24日皮苛察战争纪念日；6月可派斯克里斯第节，全国举办大型舞会及各种纪念性活动，庆祝高地地区的丰收和宗教典礼；9月是厄瓜多尔黑母亲节，12月6日为基多创立者之日；12月28～31日年终大庆典以欢庆单纯之节开始，全国都沉浸在欢庆的气氛中，人们在路上燃烧纸草人，意味着全国都喜气洋洋地进入新的一年。

◇ 黑母亲节

厄瓜多尔的黑母亲又称圣母施恩节。厄瓜多尔最早的居民是印第安人，并没有黑人。相传圣母玛利亚的乳娘是善良的黑人，是她引导印第安人和梅斯索人崇拜圣母玛利亚的，为了纪念这个黑人乳娘，人们就把每年的9月定为黑母亲节。黑母亲由脸上涂着黑彩的妇女扮演，当她在游行队伍中出现时，整个队伍都欢声雷动，向她表示问候和感谢。然后几名扮成古代骑士的青年把她抬上装饰华贵的马背，黑母亲还在人群中挑选一个人做自己的孩子。此时所有人都唱起《黑母亲之歌》，台上台下，歌声融成一片，把庆祝活动推向高潮。

6. 厄瓜多尔的婚丧礼俗

在婚俗方面，厄瓜多尔的印第安人仍保留有一些传统的婚俗。如青年男女求爱时，小伙子向姑娘投掷小石块，而且打中对方的部位越高表示越爱。如果石子击中姑娘的后肩或后颈部位，就表示两人可以相爱。但切勿击中头部，否则得到的只有姑娘的白眼。此外，又有女方主动暗示的求爱风俗，即小伙子一旦听到姑娘的轻声责备，就跑过去抓住姑娘的披风或头巾，若是姑娘有意让小伙子抓住，好事就有希望；若是姑娘拼命躲闪不让抓住，就表示拒绝。而且，他们的婚礼多在傍晚举行。婚礼仪式上，男女双双跪拜酋长，这时酋长用一条长项链把他们的脖子套在一起，表示结为夫妻。第二天早上，人们簇拥着新人到河边洗脸，并把鲜花撒入河中，祝福他们生活美满。永远幸福。

厄瓜多尔每年 11 月的前两天要过亡人节，类似中国的清明节。

七、圭亚那的礼仪

1. 圭亚那概况

圭亚那位于南美洲东北部，全称为"圭亚那共和国"，1966 年脱离英国独立。印第安语意为"多水之乡"。国民主要是印地安人和黑人，多信奉基督教、印度教和伊斯兰教。它是南美洲唯一以英语为官方语言的国家，也是大英国协成员国。圭亚那东邻苏里南，南临巴西，西邻委内瑞拉，北邻大西洋，同时与苏里南和委内瑞拉有国界争议。圭亚那虽地处南美洲，为南美洲国家联盟的成员国，但传统上及历史上与加勒比海诸岛的关系比较密切。

圭亚那面积 21.50 万平方千米。人口约 77 万，印度人后裔占 48%，黑人占 33%，混血种人、印第安人、华人、白人等占 18%。英语为官方语言。居民主要信奉基督教、印度教和伊斯兰教。首都乔治敦。

圭亚那是世界上森林覆盖率最高的国家，森林面积 16.4 万平方公里，占全国土地的 83%，有 1000 多个树种，全国森林覆盖率高达 97%。

圭经济以初级产品生产为主，铝矾土、蔗糖和大米为三大经济支柱。圭政府执行稳健的宏观经济政策和适度扩张的财政政策，加大对公共设施投入，并进行大规模糖业改造，经济稳中有升。2012 年国内生产总值：27.88 亿美元，人均国内生产总值：3596.4 美元，国内生产总值增长率：3.7%。

2. 圭亚那的生活礼俗

圭亚那民族众多，民俗亦丰富多彩。尽管各种民族长期生活在一起，相互之间在衣食住行等方面不可避免地发生了同化现象，但**不同的民族或多或少地还保留了各自的一些风俗习惯。**

◇ 服饰习俗

圭亚那地处热带，紧靠赤道，一年到头气温较高。因此，人们衣着比较简单，无须穿戴太多，且颜色多浅淡。西方的服装样式在圭亚那已广泛流行，尤其是在城镇地区。从整体来看，圭亚那人的服饰有两大特点：一是衣着比较随便，穿什么的都有，并不太讲究样式；二是各民族之间差别不大，衣着标准和款式逐渐趋同。平时走在乔治敦的大街上，人们可以看到，男人穿短衣、短裤、T恤衫，女人穿T恤衫、裙子或连衣裙，很普遍。由于天气炎热，所有人的衣着都比较宽松。但在正式场合，比如会见外宾、参加国际会议或其他重大活动，人们衣着都比较讲究。女人一般喜欢穿裙子；男人多穿西装，当然也有的人喜欢穿猎装，严肃中透着宽松。圭亚那前总统贾根等人喜欢穿西装，前总统伯纳姆和其他的一些领导人则喜欢穿猎装。**从1980年开始，圭亚那幼儿园、小学、中学等各类学校学生一般都穿统一的校服。**

当然，各民族都有人仍保留自己的服装样式。印度族妇女还有披缠由几米绸布做成的纱衣之习惯，但传统的印度人服装一般只有在宗教仪式上才穿。在农村地区，印度族妇女一般穿着简单的连衣裙，头部包一块浅颜色的头巾。男子一般穿裤子和宽松的白衬衫。在甘蔗种植园，老年职员穿土黄色或白色的衬衫、短裤和长袜，戴宽边帽子。劳动者可以穿短裤，但很少穿鞋袜，也有些人穿布鞋，因为方便。

内地印第安人的衣着已逐渐与主流社会的各民族成员趋同。但少数地处边远的印第安人，由于生活多处于封闭状态，仍保留了原始的服饰。他们无论男女一般在腰间缠挂围裙或遮羞布，穿凉鞋或光脚。**男人喜爱文身，用植物染料和动物油涂抹面部和身体，或戴羽毛头饰**。据说，文身后外出打猎会有好运。女人除喜欢涂抹各种染料外，还喜欢戴耳环、鼻环、项链、臂带等饰物。

◇ 饮食习俗

圭亚那盛产大米、鱼虾和各种各样的热带蔬菜和水果，大米自给有余，且大量出口。圭亚那人基本食品主要是淀粉类，以大米为主食，兼食其他五谷杂粮，其中包括玉米、黑眼豆、面粉、木薯、番薯等。副食有热带蔬菜、瓜果及海产品、禽蛋类、畜牧肉类等，饮咖啡或一些酒精饮料等，用甘蔗汁制作的朗姆酒深为人们喜爱。城乡之间、贫富之间、不同民族和不同宗教之间、内地和沿海之间的饮食内容和档次存在着不同程度的差别。印度教教徒和穆斯林传统的饮食禁忌逐渐被打破，印度人像其他民族成员一样饮酒，肉食也很随便。

内地印第安人实行自给自足经济，饮食主要来自当地农、林、牧、渔和狩猎产品，生活方式颇具特色。他们以大宗农产品木薯为主食，辅以其他薯类、蔬菜和水果，如香蕉、大蕉、鳄梨、菠萝及其他野果、蜂蜜、昆虫和爬行动物等。饮用由水果和其他发酵物制作的软饮料。印第安人食用的木薯有两种，一种是甜木薯，可以当蔬菜或水果食用；另一种是苦木薯，本身含氢氰酸等有毒物质，但淀粉含量高，须加工后方可食用。人们食用苦木薯时，首先将其去皮、摩擦成糊状，然后装入马塔皮（一种以芦苇为材料的细长管状形编织物），挤出带有毒性的汁液，将糊状木薯晒干、烤制面包（饼）等。汁液经加热处理后毒性消失，可制作卡萨里普（即木薯酱）；木薯面包加工发酵后可制成饮料派瓦里（即木薯酒）。

印第安人的一道名菜"胡椒罐"，即是把捕获的兔、鹿、野猪等野生动物肉类或鱼类放到一个陶罐里，添上水和各种作料，特别是大量胡椒以及卡萨里普，架在火上煨炖而成。此菜清香扑鼻、辛辣开胃，配以派瓦里酒是宴请宾朋的上等菜肴。胡椒罐中食物随吃随续，而且每天加热煮沸，保持食物鲜美不变质。据介绍，卡萨里普对食品有防腐保鲜作用，胡椒对人有防湿防病的功效。另外，印第安人普遍有抽吸或咀嚼烟草的习惯。

◇ 居住习俗

圭亚那人住宅的显著特点是木质结构建筑比较多，但因城乡而略有差异。乡村一般沿道路分布，规模有几百人或几千人，大小不等。**居民的住**

宅一般为土木结构，多以茅草、木材、泥土为主要建筑材料。有一些很典型的木质结构房屋，它不是建在地面上，而是建在几根木桩上，成为与地面有一定距离的高脚屋，房子外墙和屋顶多涂以白色油漆等。这样的房子通风、隔潮，还可以减少虫、兽的袭扰。在多数地区，房屋前后都辟有菜园，其产品主要供家庭消费。街道一般与排灌渠道相平行，有些房屋的进出需要靠小桥方可。在黑人村庄里，绝大多数房子不粉刷，屋里墙上用旧报纸或杂志裱糊一下，不太讲究。但在印度人村庄里却是另一种情况，绝大多数房子要粉刷干净，而且房子还经常维修，以便在宗教活动时接待客人。

在城镇如乔治敦、林登、新阿姆斯特丹等地，仍有许多木质结构的高脚屋，但钢筋水泥建筑显然较农村地区要多一些。乔治敦的房屋建筑多有英国风格，市内至今仍保留了许多 19 世纪维多利亚时代的建筑，如市政厅、议会大厦、总统府以及世界上最高的（44 米）木质建筑之一的圣乔治教堂等。新阿姆斯特丹的房屋建筑多有荷兰风格，城内仍存有许多荷兰殖民统治时期的建筑。林登是一座铝土工业城，自有"矿城"建筑风格，水泥房、木板房很普遍。在各个城镇中，民居住宅的结构、样式参差不齐，有高脚木板房屋，有砖石建筑，也有木板、铁皮、纸板等搭建的简易房屋，反映出人们不同的生活水准。

延伸阅读：

圭亚那的特色住宅

圭那亚的内地森林和草原地区的印第安人的住宅别有特色。居民点一般较小，仅几十口人。房屋基本形式是矩形的，屋顶多为茅草或树叶，有的屋顶为刷过沥青的木板；也有一些房屋是圆锥形的，直径可达 15 米。一个房子一般住一户人家。屋内有简单家具，如用来坐的圆木、雕有花纹图案的长木凳，用来休息和睡觉的吊床等。其他工具一般都悬挂在房屋的梁、柱上。在房屋附近种植一些供制作吊床用的木棉、供制作弓弦和吊床绳子用的龙舌兰、供制作箭杆用的弓木以及供文身和画脸用的颜料植物胭脂树等。

3. 圭亚那的节庆礼仪

圭亚那民族、宗教繁多，节日随之亦多，一年到头总有节庆活动。元旦（1月1日）、劳动节（5月1日）、圣诞节（12月25日）是国际性节日。除此而外还有本民族的好多特色节日。

◇ 共和国日（2月23日）

又称"马什拉马尼"简称"马什"。"马什拉马尼"源出印第安语，意为"工作成功之后的欢庆"。1970年2月23日圭亚那成立圭亚那合作共和国。**为纪念共和国诞生，政府将这一天定为共和国日，每年举行大型庆祝活动。**庆祝活动的名称叫"马什拉马尼"，类似欧美国家狂欢节，是圭亚那所有庆祝活动中最为隆重和丰富多彩的节日。活动包括场面盛大的服装展示、彩车游行、化装乐队表演、伴随着钢鼓音乐和民间小调的街头舞蹈、杂技、高跷舞、化装舞蹈等，具有纵情狂欢的特征。其规模宏大，热闹非凡，每年此日万人空巷。民间小调的比赛加上妙语连珠的社会评论是"马什拉马尼"的另一个组成部分。特定年份的庆祝活动在扮演的"国王"或者"王后"的加冕典礼中达到高潮。圭亚那选择2月23日成立共和国，是为了纪念1763年2月23日科菲领导的黑人奴隶起义这一重要历史事件。

◇ 好利节（公历3月21日或22日）

即颇勒窦拿月望日，又音译胡里节或意译洒红节等，是印度教的宗教节日，意在庆祝善美战胜邪恶、真理战胜不公正和黑暗。同时，庆祝大地母亲的苏醒和丰腴，标志着印度历新年的开始和春天的到来。据印度教传说，古代有个国王叫基兰尼亚，暴虐无道，百姓深受其苦。国王的儿子普拉哈拉德王子决定为民除害，下令将其活活烧死。印度教徒为庆祝和纪念这一事件，每年举行活动。3月21日或22日的前一个周五晚上，人们走出家门载歌载舞，象征性地焚烧"好利卡"等物。**节日早晨，印度教徒前往教堂做祷告，祈求新的一年平安与兴旺。**之后，印度人家庭成员、亲戚朋友、街坊邻居等身着白色服装，成群结队涌上街头尽情欢乐。大家不分男女老幼、尊卑贵贱，互相泼洒、涂抹象征暴虐无道的国王基兰尼亚鲜血的红色液体、红色染料以及香水或自来水等物，同时送上真挚的祝福。届时，还有专业歌手高唱赞美印度教中克里希纳和普拉哈拉德等英雄人物的颂歌。节庆活动进入高潮时，街上人集如云，笑声如潮。大花脸者、衣着斑斓者、身如雨淋者比比皆是，无论印度教徒还是非印度教徒都会沉浸在这种有趣、善意和愉快的狂欢之中。节日当天，人们还要走家串户互致问候，共话家常。印度人家中特备节日甜肉等食品招待来访的亲朋好友。1965 年政府将好利节规定为全国公众节日。

◇ 复活节（在 3、4 月间）

它是基督教的重大节日，纪念耶稣基督在十字架上受刑死后第三日复活。圭亚那复活节一般于节前一周开始，于复活节后的星期一结束。具体日期要根据基督教历而定，但是一般紧随四旬节。耶稣受难日的当天，商店停业，影院关门，这是圭亚那一年中最庄重和肃穆的日子之一。绝大多数的基督教家庭吃事先准备好的"十字形面包"并去教堂做礼拜。**复活节后的星期日和星期一各种娱乐活动开始，人们倾家出动去进行全天的踏青、野餐活动，其中包括放风筝等，寓意耶稣复活升入天堂和热烈庆祝。**届时，天空飞满数以百计的五颜六色和形状各异的风筝，并且伴随着阵阵的嗡鸣声，真是别有一番情趣。放风筝活动一般在复活节前几天即已开始。对所有参加人来讲，如果拥有一个飞得最高、鸣响声音最大的好风筝，那将是一件荣耀至极的大事。但也有一些调皮的孩子为了搞笑，竟在自己风筝的尾部装上剃刀片。当他们的风筝飞向空中时，尾巴不停晃动以至于将邻近的风筝线给割断，使其坠落或随风飘去。孩子们这样做尽管有些恶作剧，但总归还是人们可以接受的一种逗乐方式。乔治敦市民放风筝一般都在海堤上，那里风大而且空中没有障碍物。耶稣受难日和复活节均为圭亚那公众节假日。

◇ 古尔邦节（公历 3、4 月间）

它是伊斯兰教的主要节日之一，又称"宰牲节"、"忠孝节"等，即伊斯兰教历太阴年 12 月 10 日。"古尔邦"为阿拉伯语 **Qurban** 的音译，意为"牺牲、献身"。每逢此节，穆斯林沐浴盛装，到清真寺集合做礼拜，并宰杀牛、羊等作为献祭和待客、馈赠之用，以此纪念先知亚伯拉罕亦称伊卜拉欣，对安拉的忠诚。**宰牲献祭起源于古代阿拉伯宗教传说。**亚伯拉罕夜梦安拉，安拉命他宰杀亲生儿子伊斯玛仪勒献祭，以考验他的忠诚。当亚伯拉罕遵命执行时，安拉又命以羊代替，此后形成习俗，并为伊斯兰教所沿袭下来。

◇ 独立日（5 月 26 日）

它是为纪念圭亚那国家独立而设。19 世纪初圭亚那沦为英国殖民地，称英属圭亚那。1966 年 5 月 26 日，它摆脱英国殖民统治，宣布独立，恢复原称圭亚那。

◇ 加勒比日（7 月的第一个星期一）

又称加勒比共同体日，为纪念有关成立加勒比共同体和共同市场而签订的"查瓜拉马斯条约"而设立。1973 年 4 月，在圭亚那首都乔治敦举行的第 8 届英联邦加勒比地区政府首脑会议上，决定成立地区一体化组织加勒比共同体和共同市场（简称加勒比共同体），取代 1965 年成立的加勒比自由贸易协会。1973 年 7 月 4 日，圭亚那、巴巴多斯、牙买加、特立尼达和多巴哥四国总理在特立尼达和多巴哥签订"查瓜拉马斯条约"，8 月 1 日加勒比共同体正式成立。翌年伯利兹等八国也签约加入。秘书处设在圭亚那首都乔治敦。共同体首脑或外长会议多在此召开。

◇ 自由日（8 月的第一个星期一）

自由日又称"解放日"，为纪念历史上黑人奴隶获得自由而设立。圭亚那的黑人最初是作为奴隶被欧洲殖民者从非洲贩运而来的。经过长期的反抗和斗争，英国殖民当局于 1833 年 8 月通过"在整个英属殖民地废除奴隶制"的法案。法案于 1834 年 8 月 1 日正式生效。所有黑人奴隶经过四年的见习期，至 1838 年 8 月 1 日在法律上均成为自由人。

◇ 灯节（公历 10 月或 11 月）

它是印度教最有色彩的节日之一，是纪念和祝贺印度教中重要神灵之一的罗摩结束流浪生活与恢复王位的节日。故事在印度史诗《罗摩衍那》中有详细描述。传说王室宗人罗摩遭人暗算失去王储身份，携妻子悉多和异母之弟罗什曼那一起退居森林，度过 14 年的流浪生活。其间，罗摩战胜包括曾抢走他妻子悉多的罗波那在内的许多恶魔，最终返国，回到热爱他的人民中间。是百姓因为罗摩归来非常高兴并隆重迎接他。因时值傍晚，故家家户户点燃灯火为罗摩引路，从此传为佳话。之后每年这一天人们都要掌灯庆祝，遂形成节日。具体日期视月亮变化而定，一般在 10 月或 11 月。届时，印度教徒把房间犄角旮旯打扫得干干净净，悬挂新的窗帘，并准备好美苔、哈尔瓦以及其他特别的节日食品，房前屋后用许多迪雅（陶制的油灯）摆成美丽的图案。节日晚上家家户户灯火通明，公共建筑彩灯闪烁。印度教徒通常前往教堂做祈祷，其他人喜欢外出散步、观灯赏景。节日期间，首都乔治敦常常举行灯车游行和比赛活动等。

4. 圭亚那的婚姻礼俗

圭亚那家庭实行一夫一妻制。据当地生活习惯，人们一般实行早婚，婚姻形式分为法律婚姻和习惯法婚姻。**不同民族在婚姻和家庭生活方面略有差异。**

习惯法婚姻虽背离国家规范，然而人们可以接受，也不会受到非议。社会对非婚生子没有歧视现象。尽管父母想方设法避免年轻女子与异性接触，但女子在建立固定家庭之前生有一个或两个孩子的事情是很平常的。女子未婚先孕后时常受到父母的谴责甚至被逐出家门。可是，一旦发生这种情况，女方只好向亲朋好友或使其怀孕的男方家庭求助。然而，随着时间的推移，到婴儿出生前后，女方通常会被父母宽恕并可以返回父母家里。婚前所生子女一般送到女方母亲家中抚养，母亲因抚养责任而赢得威望。女方可以继续与致其怀孕的男方保持联系，一起建立家庭，最终在几年后与男方结婚。当然，也有的男女双方相互分离另找心仪之人，最终到30 岁甚至 40 岁结婚成家。

女子婚后可以继续与父母生活在一起，直到夫妇俩决定另立家庭为止。但是，在许多情况下，由于男人离开本地区寻找就业机会，双方关系发生破裂，孩子通常留给女方。一旦女方决定建立家庭或另嫁他人，她们可以将孩子带走或留给父母。

圭亚那宪法规定男女一律平等，任何以性别为基础的歧视妇女的现象

都是非法的。**但是，在实际生活中大男子主义现象还是存在的**。在印度人的家庭中，家长一般都是男子，只有寡妇或离异妇女可以充任一家之长。虽然妇女可以管理家庭的经济和财产，但妇女做一家之长则多有不便。比如妇女在正宗的穆斯林的宗教协会中没有发言权，也不能进寺做祷告；在印度教中某些宗教仪式只有男人才可以主持。由此可见妇女所处地位的低下。

◇ 圭亚那印度人的婚俗

印度人男子的结婚年龄为 20～25 岁，女子为 16～18 岁。女儿过了 15 岁生日，儿子到了将近 20 岁时，父母就开始为他们物色对象。初婚对象一般都到外村去找。再婚则可以选择同村的伙伴。未婚先育的现象在印度人中是很少见的。父母出于为子女的前途考虑，希望婚姻要门当户对，但现在子女择偶的自主因素日益增强。如果父母拒不同意子女的选择，那么，年轻恋人可能会私奔，通过短期的同居迫使父母同意。尽管如此，但一般认为，安排子女的婚姻仍是父母的一项重要责任，旨在避免婚姻双方出现社会地位过于悬殊的现象。

作为印度教徒，结婚可以有四种选择形式：一是举行正统的或改革的印度教仪式成婚；二是通过法律结婚并举行宗教仪式；三是通过法律结婚不举行宗教仪式；四是按习惯法结婚不公开庆祝。但无论印度教徒还是穆斯林，初婚习惯上都要有宗教仪式。不过，婚姻的首选是不经过法律的，因为这样的结合一旦不满意便于结束双方关系。印度教视结婚为年轻人向成年人转变的一个重要的过渡仪式，同时又是一个印度教徒家庭显示其社会威望的必要机会，也是父母诸多重大责任中最能释放光彩的一项。所以印度教徒对子女的婚礼安排得非常精心，除了有公共仪式外，还有任何人都可以参加的喜宴。穆斯林对子女的婚礼也有类似看法，但举办婚礼的精心程度则要较印度教徒略差一些。印度族妇女很少有和外族人结婚的情况。尽管印度教禁止寡妇再婚，但寡妇与黑人组织家庭的现象也不少。这些习惯法婚姻后来也被基督教予以合法化，印度人社团通常也逐渐予以承认。

印度人家庭观念比较强，喜欢多代同堂的大家庭。在家庭生活中，男人要担负供养妻子和儿女的责任。但在多数情况下，儿子结婚后仍和父母居住在一起，或者居住在距离父母家不远的地方。这样，家庭生活可以互相照应，又可解决农业生产中的劳动力问题。特别是在印度人文化习惯中，父母不仅有抚养子女的责任，而且还有指导新婚夫妇生活的责任。然而，年轻的夫妇与父母一起生活6~7年后，总会逐渐地离开父母，最终建立自己的小家庭。如果新娘没有兄弟或姊妹，而新郎家里又太穷，不能提供可继承的财产，那么，新婚夫妇也可住到女方的父母家里。

◇ 圭亚那黑人的婚俗

在任何时期，黑人社区的家庭类型都是多种多样的，其中有包括一对夫妇和其子女组成的一夫一妻的核心家庭，也有包括祖父母、父母、孙辈和其他亲属组成的延伸大家庭。黑人家庭由于男子经常不在家，一般以母亲为中心。女子结婚后，如果丈夫长期出门在外工作或没能力另立门户，妻子将留在母亲家中生活。**在农村，黑人三代同堂的家庭中，常常由女人担任家长，主持家务。**

黑人女孩子结婚年龄平均25岁，男子稍大一些。与印度人形成鲜明对照的是，黑人喜欢从本社团中择偶。但是，暂时的结合也可以从相邻的社团中物色对象。男子结婚后一般都要远离父母，此举并非是选择而是必需，因为当地一般就业机会较少，男子必须移往城镇或内地安家和寻找工作。但最终农村的黑人还会回到父母所在的村庄。黑人似乎接受一种相互矛盾的价值观念，一方面他们视一夫一妻的基督教家庭为完美的典范，但另一方面他们又接受许多形式的非正常的婚姻。像在绝大多数的社会中发生的情况一样，黑人中产阶级对乱婚现象是不满的。他们的价值观念似乎还是紧跟社会的发展，所以，近些年来社会上的倾向是要正经地结婚，避免非婚子女的产生。

◇ 圭亚那印第安人的婚俗

印第安人作为一个远离主流社会的民族，其居民区一般规模不大，由首领（酋长）根据本集团年长者的建议、忠告进行管理。各个印第安人集团内部关系松散，仅仅靠婚姻和语言维系在一起。婚姻、生育和家庭组成自有其特别之处。印第安人一般是一夫一妻制，但也可以多妻，主要是酋长。一是显示其尊严，婚姻方面与众不同；二是酋长有时必须招待客人，需要有足够的劳动力提供更多的食物。印第安人结婚后，夫妇通常居住在新娘家。在印第安人社团中几乎没有寡妇或老处女，因为印第安人在承认一夫一妻制的同时，也接受多妻（多夫）制。婚后，由于缺乏避孕知识和工具，有些民族，如鲁普努尼草原地区的马库西族和瓦皮夏纳族平均每户有7个孩子。

有的民族孕妇临产时，一般独自一人或由人陪同到野外森林或草原中将孩子生下来，而后返回家中。印第安人中至今还流行"男子坐褥"习俗。妻子生产后继续日常劳作，而丈夫则必须卧床休息，停止一切工作，甚至还必须忌口，不能吃肉和某些食物，一直到新生儿脐带干掉为止。婴儿出生第九天，所有亲朋好友聚在一起，喝派瓦里酒庆贺一番。印第安人不喜欢双胞胎，认为双胞胎与某种邪恶神灵有联系，属不祥之兆，需要谨慎行事。如果产妇生下孩子几天后死亡，那么，婴儿则要和母亲一起埋掉，否则于全家不吉利。当然，随着医疗卫生设施的发展，这些婚姻、生育习俗也在不断发生变化。

> **礼仪习俗** 圭亚那的华人、葡萄牙人及其他欧洲人等都有自己的择偶标准和婚姻仪式。华人等东方民族后裔的婚姻方式已西方化。除婚姻自主、自由之外，结婚仪式亦趋同，如到教堂举行典礼等。随着社会的不断发展，各民族之间通婚的现象日益增多。因此，圭亚那的混血种人占有相当高的比重。

八、苏里南的礼仪

1. 苏里南概况

苏里南位于南美洲北部，全称苏里南共和国。面积16.38万平方千米，北濒大西洋，地势南高北低，境内大部分为丘陵和低高原，沿海为沼泽和低地。苏里南约有人口43万，其中克里奥尔人、印度斯坦人占大多数，其次为印度尼西亚人、丛林黑人、印第安人、华人、荷兰人等。官方语言为荷兰语，通用苏里南语。在宗教方面，基督教新教、天主教、伊斯兰教为三大宗教，信奉者约占全国人口的85%左右。首都帕拉马里博为全国政治、经济、文化中心和主要贸易港口。

苏里南接近赤道，属热带雨林气候，雨量充沛，日照充足，适宜农作物生长。

苏里南国土面积不大，但资源较为丰富。矿产主要有铝土、石油、铁、锰、铜、镍、铂、黄金等，其中铝土储量约4.9亿吨，居世界各国前列。水力资源也较为丰富，内河航线长达1500千米。森林覆盖率约80%。

苏里南的工业有炼铝、蔗糖、榨油、稻谷加工、木材加工和食品加工等行业，其中以铝矿业和加工制造业为主，其中铝土产量居世界前列。

苏里南重视发展农业，机械化程度较高，加上自然条件较好，粮食自给有余，大米连年出口。主要农作物有水稻、甘蔗、香蕉、咖啡、可町等。

延伸阅读：

苏里南的国旗、国徽与国歌

国旗：呈长方形，长与宽之比为3∶2。旗面自上而下由绿、白、红、白、绿五个平行长条组成，红、绿、白条的宽度之比为4∶2∶1。旗面中央有一颗黄色五角星，象征民族的团结和光明的前途；绿色代表丰富的自然资源和肥沃的土地，也象征人民对新苏里南的期望；白色象征正义和自由；红色象征热情和进步，也表示为祖国献出全部力量的愿望。

国徽：中央图案为椭圆形盾徽，中间为一个绿色菱形，内有一颗黄色五角星；绿色代表美好的希望，五角星象征光明的未来。椭圆形左半部为航行于海上的帆船，象征该国的贸易往来；右半部为生长在绿地上的棕榈树，代表该国的农业，也象征大地和生命。椭圆形两侧各有一位美洲印第安人，底端的绶带上用苏里南文写着"正义、虔诚、忠贞"。

国歌：为《上帝与苏里南同在》。

2. 苏里南的生活礼俗

苏里南是一个多民族国家，它的民俗具有多样性。但随着社会的不断发展和民族之间的不断融合，各民族的风俗习惯既有独立性又有趋同性。

◇ 服饰习俗

由于苏里南地处热带，人们的衣着、服饰一般比较简单。无论是哪个民族，也不管是男女老少，衣着都具有为颜色浅、质地薄、尺码大等特点，旨在减少对光和热量的吸收，宽松透气，穿戴方便。所以，在城镇除了正式场合外，男人穿短袖衬衫、T 恤衫、长裤或短裤、凉鞋等很普遍。妇女穿短袖衬衫、短裙子或连衣裙、无袖裙、吊带裙等，但一般都喜欢戴帽子或裹头巾。帽子或头巾在当地可以起到防晒的作用，同时也是一种装饰。当然，不同的民族，在服装方面存在一定的差别。然而，**除了宗教信仰方面的特殊服饰外，各民族成员之间的衣着日益趋同，相差不大，特别是青年一代**。例如，年长的华人在着装上还有些恋旧，但年轻人越来越与其他民族一体化：他们和其他民族成员上同样的学校，或做同样的工作，同样积极地参加体育活动，使用同样的化妆品和穿着同样的服装。

但是，在国家（或宗教）节日庆典、政府活动或外交场合，人们的衣着是很讲究的，出席人员西装革履，或穿着节日盛装。特别是妇女浑身上下珠光宝气、熠熠生辉。在农村，农民下地生产劳动时衣着比较随便，穿长衣长裤的或短衣短裤的、着 T 恤衫甚至光膀子的情况应有尽有。妇女多着长衣长裤，亦喜欢戴帽子、围头巾，尽量避免阳光直射。

苏里南的印度妇女和在原籍一样，喜欢披纱衣、裹头巾，仅露出脸部。鼻饰、脚环、手镯、项链、耳环、戒指等是她们非常普遍佩戴的装饰品。男人一般穿着欧式服装，但有的老年人还保留穿印度传统服装的习惯。印度尼西亚人男性服装已欧化，但仍喜欢戴一顶圆筒形的饰有流苏的无沿毡帽；女性一般都穿欧式的连衣裙或衬衫配长裙子。另有许多妇女在特定的场合仍喜欢穿爪哇莎笼装（即一块长条布将身体从上到下缠裹起来，像一件长裙子，中间束一根腰带），上身穿一件宽大的像罩衫一样的外套，肩膀上扎一条白色的长披巾。长披巾有时也用来背孩子。爪哇妇女生过孩子后，为了保持身材苗条往往用布将腹部、腰部从上到下紧紧缠绕，实际上等于又多了一层穿着。生活在内地热带丛林中的印第安人和丛林黑人，穿戴一般简单、原始，但也有特殊的民族服饰。例如，印第安人喜欢在脸上、身上涂抹红颜色；男男女女的腰间束一块围裙似的遮羞布权作服装，喜欢披戴珠子或用种子做成的长项链；在腿、臂上系各种各样的果核链、动物牙齿链、彩色石子链或细小的彩色带子等。男人有时还在头、臂、腿等处扎捆带子，插上羽毛、竹片、鞘翅、树叶等饰物，遮羞布和臂、腿带子一般用棉花或其他纤维织成。现在由于和外界的联系越来越多，印第安人装饰品中的石子、种子、牙齿等已为玻璃珠子、塑料珠子等所代替。

苏里南的丛林黑人的儿童多赤身裸体，进入青春期后才穿上"卡米萨"，即一块大的系在腰间的布片。女青年结婚后穿一件裙子再扎一条珠子腰带，取代在此之前束的一块围裙。丛林黑人无论老幼，都喜欢披戴各种各样的由巫医根据流传很久的秘诀制作的护身符。其中"特别有价值"的是一个很粗的绳套，叫"生命之绳"，即一根两头有流苏的短绳，扎成一个环状，每天套在脖子上。现在，靠近城镇和沿海地区的印第安人和丛林黑人服装已经发生变化，与其他民族成员基本相似。尤其在他们进城去办事时，一般都会穿上长衣长裤、连衣裙等样式的服装。

苏里南的克里奥尔男子服装一般都是欧洲样式的。妇女的服饰则保留了本民族特色。在平时或节日，妇女最喜欢穿的服装是一件传统的名叫"科托—米赛"长袍式连衣裙，配上一条缠裹样式多变的大头巾。连衣裙料子一般为家织的印花棉布，肥松宽大，腰处有一大褶边儿，在背部有一衬垫。这种长袍式的连衣裙和大头巾都是奴隶制时期流传下来的女式服装。据介绍，连衣裙原是摩拉维亚传教士的教衣，随着传教士进入苏里南后，被奴隶主选来作为掩饰女性身体外形的标准奴隶服装。奴隶制废除后，这种服装经过改造、加工沿用至今。

延伸阅读：

克里奥尔头巾花样多

克里奥尔妇女的头巾缠裹样式很有讲究，缠裹种类可达百种以上。不同的样式有不同的含义。熟谙世故的人一看头巾样式，即知头巾的主人是生气、烦恼、友好、愉悦，还是调情、求爱等。例如，有一种缠裹样式是头巾的角儿松散地耷拉在脑后边，寓意"烦恼"。它表示头巾的主人心情不好，脾气很坏，千万不要招惹她。还有一种样式叫作"在墙角处等我"，它向人们传递一种调情的信号，喜欢和人们交往，等等。据苏里南民间传说，当初女奴隶不允许相互讲话，不允许穿自己喜欢的衣服。奴隶们无奈，只好一年到头穿一件长袍式的连衣裙。奴隶主不允许她们讲话，而实际上她们又不可能终年不讲话。于是她们渐渐约定俗成，用变换头巾样式来表达不同的思想感情。久而久之，头巾遂演变成为她们相互交流情感的工具，样式也越来越多。现在虽然时过境迁，但这种穿戴习俗仍然保留了下来。连衣裙的花纹、图案及款式也有所增加和翻新，头巾样式也更具有想象力。

◇ 饮食习俗

苏里南农、牧、渔业产品多种多样。大米、豆类、薯类等粮食作物以及热带蔬菜、水果和畜肉、禽肉、鱼类在人们的日常饮食中发挥着重要作用。**各民族成员在饮食方面除了宗教原因外，其他差别不大。**

帕尔博是当地生产的一种啤酒，味道好而且价格比进口的要便宜，是人们常用的饮料。但最流行的饮料是用甘蔗榨汁发酵制成的一种朗姆酒。不过，各民族均有自己的所爱。城市中一些居民有吃西餐、饮咖啡等习惯。农村的居民饮食随便，因地因人而异。

克里奥尔人喜欢吃烤大蕉或水煮的大蕉，以及香甜可口的混有大米、秋葵、豌豆、鱼肉、畜肉或鸡肉的炖饭。在他们的菜系中，木薯、山芋、车前草、鸡肉、对虾、鱼等都很有名。印度人和爪哇人的饮食同原籍很相似，一般都喜欢吃大米。

"箩提"（即含有咖喱、蔬菜和鸡肉的煎饼）、"弗劳里"（即炒小豌豆）是印度人的特色食品。爪哇人家庭观念很强，很重视团圆饭。但有时成员因工作或其他事情并不能在一起吃饭，所以，白天的饭菜（主要是米饭），清早做好之后放在厨房一个方便的架子上。家庭成员无论谁饿了，自己取食即可。

爪哇人的饭菜讲究色、香、味。在首都帕拉马里博，凭着巨大的圆顶清真寺和印度尼西亚式的食物美味儿，人们就可以判断出爪哇人的居住区。绝大多数爪哇人的饭店都供应一道名叫"里斯塔费尔"的饭菜，很招人喜欢。它包括煮熟的米饭，配上10多种色彩鲜艳的蔬菜，菜里有拌过作料的肉片和扑鼻香气的花生油。对胃口小的人来讲，在一些很便宜的但十分热闹的摊点上，爪畦人的一盘酷辣的"纳西·戈伦"（即炒米饭）或一盘酷辣的"巴米"（即鸡肉面条）就足以饱餐一顿了。华人的菜肴种类也很多，而且颇为有名气。外人评价是"丰富好吃，物有所值"。

在印第安人的饮食中，木薯占有重要地位，其次还有山芋、山药、玉米、番椒等。木薯分苦、甜两种，苦的含氢氰酸，有毒性，但淀粉含量高。印第安人食用苦木薯时，首先将木薯摩擦成糊状，再装入用芦苇或其他草类编织的筒状袋子"马塔皮"里，将其中毒液挤出、晒干；之后压成木薯粉，用来烙饼、做汤，吃法很多。挤出的苦木薯汁可以用来酿造饮料等。使用苦木薯汁酿造的酒被当地人称为"皮瓦里"，是印第安人平时或聚会时最喜爱的饮料，须喝上1—2加仑才能使人发醉。甜木薯一般毒性较小，经过加热后，其毒性自然消失，煮熟当菜食用而不是用来做糕饼。猎物、鱼类、畜牧业是印第安人肉类的重要来源。

◇ 居住习俗

无论在城镇还是农村，苏里南人的住房大部分都是高脚（立柱）木质结构，砖石结构的少。因为苏里南森林资源极为丰富，木材极易获得。另外，天气炎热潮湿，房屋建筑还要考虑通风避暑等因素。城镇多两层或三四层的木结构楼房，屋顶为木板，呈两面斜坡；房墙和房柱均为木质。屋顶和外墙一般涂以各种颜色的油漆，掩映在高大的棕榈树之间，美丽壮观。房子最下层由立柱撑起，一般为库房，供存放车辆或家具等；第二层以上住人或办公。每栋房子至少有一个小院子，许多人家既有前院子又有后院子。这是因为苏里南人少地多。苏里南国土面积是荷兰的4倍，但人口却只有阿姆斯特丹市人口的一半多，建房用地不成问题。居民房子的档次高低则视住户经济状况而定，贫穷居民的房子比较简陋一些。在帕拉马里博等城市，还有一些十八九世纪的荷兰等欧式建筑。

农村的房子较城镇的档次一般要低一些，亦多为木质结构。在森林附近的甘蔗和稻米田地旁边，爪哇人盖起一座座"卡姆蓬"（即房子），一般为木质结构，房顶为编织精美的一长溜一长溜的棕榈叶等物所覆盖，可隔热、防雨，简易而实用。

苏里南丛林黑人也是以简易的茅草木板房屋为居所。在热带丛林深处，他们先辟出一块空地，然后用木板、棕榈叶、茅草等为原料在空地上面搭建各种住房，"A"形茅寮乃是其中流行最为普遍的一种。这种房子正面看很像英文字母"A"。房子两侧没有屋墙，屋顶为木板，呈两面斜坡一直连接地面，上面一般铺以茅草、树叶等物，以防晒隔热。房子山墙为正面，以木板或苇席封上，中间开有一扇门供人出入。房子虽然简陋，但门面、门框及门周围的板墙上往往雕刻着粗犷质朴、形状各异的几何图形或动物图案等。在房子外边，人们用几根木棍支个架子，上面系一条白布，像一面小旗子似的，即成为供奉神物的处所，用以祭祀和避邪。由于身处丛林的原因，所有房子排列均不规则，只是因地制宜。在丛林黑人的村庄中，小茅屋可谓星罗棋布。但有一点是共同的，人们在房前高大的树荫下都要留出一块清扫干净的空地来。房子内部大都没有像样的家具和设备，人们席地而坐。门旁木板墙上钉有架子，上面可以摆放锅碗瓢盆等物。丛林黑人的作物耕地一般距村子较远，所以人们还习惯在耕地旁边修建一些临时的茅屋供栖息之用。

内地印第安人的住房多为木架茅屋，屋内家具简单，有吊床、板凳、木桌以及用藤条或芦苇编织的箩筐、提包、筛子、扇子等。吊床是用纤维或棉纱织成的，上面还有作为装饰的各种图案，是印第安人最喜欢的坐卧或睡眠的家具，既舒适又适用，比睡在潮湿的地上或烘架式的木头床上要好得多。

礼仪提醒

丛林黑人擅长在船桨、打衣棒、连枷、托盘、桌面、凳面、梳子、葫芦等家具上进行雕刻。产品既有美学价值又有实用价值，很受欢迎。城镇的商人时常乘船溯河而上，前往丛林黑人村寨订购各种木质家具回城销售。

9. 苏里南的节庆礼仪

苏里南的节日很多，就其性质来讲，有的属于政治性的，有的属于宗教性的，有的属于民族传说性的。就其规模范围来讲，有的属于全国公众性的，有的属于某个民族内部性的。现在，将其主要的公众节日按月份列举如下。

新年（1 月 1 日），苏里南法定的公众节日，全国放假一天。

开斋节（在公历 1 月、2 月或 11 月份），又称"尔德·菲土尔"，伊斯兰教主要节日之一。

伊斯兰教规定，穆斯林每年在伊斯兰教历太阴年 9 月戒斋一个月，即阿拉伯语的"莱麦丹"，俗称"斋月"。斋月最后一天看月，见月后的次日，即伊斯兰教历太阴年 10 月 1 日，为开斋节。当日穆斯林沐浴盛装，到清真寺集合做礼拜，互相祝贺，亲朋好友盛宴聚会。1970 年政府将开斋节法定为全国公众节日。

复活节（一般在公历 3、4 月份），是基督教的重大节日，纪念耶稣基督在十字架上受刑死后第三日复活。节日一般为 4 天，具体日期要根据基督教历而定，但是一般紧随四旬节。耶稣受难日的当天，商店停业，影院关门，绝大多数的基督教家庭前去教堂做礼拜。复活节后的星期日和星期一各种娱乐活动开始，人们倾家出动去野外踏青、野餐，其中一项重要内容是放风筝，寓意为庆祝耶稣复活升入天堂。耶稣受难日和复活节均为苏里南公众节日。

劳动节（5 月 1 日），国际劳动节，政府法定的公众节日。

国家团结日（National Union Day，亦称解放日 Emancipation Day，7 月 1 日）苏里南历史上长期遭受英国、荷兰等殖民统治。殖民当局曾实行奴隶制，从非洲贩入大量黑人奴隶充当种植园的劳动力。1863 年 7 月 1 日，经过黑人奴隶、社会各界以及国际社会的斗争和努力，荷兰作为欧洲列强，最后一个宣布废除其殖民地的奴隶制。从此黑人奴隶获得解放成为自由人。7 月 1 日被苏里南法定为国家节日，称"解放日"。考虑到国内多民族因素，又将此节日改称为"自由与人权日"（Day of Freedom and Human

Rights）。后又称为"国家团结日"。

独立日（11月25日），1975年11月25日，苏里南摆脱荷兰殖民统治，宣布独立并成立共和国。**这一天被政府法定为国家公众节日，亦称"独立纪念日"。**

圣诞节（12月25日～26日），节日来临时，人们通常要对房间进行清扫、整理和装饰一番。大街上张灯结彩。商店里摆上圣诞老人、圣诞树等。在节日期间，父母带着孩子到街上赏景，到商店里观看圣诞老人，所到之处孩子们通常还可以得到一份小小的礼物。庆祝活动还包括许多聚会、舞会。**教堂还要举行礼拜活动，基督教信仰者前往参加祈祷。**其他人不管是什么宗教信仰者，也都庆贺这一节日，届时，人们和睦与快乐的感情超越一切民族、宗教和社会的屏障。

节礼日（12月26日，即圣诞节第二天），原为英国法定假日，现为苏里南法定公众节日。按英国俗例，这一天向邮递员等赠送"节礼"，故称"节礼日"。苏里南早期曾为英国殖民地，受其文化传统的影响沿用此习俗。

4. 苏里南的婚姻礼俗

男婚女嫁是各个民族都很重视的事情，但婚姻形式因民族不同稍有差异。克里奥尔人的婚姻一般都为欧式的，结婚一般上教堂举行仪式。**皈依基督教、天主教的华人、印度人、爪哇人等亚洲人也接受了欧式婚姻仪式。但许多华人仍喜欢东方式婚礼仪式。**华人好客，举行婚礼时要大摆酒席，宴请亲朋好友。往往一家的婚礼，几乎半个村的华人都前来赴宴，当然也欢迎其他民族成员前来做客，并且专门为他们设席。华人如果和克里奥尔人结婚，自然要举行西式婚礼。印度人的婚礼也很隆重，其中包括在新娘父母家和新郎父母家分别举行的盛大婚宴。所有街坊邻居都会前来参加。穆斯林和印度教徒之间由于宗教习惯不同，通婚者为数不多。但印度人穆斯林和基督教徒的克里奥尔人结婚现在已经不是罕见的事情了。

爪哇人的婚姻很有特色。过去，爪哇人的首婚一般都由父母做主、安排。新郎和新娘在举行婚礼之前是不允许见面的。但随着社会的发展，人们的观念也在不断地发生变化。20世纪六七十年代以来，包办婚姻受到青年人的强烈反对。随之，婚姻双方只要一方有了意中人，婚姻即可解除。爪哇人穆斯林对离婚之事已是司空见惯而且不再皱眉摇头了。所以，爪哇人离婚率高，结婚率也高。

爪哇人的婚礼安排是极其精心的。婚礼包括一个传统的"斯拉默坦"，即家庭祈祷会。主人邀请亲朋好友前来一起做祈祷，首先摆上几十种菜肴祭祀神灵世界，然后所有人都面对神灵做祷告，展示家族的团结。**对爪哇人穆斯林来讲，他们敬奉的这些神灵与安拉和穆罕默德是一样重要的。**祈祷会后另择一天，主人邀请一位优秀文雅的爪哇舞女，表演一些很具特色的舞蹈片段，内容是有关古代国王和王后的故事以及一些宗教传说等。舞蹈通常用一种带有金属声的名叫"加默朗"的木琴伴奏，显得极为优美、高雅、庄重。在爪哇人的婚礼仪式中，有一些活动仅限于家庭，另有一些活动仅限于男人，也有一些活动，如传统的"哇扬"木偶戏，则是对全村居民都开放的。现在，华人和印度人甚至也可以参加爪哇人的婚礼。

20世纪中期以前，丛林黑人一夫多妻制不仅是允许的，而且是一个普遍流行的规则。但是，丛林黑人实行强有力的异族通婚法律，并有完全的司法程序，对违者可以进行严厉的肉刑或其他惩罚。丛林黑人求爱和结婚者需要双方经过长时间的谈判和交换礼物之后才可以进行。男方必须经过一番真正的努力之后才可获得意中人的同意，即使是在结婚之后，男方还要尽许多诸如照顾家庭、妻子怀孕期间给予精心看护等义务。现在，丛林黑人的婚姻情况或多或少地也发生了一些变化。

印第安人婚姻习俗颇多，不同部族也不尽相同。这里仅简单介绍一下加勒比族印第安人的婚俗。加勒比族印第安人有雪茄联姻的习俗。如一位小伙子爱上一位姑娘后，先征得父母同意，然后由父亲携带自制的精美雪茄，选择良辰吉日登门拜访姑娘的父亲，表示求亲之诚意。如姑娘的父亲欣然接受雪茄，那么这门婚事就算成了。如女方父亲不同意，和睦友好的气氛也不会受到破坏，双方父亲可避开婚姻问题闲聊一些天气、狩猎或捕鱼的事情。加勒比族印第安人有倒插门之习俗。新郎婚后住到新娘家，在岳父母家旁边盖一座简易房子做洞房。过一段时间后，年轻夫妻有能力时再盖一座较好的大房子，便可自立门户独立生活了。